本刊编辑部地址：北京市海淀区中关村东路1号院5号楼文津国际公寓807
电话：010-82423075
投稿邮箱：lehejin@126.com
英文版刊号：ISSN：1876-5092；E-ISSN：1876-5149
出版社：Brill出版集团
英文版网址：www.brill.nl/cnpr

China NonProfit Review Vol.16 2015 No.2

中国非营利评论

清华大学公益慈善研究院 主办

第十六卷 2015 No.2

社会科学文献出版社

SOCIAL SCIENCES ACADEMIC PRESS (CHINA)

本刊得到增爱公益基金会的赞助

理事长胡锦星寄语本刊：增爱无界，为中国公益理论研究作出贡献！

增爱無界

胡锦星

增爱公益基金會
More Love Foundation

卷 首 语

　　校庆日正式成立的清华大学公益慈善研究院，度过了满载希望的一个月。

　　成立仪式上我向部校领导表态：争取用一个月时间开展系统的战略规划，尽快向理事会提交报告。民政部和清华大学联合设立公益慈善研究院，表明这个部校合作的国家级智库所处的战略地位和具有的重要战略意义。为从战略高度厘清并明确研究院的所处、所有和所为，我们在过去一个月里，组织力量较为深入和系统地开展了研究院的战略规划。我们邀请了战略规划方面的一位顶级专家进行全程指导和催化，我和另外四位老师放下手里可能放下的一切，来到远离京城的厦门，住在一个三星级旧宾馆并改造其一间客房作为催化"教室"，每天八小时，全程安排速记，大家经历了从放下，到入静，到发散式头脑风暴，到收敛式战略遴选，最后到投票确定优选方案，整个过程紧凑而不肤浅，激烈而不冲突，全面而层层升华，创新且步步稳健，构建起一个完整且针对性强、优先性好、聚焦点清晰准确的战略规划。

　　紧张且高密度的战略规划告一段落，团队每一个人都感到过度劳心带来的疲倦，更有了前所未有的超越感、升华感。我们站在一个新的历史高度上，俯瞰众业，回首既往，展望未来。

　　特别感谢陈震同学。他是首届 MPA-E 班长，我的同龄学生，更是我那年赴美考察结交的知友。他听说我要做战略规划，鼎力推荐厦门。但此次最终来到厦门却属偶然。此前我们安排的是海口，赶上天气炎热，几位老师都乐走而怕热，因而婉拒了文强同学的再三邀请，借我送家人来厦门看病之际，到了这个陌生但有缘的岛上。位于湖里的金宝酒店原是工会系统的招待所，是一个可入静、行走、形成场域并足以信赖的住所。酒店负责人李书记的女儿在 LSE 读社会学，女婿是牛津毕业的博士，刚一岁的外孙张着一双可爱的大眼睛，是书记手机屏保最亮丽的一道风景线，她很乐意在我们面前谈起得意的儿孙。规划结束后，我邀请书记观摩，在我们书写的愿景宣言前合影留念，她说要发给女儿看看。酒店行政科的小王负责我们的交通，他不仅车技高超，更熟知厦门的前生今世，每次出行都带给我们一堂生动的地理课，令好学的那路问个不停。

这学期我休学术假，原本要赴美，要写书，要陪家人，因慈研院的成立所有承诺皆落空。日前岳父老人重病，带着一线希望家人找到位于翔安的彩香老师，闭关中的她特意安排接待，我和家人陪同前往。彩香老师和她的团队帮我们安顿好并给出详细的诊疗计划，家人陪在身边，令我安心不少。战略规划期间，一点儿空闲也没有，只能在每天夜里电话问候一下老人的病情。规划结束后的当天午后，我们乘车来到离岛 60 多公里的马巷镇，彩香老师冒雨在协会楼下迎接，她给日前不慎在雨中摔伤了腰的王超老师做了简单的按摩，然后我们一起来到协会的大课堂，为聚在这里的 100 多位协会爱好者谈论战略规划的议题。上半年刚成立的原始点爱心公益协会是彩香老师在台湾张钊汉医师的指导和支持下迈出公益探索的第一步，我们借这个机会帮他们把把脉，鼓鼓劲。看得出并相信：这群对原始点充满信心也满是爱心的使者，一定能借助原始点搭建起一个具影响力的健康爱心公益平台。

会后，送走了先行回京的几位老师，我搭一位志愿者的车来到临时借住在新村小区的一个三居室，见到多日未见的家人。病重的老人依然每日服药并按摩，精神状态已有不少好转。忙里偷闲的我能在此小住两天，聊尽孝心，也趁机整理下多日紧张忙碌的心绪，备战下一个更忙的季节。其间，我抽出一天时间带那路去了厦门科技馆，看着他兴奋不已的样子，我体会到忙碌的意义也包括他呢。而我，平日欠他欠家人的实在太多了。希望七年以后的下一个学术假，对他对家人的承诺，不再落空。

回到京城，抓紧时间整理战略规划报告和提交相关的申请，见了不少有意支持我们的捐赠者并签了第一个战略合作备忘录。同时，忙里偷闲加大每日长走强度。到昨天，终于走到 93 万步，完成日行 3 万的高标。测一测，我的体重又减了一点，健康又长了不少，心情更开朗了许多。

"六一"节，发一个微信给远在翔安的那路，寄语问候并感谢他的理解。正值中国文字博物馆主办的"汉字"国际巡展清华大学站的展出活动，拓一个甲骨文的生肖给他，意识到九岁的那路已经长大。

　　评论也快九岁了。因慈研院的成立而有了更加茁壮的成长条件，相信我们的评论会载着希望继续远航！

　　相信并期待：刚完成的战略规划，很快会带着我们这群清华人走上发展的快车道，努力践行"卓越公益，化成天下"的美好愿景！

王　名

2015 年 6 月 1 日

目　　录

主题论文

公益金融：概念、体系及功能 ……………………… 周凌一　李　勇 / 1

欧美公益创投的演变及实操 ……………………………… 陈静雅 / 32

公益金融在中国的发展 …………………………………… 汪颖佳 / 49

论文

社会治理改革下的日本社会企业：发展、扶持与

挑战 ………………………… 王　猛　褚湜婧　邓国胜 / 90

台湾地区志愿服务立法经验及其启示 ………………… 杨志伟 / 110

城市低保工作领域政府购买服务问题探析

——基于京沪地区社会工作机构的项目管理实践 ……… 宋　爽 / 133

案例

行业国际非政府组织的公共影响力构建

——以能源类国际非政府组织为例 … 毕竞悦　张绍欣　何　涛 / 151

社会服务参与中社会资本形成机制的个案研究

——以服务学习为视角 …………………………… 王　杨 / 170

社区服务中心的项目化运营：基于深圳经验的探讨 ……… 徐宇珊 / 191

书评

增量变革的社会治理创新与实践
　　——兼评《增量共治的杭州实践》 ……………………… 辛　华／206
朝向合作社会的三大转变
　　——兼评《合作的社会及其治理》 ……………………… 张乾友／215

随笔

从讲授到对话
　　——第三版《非营利组织管理概论》的诞生 …………… 王　名／228
农村可持续发展要寓于农村社区重建之中 ………………… 仝志辉／232

稿约 ……………………………………………………………… ／238
来稿体例 ………………………………………………………… ／240

CONTENTS

Main Topic

Philanthropic Finance: Concept, System and Function

Zhou Lingyi, Li Yong / 1

Evolution and Practice in Venture Philanthropy in the West   Chen Jingya / 32

The Development of Social Finance in China   Wang Yingjia / 49

Articles

Japanese Social Enterprises under Social Governance Reform:

Development, Support & Challenge

Wang Meng, Chu Shijing, Deng Guosheng / 90

Volunteer Service Legislation in Taiwan and Its Enlightenment

Yang Zhiwei / 110

Discussion and Analysis of Issues Related to Government Purchased

Services in the Urban Minimum Subsistence Guarantee System

—Based on Project Management Practices by Social Work Organizations

in Beijing and Shanghai   Song Shuang / 133

Cases

Public Influence Building of Industry International NGOs

—Taking International NGOs in the Energy Sector as an Example

Bi Jingyue, Zhang Shaoxin, He Tao / 151

3

Case Study: Social Capital Formation Mechanism in Social Service Participation
　　—From a Service-Learning Perspective　　　　　Wang Yang / 170
Operating Community Service Centers by Projects: a Discussion
　　based on Shenzhen's Experience　　　　　　　Xu Yushan / 191

Book Reviews

Innovation and Practice: Incrementally Changing Social Governance
　　—A Concurrent Review of the Practice in Hangzhou in
　　　Incremental Co-Governance　　　　　　　　Xin Hua / 206
Three Big Shifts toward a Collaborative Society
　　—A Concurrent Review of A Collaborative Society and Its Governance
　　　　　　　　　　　　　　　　　　　　　Zhang Qianyou / 215

Essays

From Lecture to Dialogue
　　—Birth of the Third Edition of Introduction to Non-profit
　　　Organization Management　　　　　　　　　Wang Ming / 228
Sustainable Rural Development Depends on Rural Community
　　Reconstruction　　　　　　　　　　　　　　Tong Zhihui / 232

Call For Submissions / 238
Submission Guidelines / 240

公益金融：概念、体系及功能

周凌一　李　勇[*]

【摘要】公益金融缘起于社会创新，在共治理念下，借助金融手段的流动性和杠杆效应，以更有效地解决社会问题，为全社会带来福祉。具体而言，它包括公益创投、公益信托、小额信贷、社会效益债券、社会价值投资、互联网公益众筹等产品创新。区别于传统的商业金融，公益金融更强调社会责任、社会价值和社会影响力；区别于社会金融，公益金融强调为所有成员而不仅是弱势群体提供民生类刚需产品的跨界供给。公益金融不仅为公益事业提供了充足的资金支持与全新的商业模式，也有效补充了现有商业金融与政策金融的二元体系，利于回归金融的本质价值，建立更完善的现代金融体系。社群共同的善是公益金融的哲学基础，它强调"整体中的自我利益"，在"我为人人、人人为我"的公益新理念下回归以人为本的社会价值追求，重构社会信用契约体系，建立起一个真正负责任，共生、共治、共享的美好社会。

【关键词】金融　公益金融　社群主义　共享主义

一　又一个乌托邦？

"慈善已经不仅仅是慈善，也是财富管理的方法；财富管理的方法不仅

---

* 周凌一，清华大学公共管理学院博士生；李勇，明德公益研究中心主任。

是方法，也体现着对财富的理解和智慧"。著名慈善资本家巴菲特对公益慈善的评价生动体现了在跨界合作风起云涌的当下，公益慈善与金融手段的结合已成为社会创新的重要命题，"公益金融"的概念应运而生。"公益金融"的理念最早可追溯至20世纪70年代约翰·洛克菲勒三世在美国国会税收改革法案听证会上提出的"公益创投"（Venture Philanthropy），即运用有一定风险的资助形式来解决特殊社会痼疾（赵萌，2010）。20世纪80年代，美国经济"滞胀"迫使里根政府削减对慈善组织的资金支持，并出台了历史上第一个促进慈善组织参与商业活动的法律、政策（王名等，2012）。因此，90年代起美国基金会成为公益创投领域的先行者，将商业领域风险投资方式运用于非营利部门，慈善事业由此得到了来自市场的大量资源，获得了前所未有的发展生机。如今，公益创投、公益信托、小额信贷、社会效益债券等社会实践均可归入公益金融的范畴下，虽然其表现形式有所不同，但核心都是借助金融手段的流动性和杠杆效应为更好地解决社会问题、服务社会公众利益提供资金支持。

在国内，随着社会转型的推动和公益事业的发展，越来越多的社会组织开始关注政府、市场和第三部门的跨界合作，运用金融工具以更公平、更有效率、更可持续地解决社会问题。基金会作为财产的集合，本身具有独特的基金信托性（王名、徐宇珊，2008），具备资金募集、储存及投资主体地位等金融机构属性。而如何运用自身独特属性将公益事业与金融市场有效结合，合法、安全、有效实现组织目标，成为绝大多数基金会面临的重大挑战。结合目前业界的实践，本文首先引入一个以基金会为主体，融合多种金融产品创新的现代公益金融体系案例①（图1）以建立我们对公益金融的想象。下文将从体系设计、风险控制和金融创新三方面予以介绍。

（一）体系设计：以民生权益和公益创投专项基金为导向

该现代公益金融体系主要通过设立民生权益专项基金与公益创投专项基金来实现。民生权益专项基金由基金会设立，试图有效动员社会力量补充社会公共服务产出，创新社会公共服务的提供模式。社会公众以"定期存款"组成专项基金，存款期结束后出资人不仅享有央行规定的基本利息

---

① 该案例基于对一个正在实践中案例的修正，吸纳了作者改进该体系的想法。

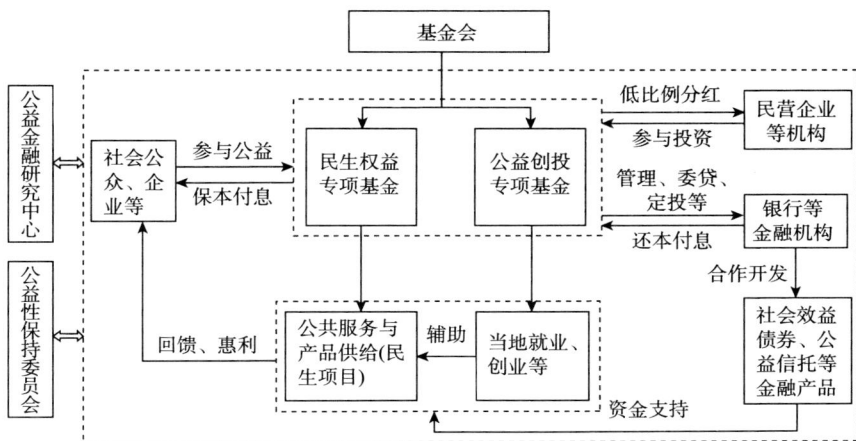

图1　基金会体系设计与流程图示

收入和本金，还享有公共服务和产品的刚性兑付，以此构建全民"参与公益事业、共享民生权益"的普惠民生实践模式。基金会将专项基金委托银行等金融机构管理，选择性在公共服务设施建设项目所在地开展委托贷款、定向投资等业务，以超额利息收入抵扣基本公共服务设施的建设成本，并支持城乡统筹、公益民生项目的建设。专项基金所涉及的公共服务设施包括墓地、养老院、幼儿园、廉租房、医疗、教育等。

公益创投专项基金由基金会设立，引导各类民营企业及其他社会力量以"股权投资"的形式参与到专项基金的组建中来。公益创投专项基金借鉴商业领域风险投资的模式，合理引导社会资源，主要为民生产品或服务的相关创业项目或社会企业提供长期的资金支持、专业技能培训和战略指导，以此辅助民生权益专项基金下公共服务与产品的供给。在选择投资对象时，专项基金会将对潜在的投资对象进行尽职调查，以社会价值或影响力的增量估计为标准制订投资计划（投资组合及其长期承诺）。投后阶段，基金会不只为被投资对象提供资金支持，更是组织能力建设及外部资源引入，扩展其社会资本。若既定指标表明被投资对象已达到社会影响力评估、财务可持续和组织应变能力的相关标准，专项基金将推行可持续、战略性的退出机制。

民生权益专项基金与公益创投专项基金两者相互分工相互促进，构建民生产品和服务供给的新机制及支持相关领域的创业项目，运用金融工具保证资本效益，以国民待遇（民生产品或服务）的"硬性兜底"保证民生权益，利于倡导全民参与、共建共享的社会公益新理念。

（二）风险控制：以公益性保持委员会与公益金融研究中心为舵手

为保证现代公益金融体系的良好运转及项目支出的公益性，该体系引入公益保持委员会与公益金融研究中心作为外置风控，以完善治理结构，降低系统风险。公益保持委员会由公益慈善领域业界及学界的若干名资深专家组成，定期开会讨论基金会的下阶段工作计划，并决定体系内公益民生项目的支出比例及方向，以加强公益金融体系的社会公信力。公益金融研究中心除了为具体项目的建设和运营提供智力支持外，作为独立第三方，可通过研究的专业性为风控监管体系的构建做好预置，同时实现项目发展的外部监督。

（三）金融创新：以信用卡、债券、公益信托、社会效益债券为补充

民生权益专项基金与公益创投专项基金是整个公益金融体系持续运转的两大支柱，其借助金融手段及商业思维实现资产增值并保障民生权益。此外，基金会还可通过了解理论前沿及业界动态，在整个大体系内开展一系列金融创新，如信用卡、债券、公益信托、社会效益债券等。

红十字会曾与多家银行携手发行具有募捐功能的信用卡，该卡终身免年费，且每笔交易都会向红十字会捐出 1 元、5 元或 10 元，共同弘扬"人道、博爱、奉献"的红十字会精神。据此，基金会可与商业银行合作发行两类信用卡，第一类信用卡是针对参与民生权益专项基金的居民，在其存款额度的一定比例内可透支消费；第二类信用卡是针对全体社会成员，该信用卡无年费，每笔交易会捐出 1～5 元不等的金额注入民生权益专项基金会。

2014 年底，中和农信与中信证券联手，探索公益小贷的资产证券化，以盘活中和农信资产存量，为更多农村中低收入群体带去致富希望。基金会也可与国有证券公司合作，将体系内所发放的公益小额贷款资产证券化，盘活应收债权，拓宽融资渠道，为更多的社会公众提供资金支持，更好地推动民生项目的创业发展。

此外，基金会可借鉴国外的成熟经验，与相关金融机构共同合作开发公益信托、社会效益债券等金融创新产品，为民生领域公共服务产品提供长效的资金支持。比如，基金会可推出以提高某一城市社区养老服务水平为目的的社会效益债券，将募集的资金交予社区养老服务提供的专业社会组织或社会企业运营，定期对其效果进行评估并指导。债券期限结束后，政府根据最终的项目成效向投资者支付不定额回报。

基金会所构建的现代公益金融体系处处闪耀着融合、共治的思维，将公益创投专项基金与民生权益专项基金两大支柱，及信用卡、债券、公益信托与社会效益债券等金融创新产品融为一体，最终实现全民互助、共建共享的公益新理念。诚然，该体系在具体的运营与操作中不可避免地寻求政府、市场、社会组织各方的合作参与，但它与跨界合作的本质区别在于最初的共治理念，而这一理念也正是公益金融的迷人之处。

本文基于实践修正的现代公益金融体系案例鼓励全社会参与公益事业，创新公共产品与服务供给机制。虽然这只是公益金融体系的一个剪影或一种实践方式，但充分体现了公益金融共生、共治、共享的核心价值理念，也让我们联想到公益金融体系下"老有所终，壮有所用，幼有所长"的美好图景。自古以来，"天下大同"的理想世界是全人类的精神寄托与灵魂家园，多少代人为之努力奋斗却迟迟未实现，现代公益金融体系所承载的就是我们期待已久的和乐社会？或仅仅是又一个美好而虚幻的乌托邦？乌托邦最早源于空想社会主义创始人托马斯·莫尔虚构的奇乡异国"乌托邦"，在那个国度财产共有、人人平等、按需分配，如同世外桃源。乌托邦是人类追求均贫富、无贵贱、共享共有的简单理想与原始状态，它虽然引人入胜却在哲学结构上没有理解人性和社会本性发展的基本规律，更没有寻找两者的结合点。它完全忽视人类的社群行为，只一味在自身的理想状态内构建象牙塔，因此在社会应用时注定失败。而现代公益金融体系充分认识并肯定人类和社会发展的基本规律，从人类的共生性和互补性出发，不断融入、修正和完善原有的契约机制，并借助社会技术在与时俱进的发展中创造新的契约机制，更好地满足整个社会的需求。可见，公益金融体系与乌托邦有着本质区别，这种区别源于哲学及对社会技术手段整体理解的差异。

"公益金融"的概念已然成为社会创新实践与理论研究中的"宠儿"，但对于其具体的概念界定、体系归纳和功能探讨仍旧莫衷一是。因此，本文试图从基于实践修正的现代公益金融体系案例出发，与商业金融、政策金融及社会金融相比较，进一步思考公益金融的概念界定、体系涵盖及其对社会与公益事业的功能作用，进而初步搭建公益金融的理论框架。

二　概念与体系：在创新中寻求平衡

（一）公益金融概念

何为公益金融？想必这一疑问自文章伊始就已出现。"公益金融"一词，让我们联想到近年来社会创新领域另两个焦点概念，即"普惠金融"（Inclusive Finance）与"社会金融"（Social Finance）。诚然，它们都是传统金融的发展与创新，着眼于社会的和谐发展，但其具体的发展缘起与概念界定如何？三者之间又存在怎样的区别与联系？这些存疑都值得进一步梳理，以更全面、准确地把握"公益金融"的概念。

1. 普惠金融

普惠金融，亦称作"包容性金融"，最早由联合国在 2005 年的"国际小额信贷年"提出，2006 年联合国"建设普惠金融体系"蓝皮书明确指出"为所有层面的人口提供合适的金融产品和服务"。普惠金融的核心是有效、全方位地为社会所有阶层和群体提供金融服务，尤其是被传统金融忽视的低收入者、边远贫困地区和微小企业（胡国晖、雷颖慧，2012）。

普惠金融缘起于 70 年代初的小额信贷和 90 年代的微型金融（Microfinance）[①]。21 世纪初世界银行扶贫协商小组（CGAP，2004）和联合国提出将小额信贷和微型金融进行整合，最终构建起多层次、多元化的普惠（包容性）金融体系，以可负担的成本，有效、全方位地为所有社会成员提供金融服务（王婧、胡国晖，2013）。20 世纪 90 年代起，国际上就有学者开始研究"金融排斥"（Financial Exclusion），逐步关注到银行体系为弱势、低收入群体提供借贷、汇款等金融服务的普惠金融问题（焦瑾璞，2014）。尤其在 2008 年国际金融危机后，国际社会开始深刻认识到传统金融体系的内生问题，除了金融衍生产品所带来的风险扩大外，还有金融资源向强势群体、企业及发达地区靠拢的天然趋利性。为此，G20 峰会做出"更好地

[①] 微型金融：金融机构向低收入群体提供包括借贷、储蓄、保险以及转账在内的一系列全面金融服务。

为穷人提供金融服务"的承诺,创立了 G20 普惠金融专家组（Financial Inclusion Experts Group, FIEG）,以推动全球普惠金融的发展（中国银监会合作部课题组,2014）。

有别于小额信贷最初依靠政府或出资人资助发展的金融体系外部力量推动,普惠金融的诞生与发展是内生性金融成长的必然结果,即通过金融体系的完善来更好发挥金融功能,服务社会（李明贤、叶慧敏,2012）。普惠金融强调金融体系的包容性,具体包括惠及所有群体,提供全面金融服务,及鼓励金融机构广泛参与,致力于将被传统金融边缘化的弱势群体纳入正规体系下,在金融创新的进程中平等享受金融服务的权利。普惠金融为所有有金融服务需求的客户提供多元化、全方位的服务,包括小额信用贷款、存款、保险、汇款、资金转账、代理、理财、养老金等。其业务提供者组织形式丰富,主要有银行类金融机构（国有商业银行、邮政储蓄银行、专业小额信贷银行、农村银行等）、非银行类金融机构（金融公司、租赁公司、保险公司、贷款公司）、合作性金融机构（合作社、信贷联盟等）三大类,共同参与、广泛合作,在充分发挥比较优势的前提下提供各类金融服务,覆盖服务空白地带（李明贤、叶慧敏,2012）。本文基于实践修正的现代公益金融体系惠及所有社会成员,积极开展与商业银行、证券公司、保险公司等金融机构的合作,充分体现了普惠金融的应有之义。

自 2006 年我国学者首次引入"普惠金融"概念后（焦瑾璞,2006;杜晓山,2006）,学者们从普惠金融的关注群体、商业模式、参与机构、影响因素、指标测度等多方面进行了深入研究（焦瑾璞,2006;杜晓山,2006;茅于轼,2007;吴晓灵,2010;王婧、胡国晖,2013）。在业界,各金融机构针对现实中"三农"、中小企业、低收入者等弱势领域展开了一系列创新实践,为其提供优质、高效的金融服务。例如,2008 年起,农业银行发放为广大农民量身定制的"金穗惠农卡",基于借记卡业务平台提供综合新金融产品,帮助解决农民"贷款难"的问题。推进普惠金融体系的建设一直以来都得到了政府的高度支持,十八届三中全会决议正式提出"发展普惠金融",更是从国家战略层面体现了其重要性。与国际社会相比,我国普惠金融机构的种类和数量还远远不足,建立多层次、多样化、全面的普惠金融机构体系依旧任重道远,为此可鼓励国有商业银行、政策性金融机构、新型农村金融机构（村镇银行、小额贷款公司、农村资金互助社）及邮政储蓄银行等金融机构积极提供普惠金融业务。

本文基于实践修正的公益金融体系案例中，基金会通过公益创投专项基金的路径，筛选具有清晰社会目标、可衡量社会影响、可持续业务模式的政策导向民生项目，为小微企业发展提供资金支持。民生权益专项基金也可通过互联网 P2P 的模式，为具备资质的个人提供创业、就业的启动资金，以充分加大市场领域民生类产品的供给并提升其质量。这两类金融服务有效填补了传统金融服务的空白地带，利于建立更完善更具包容性的金融体系，而这也正是普惠金融的内核所在。

2. 社会金融

社会金融（Social Finance），这一概念最早源于英国，指通过寻求社会、市场与非营利组织间的合作关系（Public-Private-Nonprofit Partnerships），借助金融产品创新来解决各类复杂的社会问题，例如贫困、犯罪、教育、健康等。区别于覆盖所有社会群体的普惠金融，社会金融更关注社会弱势群体和低收入者，旨在通过市场机制来帮助他们实现更好的发展。社会金融的核心理念源于传统的慈善或社会救助，金融创新是其更好进行慈善活动的工具或手段，这与普惠金融的金融体系内部自我完善内核有着本质区别。同时，社会金融提倡政府、市场、社会公众与非营利组织之间的跨界合作，在充分协调各利益相关者权益的基础上，创新解决社会问题的金融手段。社会效益债券① （Social Impact Bonds） 就是金融创新的典型代表，通过引导更多政府资金流入帮助社会弱势群体的培训项目中，实现社会价值。本文所修正体系设计中的公益创投、信用卡、债券、公益信托等产品都是将金融手段与社会利益结合，创新社会问题解决方案的良好体现，也是社会金融的本质体现。

在西方，社会金融的实践最早可追溯到 20 世纪 80 年代末和 90 年代初美国的公益创投，当时旧金山的"无家可归者经济发展基金"（Homeless Economic Development Fund）与纽约的"罗宾汉基金会"（Robin Hood Foun-

---

① 社会效益债券：又称"局域绩效给付的债券"（Pay for Success），指由私人投资者为某个社会管理项目提供实施资金，用于达到特定目标。如果实现目标，政府向投资者返还资金，同时给付事先约定的利润；如果没有实现目标，政府不作任何返还。

dation）就明确提出引入商业风险投资的方法和商业企业的管理模式以开展慈善活动（Emerson & Twersky，1996）。90 年代中期，公益创投的实践随着互联网产业的腾飞而迅速发展。硅谷、西雅图、波士顿等地的互联网商业精英关注到社会组织领域内运营的低效及资金的匮乏，试图借助商业模式来推动社会组织的发展和社会价值的实现。比如，eBay 的创始人斯科尔建立斯科尔基金会（Skoll Foundation）投资于社会企业，另一位创始人奥米迪亚则建立了奥米迪亚网络（Omidyar Network）投资于小额贷款机构，他们都是公益创投领域的先行者。在欧洲，公益创投的理念诞生于 90 年代末期，其真正实践始于 2002 年，该年英国和意大利同时成立了第一支专业的公益创投基金，分别为 Impetus 和 Fondazione Oltre。2004 年，欧洲公益创投协会（European Venture Philanthropy Association，EVPA）成立，将原本分散的公益创投活动凝聚起来，推动学术研究，建立知识体系，提供信息、技术和资源支持及游说政策支持，标志着欧洲的公益创投进入正规化阶段。

　　进入 21 世纪后，社会金融的产品创新有所突破，社会效益债券等新形式进入人们的视野中。社会金融有限公司（Social Finance，Ltd.）最早于 2007 年在英国成立，后于 2010 年和 2012 年分别在美国和以色列成立子公司。该公司自成立伊始就致力于社会效益债券的开发，于 2010 年发行了世界首批社会效益债券——彼得伯勒社会效益债券（Peterborough Social Impact Bonds），向社会投资者募集 500 万英镑，用于资助包括慈善组织和社会企业在内的专业社会服务机构，为彼得伯勒监狱约 3000 名刑期在 12 个月以内的男性犯人提供包括饮食、住房、培训、心理支持等服务，以帮助他们重新融入社会。目前，社会金融有限公司在儿童、低收入群体、失业、住房、犯罪、医疗健康等领域都有相关金融产品的开发，基于政府、投资者与社会服务机构的通力合作和利益激励来更有效地解决社会问题。除了针对特定弱势群体的金融产品设计外，英国的社会金融机构（Social Finance Organizations）也通过资助慈善组织、社会企业来推动慈善事业的发展。2002 年创办的慈善银行（Charity Bank）长期以来运用来自社会投资人的资本与具备社会意识的个体储户的资金，向慈善组织与社会企业投放贷款。在英国政府"大社会"改革旗帜下，大社会资本有限公司（Big Society Capital Limited）启动于 2012 年 4 月，是世界上第一家社会投资银行，其 6 亿英镑资金来自休眠银行账户以及商业银行，其首要任务是通过向社会投资金融中介提供资金，支持支援机构、社区组织和社会企业的发展。

如今，社会金融在西方社会已得到了较为成熟的发展，JP Morgan 早在 2007 年就推出社会金融项目，借助市场模式帮助低收入人群实现社区可持续发展。截至 2014 年，JP Morgan 已通过 9 家基金会投资 6 千万美元以支持农业、教育、健康医疗、住房、水资源等领域的发展，超过 2700 万低收入群体改善了生活质量[①]。公益创投、社会效益债券、小额信贷、公益信托等金融产品都已成为社会金融的实现方式。近些年来，我国社会组织领域内的先行者也开始逐步引入、探索社会金融的本土化实践，比如中国扶贫基金会于 2008 年年底成立中和农信项目管理公司，专注于小额信贷扶贫项目的管理和拓展，为那些无法从传统商业金融机构获得贷款支持的农村（以及城市）的贫困人口（特别是贫困妇女）提供无须抵押的小额信贷，并致力于帮助贫困弱势群体提升自立能力，从而摆脱贫困。

无论是小额信贷的支持，还是民生类刚需产品的提供，本文基于实践修正的现代公益金融体系处处都融合了社会金融的内在，即在跨界合作中借助金融手段实现社会价值。但这一体系最终为社会公众提供民生产品或服务，其设计理念又超越了社会金融，为公益金融理念的发展与完善奠定了良好的基础。

3. 公益金融

公益金融区别于传统的商业金融，更强调社会责任、社会价值和社会影响力。具体而言，它包括公益创投、公益信托、小额信贷、社会效益债券、社会价值投资、互联网公益众筹等产品创新。公益金融在组织上既可采取公司形式，也可采取社会组织形式，本文基于实践修正的基金会公益金融体系案例则是社会组织形式的典型代表。

公益金融与社会创新密不可分。社会创新是发现新问题，用创新的机制和模式，更公平、有效、可持续地解决社会问题的过程，其本质是以人为本的社会价值最大化。社会创新可以运用商业创新的机制和内容，但其结果是造福于社会而非获得财富，其强调在合作中共赢而非竞争中取胜。

[①] 资料来源：http://www.jpmorganchase.com/corporate/Corporate-Responsibility/social-finance.htm#。

社会创新必然需要金融资源的支持，传统金融机构出于社会创新高风险和投资回报的考虑，通常不愿"施以援手"（Moore et al.，2012）。公益金融则通过新机构、新机制和新工具利用金融资源，创造具有变革性的想法、项目或产品，以获取社会与环境价值（Nicholls & Pharoah，2007）。如同本文修正的体系设计，公益金融本身就是一类社会创新，同时它也为更多的社会创新提供资金支持，甚至是商业模式的启发（Nicholls，2010）。

与普惠金融一致，公益金融的受益群体是所有社会成员，它既关注弱势群体的生存与发展，也涉及与所有人息息相关的环境保护、医疗健康服务等领域。从本质上看，普惠金融仍旧是商业金融自身内部的完善与发展，通过覆盖群体、参与机构与业务提供的扩大促进商业金融的包容性增长，而公益金融的概念早已超越商业金融的框架，它体现的更是资本的道德与社会价值。某种程度上，商业金融逐利性与社会目标的相异导致了市场失灵，造成或固化了部分社会问题。公益金融自诞生起就是经济目标与社会目标良好结合的社会创新典范，融汇了"共治"的理念，它改变、补充了传统资本市场的激励机制，将社会责任、社会价值和社会影响力的考量纳入其中，借助市场、政府、第三部门的力量实现综合目标。与社会金融相比，公益金融的覆盖范围更大，产品创新更多，但都重视商业思维与金融工具的运用。两者最终效益的表现形式也可能不同，社会金融通过资金或技术支持来促进弱势群体权益的获得或社会组织的发展，而本文基于实践修正的公益金融体系最终为社会公众提供的是公共服务或产品，让他们看到"真实"、有形的刚性兑付。但最本质的区别在于，社会金融强调跨界合作，这种合作更多表现为对抗型合作，只是因利益结合点而联合；公益金融则强调最初的共治理念，所有机构或组织为同一目标（即社会价值的实现）而充分发挥自身优势各尽其职，共同努力，是趋同型合作。

在本文修正的公益金融体系内，参与民生权益专项基金的公众除了本金和央行规定利率的利息收入外，还将获得民生类公共产品或服务的兑换凭证，具体包括幼儿园、廉租房、墓地、养老院等，以刚性兑付机制控制了整个体系的风险并保证了其信用。从资金来源、运营及用途三个层面看，公益金融体系在流程的入口和出口都保证了资金的公益性，但在中间的运作过程则充分运用传统金融手段或金融创新来实现资本的增值。与传统的商业金融相比，公益金融放弃了逐利性，更多关注金融手段的流动性和杠杆作用。最为核心的，是以公益目的的产品或服务将体系的出口锁定，为整个金融流程提供刚性兑付的契约基础，使民众的受益真正落到实体，倡导利众、互惠、共赢，使社会的共生性需求发挥到极致。在生活成本日益增长、传统金融价值虚高、民生需求无法满足的当下，公益金融的刚性兑付契约无疑给传统商业银行以启示：资本并非只是逐利的，也是有道德的，在发挥资本运作的流动性与杠杆效应时，也要注重实际兑付的体现，累积在泡沫之上的繁荣最终只能幻化为灾难的碎片。

表1　普惠金融、社会金融、公益金融三者比较

概念	缘起	基本理念	受益群体	业务范围	机构种类
普惠金融	小额信贷、微型金融	商业金融体系的完善	全社会成员	小额信用贷款、存款、保险、汇款、资金转账、代理、理财、养老金等	商业性金融机构、政策性金融机构
社会金融	慈善或社会救助	通过跨界合作、借助金融工具更好地进行慈善活动或社会救助	弱势群体	公益创投、公益信托、小额贷款、社会效益债券、社会价值投资等	商业性金融机构、政府、非营利组织、社会企业
公益金融	社会创新	在共治理念下，借助金融工具实现社会价值，并重构社会信用机制	全社会成员	公益创投、公益信托、小额信贷、社会效益债券、社会价值投资、互联网公益众筹等	商业性金融机构、政府、非营利组织、社会企业

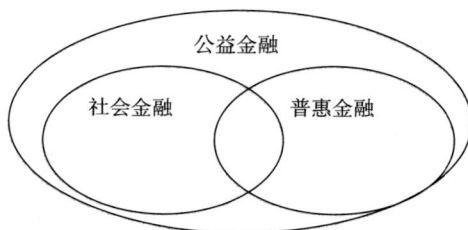

图2　普惠金融、社会金融与公益金融关系图

目前，学界对公益金融的研究主要集中于投资者的动机（McWade，

2012），影响力投资的道德伦理（Eadery，2006；Buttle，2007）及投资组合（Ottinger 2007），慈善资本（Philanthro-capitalism）的优缺点（Bishop & Green，2008；Edwards，2009）。很少有研究系统地阐释公益金融的概念边界、机构组织及社会功能，但这一探索具有重要意义。结合上文普惠金融、社会金融与公益金融的比较，我们认为：公益金融，是一种新型投资及财富管理方式，注重在获得经济收入的同时为全人类带来社会福祉；是一种全新的理念，包含共治、共融的内核而非简单的跨界合作；是一种社会信用机制的重构，使得所有人、政府、企业和非营利组织都负起责任。

（二）公益金融体系

一般意义上看，金融体系是一个经济体中资金流动的基本框架，是资金流动的工具（金融资产）、市场参与者（中介机构）和交易方式（市场）等各金融要素构成的综合体。按照不同国家金融市场与金融中介的重要性，可分为以英美为代表的市场主导型金融体系和以法德日为代表的银行主导型金融体系。我国的金融体系为银行主导型，除了国家层面的监管体制外，商业金融和政策金融是金融体系重要的两大组成部分，分别代表市场与政府的力量互相补充，共同推动社会经济的发展。随着社会创新的涌现，资本向社会、公益领域的逐步深入，社会金融、公益金融的体系开始为世人所关注。虽然两者的金融产品创新层出不穷，一定程度上彰显了未来社会问题解决的新思维与新趋势，但它们的体系构成却尚未得到系统梳理，因此我们试图从参与主体、资金来源、资金配置原则、业务范围、信用依托、风控机制、受益者及创新八方面对商业金融、政策金融、社会金融与公益金融体系进行分析（表2）。

表2　商业金融、政策金融、社会金融与公益金融体系比较

	商业金融	政策金融	社会金融	公益金融
参与主体	商业银行、证券公司、保险公司、信托投资公司等	中国进出口银行、中国农业发展银行、国家开发银行	商业金融机构、政府、非营利组织、社会企业	商业金融机构、政府、非营利组织、社会企业
资金来源	吸收存款、发行股票或债券	财政资金、向商业金融机构摊派债券、特种融资债券等	吸收存款、政府资助、金融机构投资	吸收存款、政府资助、金融机构投资

续表

	商业金融	政策金融	社会金融	公益金融
资金配置原则	利润最大化	政府的社会经济政策或意图	可持续地进行慈善活动与社会救助	有效提升社会价值
业务范围	存贷业务、中间业务、银行间业务、债券、股票、资产管理、信托、保险等	政策性贷款	公益创投、公益信托、小额贷款、社会效益债券、社会价值投资等	公益创投、公益信托、小额信贷、社会效益债券、社会价值投资、互联网众筹、民生刚需产品等
信用依托	国家/公司信用	国家信用	组织信用	组织信用
风控机制	监管要求	国家政策	监管要求	监管要求及民生产品刚性兑付
受益者	非弱势群体、资产状况良好的企业等	特定政策领域的相关群体、企业	弱势群体、小微企业等	全社会
创新	普惠金融（小额信贷）	国家开发银行开发性金融银行的新定位	社会效益债券、社会证券交易所	本文基于实践修正的现代公益金融体系

1. 参与主体

在国家产业政策的指导下，商业金融运用市场法则，引导资源合理配置和货币资金合理流动而产生一系列货币商业性金融活动。商业金融的参与主体是以营利为目的的商业性金融机构，包括国有独资银行、股份制商业银行、城商行、农村和城市信用合作社等银行金融机构与证券公司、保险公司、信托投资公司、财务公司、金融租赁公司等非银行金融机构。政策金融是政府不以营利为目的，专门为贯彻、配合政府经济政策，在特定的业务领域内直接或间接从事政策性资金融通的资金配置活动。它的参与主体是三大政策性银行，即中国进出口银行、中国农业发展银行和国家开发银行。

从参与主体的组成来看，公益金融与社会金融体系并无区别，都有各类商业金融机构（尤其是投资银行、信托公司）、政府、非营利组织（主要是基金会）及社会企业。但各机构发挥的作用及互相间的合作关系有着本质区别。社会金融强调跨界合作的创新，发起者多为商业金融机构，设计充分考虑各方利益的金融产品，为弱势群体或社会组织的发展提供资金、技术支持。它只是通过金融产品的创新将社会各界联合起来实现共赢。而公益金融的发起主体多为基金会，在体系的构思中嵌入共生、共治、共享的理念，运用金融手段搭建公益平台，在机构间的趋同合作中创新性地解决社会问题。本文基于实践修正的现代公益金融体系聚合政府、商业金融机构及非营利组织等各类机构，从共同的目标出发最终为社会公众提供资金、技术支持或切实的民生类刚需产品、服务。

2. 资金来源

商业性金融机构主要凭借其社会信誉，按照平等、自愿、互利的原则进行资金筹措，其资金主要来自于企事业单位和居民的存款，或发行股票、债券来向全社会融资。政策性金融机构本身是为配合国家经济政策而生，不以营利为目的，其资金主要来源于财政资金，或通过央行向商业金融机构摊派债券、特种融资债券等。政策金融的资金主要依靠国家行政力量和政府权威强制征集，带有明显的政策性和行政性色彩。

与商业金融和政策金融相比，社会金融、公益金融的资金来源更为广泛，包括社会公众、政府和商业性金融机构等。两者都通过公益创投、社会影响力投资、社会效益债券、公益信托等金融产品创新作为平台，将社会公众与商业机构的资金囊括。本文修正的公益金融体系主要通过两种方式向全社会融资：一是合伙人（即商业企业）可参与公益创投专项基金持股普信公益项目投资管理有限公司，结合自身业务领域及项目专长专项从事相关活动；二是以 P2P 或存款的模式向社会公众吸收个人资金。与此同时，不管在西方社会，还是在国内，社会金融与公益金融这类强调社会价值的创新都得到了政府的高度重视。除了政策或法律方面的支持，政府通常会给予一定的资金支持，甚至成立专门的机构予以实践，例如英国的慈善银行，中国扶贫基金会成立的中和农信项目管理公司等。

3. 资金配置原则

商业性金融机构作为经营金融交易的企业型法人，以市场为导向，按照"流动性、盈利性、安全性"的融资准则，力求财务效益和利润最大化。政策性金融机构以政府的经济职能和政策为依据，按照政府的意向来安排融资活动和资产负债结构，为了实现政府的宏观经济目标不回避亏损。例如，中国进出口银行主要为机电产品和成套设备等资本性货物进出口提供政策性金融支持。

社会金融与公益金融都是传统慈善方式的超越，强调通过金融手段的运用实现资本增值，形成自我支持、自我运作、自我发展的可持续模式。两者的资金配置都讲求社会价值与经济价值之间的平衡。社会金融更关注弱势群体，因此资金配置会更多往慈善活动与社会救助项目倾斜。公益金融则面向社会所有成员，强调社会价值的提升，不仅包括对社会弱势群体的扶持，还涉及各类民生服务、环境保护等社会问题的有效解决。本文所修正公益金融体系案例中的受益对象就是全社会成员，其尤其关注民生领域社会问题的解决。

4. 业务范围

商业性金融机构经营的业务范围十分广泛，具体涉及存贷业务、中间业务、银行间业务、债券、股票、资产管理、信托、保险等，通过多样化的金融业务满足投融资者的需求，运用市场机制实现社会资源的合理配置。相比而言，政策性金融机构的业务较为单一，基本上是各特定领域的政策性贷款，如中国农业发展银行以承担国家粮棉油储备、农副产品收购、农业开发等方面的政策性贷款为主要业务。

随着金融产品创新的层出不穷，社会金融与公益金融的业务范围也得到了逐步扩大。从最初公益创投探索，现已形成集公益创投、公益信托、小额信贷、社会效益债券、社会价值投资等的多元业务体系。公益金融的最大区别在于，除了资金与技术支持外，最终还可能为社会公众提供各类刚需民生产品，回归到实体经济，本文的体系中就涵盖住房、墓地、幼儿园、养老院、医疗等公共产品或服务。

5. 信用依托

商业性金融机构可分为国有和非国有两类，国有商业性金融机构主要依托国家信用，非国有商业性金融机构则主要依托公司信用。政策性金融机构本身就是国家意志的体现，主要为国家宏观经济目标的实现而服务，其完全依靠国家信用。社会金融体系的运作主要依托商业金融机构、非营利组织或社会企业来实现，因此其信用来源就是这些组织自身的信誉。公益金融的信用依托与社会金融类似，即主要是各类机构的自身信用，如本文体系的信用依托主要是基金会，另外还包括各类参与机构。

6. 风控机制

对于商业金融而言，风控机制主要是依据一行三会（中国人民银行、证监会、银监会和保监会）的相关规定，进行资产负债结构的适当调整，比如证监会修订的《证券机构风控指标管理办法》将净资本占净资产比调为不低于 20％ 等。社会金融强调社会目标的实现，但其本质上仍回归于金融产品，所以它的风险控制机制与商业金融相同。就公益金融而言，其风控机制取决于最终效益的表现形式，比如公益创投、社会效益债券这类金融创新产品，它们的风险控制与传统商业金融一致；但对于本文体系中民生权益专项基金的存款参与而言，其风控机制就是刚性兑付。除了传统的监管要求满足外，刚性兑付无疑是公益金融最强有力的风险控制。即使物价飞涨，社会公众的刚性需求仍然能够得到极大满足。政策金融体现着国家意志，是国家对市场进行宏观调控的有机组成部分，它的风险控制主要体现于国家的政策指导。

7. 受益者

由于商业金融的天然逐利性，其资金必然流向风险较低、收益较高的社会领域。因此社会弱势群体和资信欠佳的企业就被排除在外，他们的融资需求无法得到有效满足。以银行业为例，目前中国虽已形成以国有商业银行、股份制商业银行、城商行、城市和农村信用合作社等为主体的多层次银行系统。但在实践中，出于成本和资金安全性的考虑，几乎所有银行都倾向于受理对公业务，尤其是资信好的大国企。个体，尤其是低收入者，以及资金流动性较差的初创企业或小微企业的贷款需求，基本得不到有效供给。正是由于这类"市场失灵"的出现，社会金融发挥了其独特作用，即关注社会的弱势群体与小微企业等，通过创新性的方式为他们提供必要的资金、技术支持，填补之前这一群体金融服务需求的空白。公益金融的受益者则是上述两者的融合，创新公共产品服务提供机制，运用金融工具盘活资源提高效率，致力于为所有社会成员带来福祉，创造社会价值与影响力。本文修正的体系设计正是如此，服务于全社会成员。而政策金融主要是配合某项国家宏观经济政策进行资金配置活动，其受益者往往是政策所关注领域内的群体或企业，带有很强的指向性。

8. 创新

　　商业金融、政策金融、社会金融和公益金融各自有相对独立的运作领域和标准，但都从未停止创新的脚步。商业金融领域内最典型的创新莫过于普惠金融体系的构建，即倡导各类金融机构的广泛参与，为社会所有群体提供可负担的金融产品与服务，实现金融权利的公平与体系的包容。2014 年 12 月成立的深圳前海微众银行股份有限公司是政府推动普惠金融体系建设、充分运用互联网与大数据的实践典范。微众银行是国内首家民营银行，也是首家上线的互联网银行，通过人脸识别技术和大数据信用评级发放贷款，致力于服务工薪阶层、自由职业者、进城务工人员等群体及符合国家政策导向的小微和创业企业。

　　在政策金融领域，国家开发银行的改革之路一直在探索中前行。国开行成立于 1994 年，其使命是通过开展中长期信贷与投资等金融业务，为国民经济重大中长期发展战略服务，主要支持国家基础设施、基础产业、支柱产业、国家"走出去"战略等领域发展和国家重点项目建设。2007 年国开行进行首度改革，即推行商业化，使其自主经营、自担风险、自负盈亏。但在七年的商业化之路上，国开行由于侧重政策性业务和网点数量较少而运营艰难，同时也使大量民生建设工程单子落入其他商行，造成"商业银行政策化"的困局。今年 4 月，国务院再次启动国开行的二度改革，明确将其定位为"开发性金融机构"，介于商业银行和政策性银行之间。其宗旨与政策性银行一致，即服务于国家发展战略，以国家信用为依托，以资金运用保本微利为原则，但运作中如同商业银行以市场化为基本模式，以建设市场、信用、制度为核心原理。

　　社会金融与公益金融本身就是社会创新的产物，它们自身的创新主要体现在运用商业思维将社会价值融入金融产品中。就社会金融而言，社会效益债券就是产品创新之一。自 2010 年，英国金融有限公司发行世界首批社会效益债券——彼得伯勒社会效益债券以来，这一全新的商业模式吸引了全球的目光。目前，英国已推出社会效益债券 17 个，美国 4 个，澳大利亚、加拿大、荷兰、比利时、德国各 1 个，而世界范围内的社会效益债券提案已有 100 多个，资金总额超过 1 亿美元。2013 年 6 月，英国在伦敦证券交易所推出了全球第一个社会证券交易所（Social Stock Exchange），12 家可再生能源、医疗保健、净化水、可持续交通、教育等领域的社会企业挂牌上市，市值总额达 5 亿英镑。本文修正的公益金融体系，虽在金融产品的创新与设计上不及西方社会，但其体系设计已超越了社会金融的理念，将国民待遇的"硬性兑付"作为兜底，从根本上保证民生权益的实现及重构社会信用契约。诚然，民生产品刚性兑付只是公益金融体系众多实现方式之一，公益金融的创新还将源源不断地进行，甚至可能改写人类发展的历史。

四大领域的金融创新虽各有特点和侧重，但不难发现，它们之间有着交叉和融合的趋势，即重视运用商业思维来实现经济价值与社会价值的平衡。这或许代表着未来社会问题解决的主流创新方式，资本、商业不再仅是贪婪地逐利，它们将充分发挥自身优势，有效率地助力社会公益事业的发展，实现私利与公益的有机融合。

三 功能：在责任中重现社会价值

2014 年底，国务院下发《关于促进慈善事业健康发展的指导意见》，明确提出公益慈善与金融创新相结合的政策命题，即一方面"倡导金融机构根据慈善事业的特点和需求创新金融产品和服务方式，积极探索金融资本支持慈善事业发展的政策渠道"；另一方面"支持慈善组织为慈善对象购买保险产品，鼓励商业保险公司捐助慈善事业"。这从推动金融资本向公益慈善领域的进入与公益组织借力金融工具盘活资源提高效率两方面勾勒出公益金融体系的建构方向，以形成自我支持、自我运作、自我发展的公益生态链。金融自诞生以来，就作为公益社会支持系统的一部分而存在，为社会公益事业的发展和创新融资、融智。公益金融更是超越传统金融的框架，从全新的视角诠释社会公益事业的发展路径，它不仅将成为现有金融体系的有效补充，更能推动社会价值的真正实现与信用契约的重新建构，对人类社会的未来产生深远意义。

（一）金融对于公益的功能：财富与责任

过去几十年里，金融一直是社会财富创造的主要来源之一，也是公益事业最重要的资本支持来源。公益和金融的渊源最早可追溯至文艺复兴时期，在 1521 年，德国的富格家族就用他们向欧洲皇室融资获得的巨额利润建立了世界上第一个社会住房项目（social housing）——富格区（Fuggerei），为德国奥格斯堡市的贫困市民提供住所。如今，金融帝国的任一领域都有着重要的慈善家：银行业，花旗集团的创始人桑迪·威尔已向康奈尔大学捐款 2.5 亿美元；私募股权基金业，纳德·科恩捐助促进中东和平的波特兰大信托公司……金融不仅造就了一批批富豪，使之成为公益领域的先行者，也为社会创造了源源不断的财富，有效支持公益事业的发展。正如亚当·斯密在《国富论》中所言，"他追求自己的利益，往往使他能比在真正出于本意的情况下更有效地促进社会的利益"，自由市场天生具有融合公益和私利的倾向，金融在自身发展的同时某种程度上也在推动社会公益的进步。在本文修正的体系设计中，参与公益创投专项基金的商业企业为公益创投的开展提供了必要的资金支持，为我们展现了资本对社会公益发展的重要性。

随着社会的发展，越来越多的企业家意识到，企业不仅是区域经济的基本组织，更是区域社会的基本组织。"利润最大化"的目标并非只局限于经济层面，而是实现经济、社会、资源、环境的协调发展。"企业社会责任"（CSR，Corporate Social Responsibility）这一概念为各行业所关注，商业金融公司更不例外，其融资活动对国家经济安全和稳定的重要性决定了其在企业社会责任履行中的重要作用。以银行业为例，2002 年 10 月，国际金融公司和荷兰银行在伦敦召开的国际知名商业银行会议上提出了企业贷款准则——"赤道原则"。目前，全球已有超过 60 家金融机构宣布采用"赤道原则"，项目融资额约占全球融资总额的 85%。"赤道原则"是判断、评估和管理项目融资过程中环境风险和社会风险的金融行业标准，也是国际银行业金融机构社会责任的践行标准。在国内，自 2006 年上海浦东发展银行发布国内银行业首份《企业社会责任报告》以来，各大商行先后发布企业社会责任报告以供社会监督。商业金融公司企业社会责任的履行，对保障股东、客户、员工、政府、监管机构、环境、社区的权益有着重要的意义，也利于为社会经济发展营造良好的投融资环境，激发社会发展的活力。参与公益金融体系的商业银行、保险机构、基金公司等金融机构，都用自身专长为公益事业的发展奉献力量，践行着企业社会责任。

作为公益社会支持系统的一部分，金融为其提供的是一种财富，推动各类社会公益项目的开展；它更是一种责任，从企业的战略规划和价值取向出发实现各利益相关者的共赢。

（二）公益金融在公益事业中的功能：杠杆与思维

在公益慈善的发展历程中，每一个捐赠高峰都伴随着商业创新带来的巨大财富。发展至今，商业精英试图跳出传统公益慈善与非营利结合的思维逻辑，运用商业的方法从事公益事业，使之成为"战略性的""具有市场意识的""有影响的""基于知识的""有较高参与度的"的实现资金最大化的"杠杆效应"。此时，金融给我们带来的是一种思考与解决社会问题的新视角，用营利的方式，吸引更多资本，产生更大、更持久的影响，在公益目标下发挥杠杆作用，"撬动"商业帝国数万亿元的资金。而这，就是公益金融能为公益事业带来的重要功能之一，即通过商业思维充分发挥金融的杠杆效应，实现资金增值以支持社会目标的实现。本文修正的现代金融体系设计中引入公益创投、债券等多种形式的金融创新，正是基于公益金融的流动性和杠杆效应，为公益事业的发展提供更多的资金保障。事实证明，公益金融的创新模式对于商界及公益界都是巨大的福音。以社会价值投资为例，目前全球投资规模高达 57 亿英镑，未来十年有望增长到 1250 亿 ~ 4000 亿英镑之间，这些投资流向医疗、环境、教育、住房等领域，不同程度改善了民众的生活状况。

很多时候，资本不仅仅是发挥影响力，更是决定力。公益金融为公益事业带来的不仅仅是更广范围内吸引、产生更多的资本，更是商业思维的嵌入与融合，有效推动了公益领域理念、实践的创新。在新公益、社会创新的时代下，非营利的陈旧观点显然已阻碍公益事业的前行，运用市场的方式解决社会问题，将社会价值作为资源配置导向的社会企业逐渐成为社会创新领域的新生力量，提供专业、系统、创新、可持续的社会问题解决方案。授人以鱼不如授人以渔，公益金融催生并助力社会企业的成长，为其尝试用创新的商业模式或技术途径，系统、有效地提供公共服务、增进人类福祉提供了良好的平台。2014 年 9 月，深圳市民政局、友成基金会、华民慈善基金会、正略集团、北极光创投、宜信财富、清华大学公共管理学院 NGO 研究所等近 40 家机构联合发起成立国内首个社会价值投资联盟，遴选具备社会、商业双重价值的项目，优先支持教育、健康、环境、养老、公共安全、反贫困等领域的社会创新型企业。遴选标准将参考友成基金会研发的"社会创新三 A 三力原则"，即社会理想的驱动力（Aim）（社会目标驱动力、以人为本的社会价值定位、以发现并解决社会问题为目标的市场定位）、解决方案的创新力（Approach）（技术研发创新、商业模式创新、治理模式创新）以及实现目标的行动力（Action）（组织行动力、社会影响力、学习适应力）三者的有机统一。在"三 A"之间循环往复地探索与实践，不断瞄准目标、创新模式、打造执行力，从结果导向促进社会企业的变革与创新，以更公平、有效、可持续地解决社会问题。本文修正的公益金融体系可运用 PPP 等模式参与"政社"合作项目，通过公益创投专项基金支持民生领域的小微企业，并尝试以众筹的方式创新公共服务供给机制，这都是商业思维在公益事业中的完美体现。

公益金融虽发源于商业领域的慈善创新，但已超越简单的商业模式借鉴与跨界合作，它强调公益与金融、社会价值与经济价值最初的有机融合，助力更多的社会创新与实践。它为公益事业的前行注入了源源不断的活力，这不仅是金融手段的杠杆效应，更是公益思维的转变与创新。

（三）公益金融在金融体系中的功能：补充与回归

我国现有的金融体系主要由商业金融和政策金融两大部分构成，其中商业金融是基于市场机制、以利润最大化为目的的资源配置活动，政策金融则是政府对社会经济宏观调控力量的表现，主要用以配合各类经济政策的执行。

反观现实，我国金融业一直是政府管制最严、准入门槛最高、垄断性最强的行业之一。金融管制使得多元定价体系不符合成本收益比，以间接融资为主的数量型扩张模式成为银行的一致选择，多层次市场体系建立缓慢。据统计，我国国内债务对 GDP 的比率已高达 2.62，在全球几十个新兴国家中几乎最高；广义货币发行量对 GDP 的比率为 1.9，而美国仅为 0.9。与高债务额、高货币发行量形成鲜明对比的却是金融供给的极度短缺。根据工信部和银监会的统计，中国 99% 的中小企业提供了近 80% 的就业，贡献了 50% 的 GDP，但得到信贷的比例只有 25%。融资难、融资贵，大量中小企业融资服务和个人消费金融服务（尤其是低收入者）无法满足已成为社会的普遍现象。针对商业领域的这一盲域，公益金融可通过公益创投、小额信贷等以社会价值为导向的创新模式予以补充、完善。公益金融补充的是传统商业金融市场中个人业务及小微企业的供给缺失，在保障社会所有群体金融权利的同时给予其他金融机构一定的盈利空间。在政策金融领域，国开行商业化改制后其公益性、准公益性、技术援助性的业务面临萎缩，大量民生建设工程单子使得另外两大政策性银行应接不暇，造成了民生公共服务提供的缺失。以本文修正的体系为例，公益金融从资金、技术上支持民生产品领域的小微企业来保障社会公众的民生权益，甚至为公益事业的参与者提供墓地、幼儿园、养老院等民生类刚需产品的兑换凭证，可以协助填补政策金融在民生服务方面的缺失。可见，公益金融作为第三支力量，可起到弥补"政府失灵"的作用。它运用市场手段解决社会公益领域的金融问题，在商业金融与政策金融之间发挥桥梁和补充作用，以形成更为有效的现代金融体系。

金融的本质是价值的流通，在现代其更多表现为经营活动的资本化过程。一个健康经济体的发展是由以金融创新为基石的虚拟经济与以科技进步为基石的实体经济共同推动的。离开了实体经济的发展，金融创新只能是无本之木、无源之水，最终带来的是财富泡沫和民众利益的损害，甚至会造成席卷全球的金融危机。在我国，商业金融机构逐利性依旧很强，设计出各类不符合资本市场定价原理的金融产品，为民众搭建了一座金碧辉煌、可望又不可及的空中楼阁。公益金融助力公益事业及实体经济的发展，为如今过于繁复的商业金融进行价值回归的引领，即注重金融信用的重建，注重资本杠杆效用下实际兑付的体现。正如本文修正的体系设计，最终以民生产品的兑付为落脚点，让民众享受真正的切实利益。

在现代金融体系中，公益金融成为商业金融与政策金融盲域的有效补充，极大地满足全社会所有成员的金融服务需求及保障其民生权益。它更为商业金融的过度虚拟化敲响了警钟：回归对实体经济的支持，重塑金融机构的社会信用，注重实际兑付的体现。公益金融的加入，使三者在金融体系中得到了全新的融合、共生，激发各自优点，协同合作，共同利众、互惠、共赢。

（四）公益金融在社会中的功能：价值与信用

如果说，金融为社会构建的是一座富丽堂皇的商业帝国大厦，精英们借助日益进步的互联网技术设计出一项项金融创新，堆砌起社会财富，民众享受着金钱所带来的这一切，沾沾自喜。那么，公益金融描绘的就是一幅"老有所终，壮有所用，幼有所长"的其乐融融的美好画面，它不会像商业帝国那样令人眼花缭乱，而是给民众真正的看得见的物质享用；它不会使人为利益的追逐钩心斗角，而是让所有人懂得"助人即助己"的公益理念；它不会逼迫人们为了生存、为了物质拼命付出，而是强调以人为本的哲学观点，真正促进人全面、自由的发展。诚然，商业帝国中并不缺乏美德、公益的存在，相反物质的进步一定程度上能够赋予人更多的选择权，并鼓励他们践行善念。但公益金融自最初就试图挖掘并利用金融资本的道德面，在"考虑整体的自我利益"（Reid，1969）中唤醒人们对真善美的渴望，促进社会价值的真正实现与信用契约的重构。

在公益金融体系中，社会发展不再是为了物质财富在数字上的增加，而是为了民众生活的切实保障，民生权益的真正体现。传统金融本质上是金钱之间的游戏，很大程度上已脱离实体经济的基础，民众虽为不断上升的财富数字暗自窃喜，但物价水平的飞涨、民生产品供给的短缺早已使其无法得到生活的真正所需，即物质的实际兑付，最终账户上逐年后移的小数点只能成为虚幻的泡沫。某种意义上说，以经济为重心的发展观是对社会价值实现的偏离，表面上看是重物轻人，实际上是否认社会发展中价值主体——人的价值。社会发展的最终目标是为了人全面而自由的发展，因此在发展观中必须注入深刻的人本主义内涵，走出生存危机和人性危机的怪圈，实现以人为本的回归。同时，在公益金融的理念中，不再单一强调金融的功能，即作为一种工具或手段为社会创造财富，更多是对金融价值的发展，从社会的共生性出发力图以实际兑付造福于全人类。挖掘资本的道德面，以商业思维运营实现公共服务的兑付及推动社会公益的发展，践行以人为本的发展哲学观，这正是现代公益金融体系给我们带来的启示与思考。

"人生而自由，但却无往不在枷锁之中"，卢梭早在18世纪就道出了人与人之间社会契约对于理想社会建设的重要性。契约是涵盖全体社会成员、处理普遍社会关系的道德准则。信用契约是根植于商业社会、市场经济的信用形态，不仅反映了商品经济条件下平等主体之间在相互交换财物时自由达成的协议和自愿施加的约束，还体现了独立主体间的自由与平等。现代制度经济学认为市场是一套契约性协议和产权让渡得以发生的社会制度，其间人与物的关系转变为人与人的关系。在我国目前的金融市场中，由于商业金融的虚拟价值太高、逐利性太强，这种用以制约信用主体行为的现代信用意识愈发匮乏，信用缺失不只是各大金融机构面临的重大挑战，甚至演化成了全社会的道德困境。在公益金融体系中，社会公益、全民福祉的落脚点利于扭转传统金融的困局，为社会信用机制的重构带来了新的契机。在民生类刚需产品的"硬性兜底"机制下，民众参与社会公益事业的建设，即可得到公共产品或服务的刚性兑付，这对于重构整个金融体系的信用契约，甚至是全社会的信用契约都有着深远的意义。

公益金融，对于全社会而言，具有在以人为本的发展哲学回归下，超越功能主义，强调金融内在价值的重大意义。同时，它为信用契约日益缺失的金融体系及社会带来了新的模式与希望，从民众的根本需求出发提供刚性兑付，重新培养行为主体的现代信用意识。

四　天使还是利维坦？

将共治的理念融入最初的体系设计，运用金融创新实现资本增值，注重资本的道德面及实际兑付，搭建商业金融与政策金融的沟通桥梁完善现代金融体系……这些都是公益金融从结构或功能上给社会带来的创新与变革，它似乎为"大同"理想的实现提供了一种可能性。究其本质，公益金融引发的更是我们对人类及社会自身的思考，它早已超越外在的完美设计，而是作为一种价值、意义存在。

（一）整体中的自我利益？

20 世纪 80 年代，社群主义的思潮在英美开始兴起。社群主义反对自由主义的自我概念，极力主张将个人的善与社群的善统一起来，并用这种共同的善作为评价社群生活方式的标准。"社群"一词在政治哲学中早就出现，亚里士多德就认为正义根植于"一个社群，其基本纽带是对人类的善和社群的善的共同认知"。在社群主义者眼里，我们对善的感知应当具有绝对的优先性，社群既是一种善，也是一种必需。正义优先的原则要求权利优先的政治学,而善优先的原则要求公益优先的政治学。因此社群主义的实质性主张是用公益政治学替代权利政治学。在传统金融中,公益慈善更多表现为个人的行为,尤其是富商,是个人的善。而公益金融体系下,人人都是社群中不可分割的一部分,人人都有行善的权利,人人都为整个社群所关注。公益金融不否认个体的利益,但这种利益需要在社群中共同实现,即"整体中的自我利益"。也正是当个体私利与社会公益可结合时,更多人会因两种动机的合力而行善。那么,公益金融的哲学基础是不是社群的共同的善?如果是,这种共同的善的评判标准是什么?通过怎样的机制设计可以保证共同的善得到真正的落实?

社群主义对自由主义的批评指出了个人主义根本价值观的某些负面影响,注重人们之间的交换、合作与和谐。而社会选择本质上是个人选择的总和,在现代社会和市场经济条件下,任何一种选择最终都落脚于个人的选择,公益金融亦不例外。暂且抛开人性善恶本质的讨论,任何个人选择,总会带有个体社会、经济、文化背景的烙印,或者是其个人私利追求的些许动机。因此,如何在公益金融体系下使得个人选择能够充分代表集体选择及利益?如果可以通过外部规制来避免,那么这种规制又是怎样的形式与制度设计?是法律,是专家审查,抑或是全社会的监督?而这种规制的度又该如何把握?

在人类文明的进程中,权利体现着人类的基本价值追求,推动着社会文明的演化与进取。区别于义务本位,权利本位强调法的本质属性事实上是人的权利,法始终为人服务。权利本位最初与自由主义权利观的主张基本一致,即将个体的存在置于人类生活的优先地位,充分强调个体自主性和独立性。但以个体为主导的权利本位观,很容易导致个人主义至上,忽视个体本身应对社会及他人承担的责任。公益金融体系下,人人都有行善的权利与责任,人人的权益都能得到关注与实现。那么,公益金融的理念是否异于权利自由主义,而是权利本位与责任主义的结合?如果是,在这一体系中每一个体的权利与责任如何体现?权利如何得到保障?责任又如何得以确保履行?权利与责任之间的张力又是怎样的机制?而这,又是一种怎样的发展哲学?

(二) 传统金融的掘墓人?

公益金融,某种程度上是社群主义在金融实践中的体现,它借助金融的杠杆效应，却超出传统金融而发展为对社会价值的回归。传统金融自诞生以来为人类社会发展注入了无数创新的活力，尤其推动了商业领域的快速进步及社会财富的创造。虽然存有痼疾，并经历了多次经济危机，但传统金融始终表现出自我发展、自我反思、自我修复的强大生命力。如今，公益金融的出现是否会逐渐融合甚至吞噬传统金融的王国？公益金融是否会成为传统金融的掘墓人？两者是共融共生、互相促进抑或此消彼长？两者关系的发展机制又是如何？

逐利性是资本的本质属性，但资本也有其道德面。正如亚当·斯密的巨著《道德情操论》与《国富论》，道德生活与经济生活存在着共同的目标，即利己与利他的统一。然而，由于市场失灵等诸多主客观条件的限制，资本的道德总是无法得到充分的体现，或者说无法满足社会公众对社会福利的需求。公益金融从共治的顶端设计开始，嵌入以社会价值实现为最终目标的趋同型合作机制，使得资本为人类社会的全面发展贡献更多的力量。或许，在公益金融体系下的个体仍是经济学中最基本的理性人假设，如果是，那么此时"理性"一词又有着怎样的含义？与其最初的界定又有着怎样的区别？如果公益金融将这一假设颠覆，那么取而代之的又是怎样的个体假设？公益金融对经济学又有着怎样的理论修正与发展？

在金融体系中，公益金融依托对金融工具的运用与创新，及对社会问题的关注与解决，既引导商业金融价值回归，又为政策金融拾遗补阙，有效成为两者的沟通桥梁，建立起更为完善的现代金融体系。那么，公益金融将如何嵌入现有的商业金融与政策金融？三者之间是否会形成"三足鼎立"的局面抑或实现最终的融合？三者之间的边界与沟通协商机制又是怎样的？公益金融是否可以借助政策金融，依托国家信用体系来实现，而非构建自身的信用体系？

本文构建的现代公益金融体系设计无疑是公益金融的创新，但这只是公益金融的实现方式之一，或者说是整个大体系下的一部分。公益金融还有哪些可行的实现方式或其他组成部分？这些实现方式或组成部分之间又存在怎样的联系机制？公益金融的监管又是怎样的？它是一种可控的模式吗？公益金融的实现模式将是区域性的吗？区域的范围又是多大？如何进行区域的划分？如何实现区域间的复制或发展？区域间的公益金融又将存在怎样的联系机制？会有中央层面的宏观统筹设计吗？

（三）愿景：共生、共治、共享

人是社会性的动物，每一个体都是相互依存的，没有任何个体可以完全脱离其他个体而独立存在。公益金融基于社群主义的哲学基础，其必然尊重人的共生性与社会性。从某种意义上看，公益金融是"共生、共治、共享"理念的完美诠释，它超越了民有、民治、民享的概念，超越了所有制的概念，超越了对立的概念，也超越了简单的权利的概念。

"共生"指社会群体中不同个体间所形成的紧密互利关系。每一个体都是社会不可或缺的一员，彼此间紧密相连，互相关心。每一个体都根植于特定的社群环境中，其生活的改善离不开整个社群的发展与进步。"共治"是社群中的每一个体、不同组织或机构两个维度的成员积极、广泛地参与公共事务，为共同目标而努力的过程。在这一过程中，民众的根本需求能够得到充分反映，不同组织或机构的优势能够得到充分发挥，并在沟通、合作中推动社会创新的诞生。"共享"是社会所有成员对社会财富创造和进步成果的公平、共同享用。每一个体都为社会公益事业贡献力量，在成果分享时理应得到公平对待。但，此处的享用超越了简单的权利概念，不再强调"我的"所有权，而是对产品使用权的享用。这一理念的超越对于社会再生产的扩大、社会的创新与进步都具有重大意义。

共生、共治、共享从基础、路径和结果这一完整的链条体现了共同的善。它为我们展现的不只是社会的内在需求与价值，也是资本背后的道德精神与道德情怀。这是一种和谐的状态，一种思维的方式，更是一种心灵的呈现。

公益金融的最顶端，是我们对共同利益的理解，对社会价值的诠释，也是整个社会的最高理想与最大抱负。它代表着我们对真善美的一致追求，而我们所追求的，就是作为"人"的一种根本价值。它可能是一个发展哲学问题，可能是一个伪命题，可能是一个永远无法实现的理想国，甚至是一个利维坦。无论如何，现有的理念、体制、规制可能均会面临根本性的变革或创新，这或许是共享实现的方式之一，也或许是又一个强权。是天使还是利维坦，只有时间能为我们解答……

参考文献

杜晓山（2006）：《小额信贷的发展与普惠性金融体系框架》，《中国农村经济》，2006（8）。

胡国晖、雷颖慧（2012）：《基于商业银行作用及运作模式的普惠金融体系构建》，《商业研究》，2012（1）。

焦瑾璞（2006）：《积极探索和发展有效支持新农村建设的金融服务形式》，《济南金融》，2006（4）。

——（2014）：《普惠金融的国际经验》，《中国金融》，2014（5）。

李明贤、叶慧敏（2012）：《普惠金融与小额信贷的比较研究》，《农业经济问题》，2012（9）。

茅于轼（2007）：《兴办小额信贷的几点经验》，《金融经济》，2007（5）。

王名，徐宇珊（2008）：《基金会论纲》，《中国非营利评论》，2008（2）。

王名等（2012）：《美国非营利组织》，北京：社会科学文献出版社。

吴晓灵（2010）：《构建普惠金融体系，促进社会和谐发展》，《金融时报》，2010 - 08 - 03。

王婧、胡国晖（2013）：《中国普惠金融的发展评价及影响因素分析》，《金融论坛》，2013（6）。

赵萌（2010）：《慈善金融：欧美公益风险投资的含义、历史与现状》，《经济社会体制比较》，2010（4）。

中国银监会合作部课题组（2014）：《普惠金融发展的国际经验及借鉴》，《中国农村金融》，2014（1）。

Buttle, M. (2007), " 'I'm not in it for the money' : constructing and mediating ethical reconnections in UK social banking", 38 (6) *Geoforum*.

Bishop, M. & Green, M. (2008), *Philanthrocapitalism: How the Rich Can Save the World*, Bloomsbury Press.

CGAP (2004), *Building Inclusive Financial System: Donor Guidelines on Good Practice in Microfinance*, Washington D. C. : Consultative Group to Assist the Poor.

Emerson, J. & Twersky, F. (1996), *New Social Entrepreneurs: The Success, Challenge and Lessons of Non-profit Enterprise Creation*, San Francisco: The Rob erts Foundation.

Eadery, Y. (2006), "Ethical developments in finance: implications for charities and social enterprise", 2 (1) *Social enterprise journal*.

Edwards, M. (2009), "Why 'philanthrocapitalism' is not the answer: private initiatives and international development", in M. Kremer, M. van Lieshout, and R. Went (eds), *Doing good or doing better: development policies in a globalizing world*, Amsterdam: Amsterdam University Press.

Moore, M. - L., et al. (2012), "The loop, the lens, and the lesson: using resilience theory to examine public policy and social innovation", in A. Nicholls & A. Murdoch (eds.), *Social innovation. Basingstoke*, UK: Palgrave MacMillan.

McWade, W. (2012), "The role for social enterprises and social investors in the development struggle", 3 (1) *Journal of social entrepreneurship*.

Nicholls, A. & Pharoah, C. (2007), *The landscape of social investment: a holistic topology of opportunities and challenges*, Oxford: Skoll Centre for Social Entrepreneurship.

Nicholls, A. (2010), "The institutionalization of social investment: the interplay of investment logics and investor rationalities", 1 (1) *Journal of social entrepreneurship*.

Ottinger, R. (2007), "Portfolio philanthropy: how philanthropists can apply portfolio-theory to make wiser social investments", 5 (4) *Stanford social innovation review*.

Reid, T. (1969), *Essays on the Intellectual Powers of Man*, Cambridge: MIT Press.

Philanthropic Finance: Concept, System and Function

Zhou Lingyi   Li Yong

[**Abstract**] Philanthropic finance originates from social innovation. Under the co-governance philosophy, it seeks to better solve social problems by leveraging on the liquidity and leverage effect of financial instruments to bring welfare to the society. Philanthropic finance includes, specifically, innovative products such as venture philanthropy, philanthropic trust, small-amount credit, social impact bonds, social value investment, and internet philanthropic crowdfunding. Different from traditional commercial finance, philanthropic finance puts more emphasis on social responsibility, social value and social impact. Different from social finance, philanthropic finance lays more stress on providing all social members with cross-sector supplies of rigidly-demanded livelihood products. Philanthropic finance not only provides sufficient funds and a brand new business model for social endeavors but also serves as an effective supplement to the current binary system that consists of commercial finance and policy finance. Therefore it helps finance return to its essential value and build a better modern financial system. Created on the belief in massive goodness in the society, philanthropic finance emphasizes the "self-interest in the context of collective interest." With "all-for-one-and-one-for-all" as the guiding principle, it aims to return to the "people first" social value, re-build a social credit and contract system, and construct a dream society characterized by responsibility, mutualism, co-governance, and sharing.

[**Keywords**] finance, philanthropic finance, communitarianism, concept of sharing

（责任编辑：蓝煜昕）

欧美公益创投的演变及实操

陈静雅[*]

【摘要】公益创投是一种新兴的资助投资手段，整合了公益慈善理念和风险投资技术，提倡跨部门合作，以组织发展和影响力创造为导向。公益创投在欧美国家的发展呈现出不同的阶段特点。本文试图在已有研究成果的基础上，结合笔者取得的一手资料，介绍欧美公益创投的演变及现状，并从实操层面分析公益创投的投资流程、退出机制和独特的绩效评估方式——社会影响力测评，希望为非营利部门运用公益创投这种工具提供帮助。

【关键词】公益创投　投资流程　退出机制　社会影响力测评政府参与

一　公益创投的出现及思想探源

公益创投（Venture Philanthropy），这种整合了风险投资家、专业志愿者和政府等多主体的、高互动的、新型的资助投资方式，可以溯源至欧美自由主义危机。19 世纪和 20 世纪之交，工业化、城市化加快，组织化的工人阶级兴起，产生了平等而全面包容社会全体成员的要求，对既有的自由主义的政治制度提出了严峻的挑战。由此带来的社会变迁，在美国表现为

---

* 陈静雅，北京大学公民社会研究中心国际事务主任。

进步主义，在欧洲则体现为社会民主体制。对于如何解决市场失灵及各种社会问题，以国家为主导的社会保障制度和以私营部门为主导的慈善事业这两条原本泾渭分明的路径，在不断的交流互动中日渐靠近。20 世纪最后一个十年，社会企业的兴起造成国家、市场、社会三部门之间的界限逐渐模糊，呈现一种混合经济（mixed economy）的现象（Ott，2001），强调"跨部门协同合作"（tri-sector collaboration）解决社会痼疾已经成为一种共识，经济学家亦新近提出了"合作型资本主义"（Collaborative Capitalism）的概念（Clark et al.，2014）。

公益创投最早由美国慈善家约翰·洛克菲勒三世于 1969 年提出。20 世纪六七十年代，美国刚刚经历了长达十年的通货膨胀和经济下行，公众要求慈善基金会更有效率地运用资本并得到可测量的成果。在此背景下，洛克菲勒三世在美国国会税收改革法案听证会上提出了公益创投（Venture Philanthropy）一词，来表述一种具有一定风险的慈善资助形式。直至 1997 年，学者 Christine W. Letts，William Dyer 和 Allen Grossman 在哈佛商业评论上发表文章《有良知的资本：基金会可以向风险投资借鉴什么》（*Virtuous Capital：What Foundations Can Learn From Venture Capital*），开创公益创投理论探讨之先河。尽管文章中并未提及 Venture Philanthropy 一词，但仍被广泛视为最早探讨公益创投理念的学术作品。该文指出慈善基金会应该学习以经济收益与财务回报为目标的风险投资基金，将资金用于投资对象的整体运营和能力建设，而非具体项目执行费用，建议慈善基金会像风险投资基金一样与投资对象建立紧密联系，如参与董事会、为其提供资本之外的其他资源等。[①]

在美国，20 世纪 90 年代中期互联网产业如火如荼，在加州硅谷、西雅图、波士顿等地出现了一些先行者，如 eBay 创始人 Jeff Skoll 建立了斯科尔基金会（Skoll Foundation）投资社会企业，另一名创始人 Pierre Omidyar 建立了奥米迪亚网络（Omidyar Network）投资小额贷款机构（Grossman, et al.，2013）。在英国，对于高度参与的影响力投资模式的兴趣在 2001 年左右开始出现。2002 年，英国出现了第一支标准意义上的公益创投基金 Impe-

---

① 参见 Letts，C. et al.（1997）。

tus，同年意大利也有了第一支专业公益风投基金 FondazioneOltre。2004 年欧洲公益创投协会（European Venture Philanthropy Association，EVPA）成立，将零散在欧陆和英伦三岛的公益创投机构凝聚起来，厘清知识边界、推动学术研究，并为会员提供交流平台和信息、技术及资源支持，设立行业标准和行为守则，以及进行政策游说。EVPA 创始人和第一任主席 Doug Miller 在投资银行和 PE 界工作 32 年，2004 年他在儿子房间创办了协会。之后十年公益创投发展得如此迅猛以至已不局限于欧洲境内，截至 2014 年底，来自 25 个国家的 180 多个组织加入了协会，并且以新加坡为基地创建了亚洲公益创投网络（Asia Venture Philanthropy Network）。

值得注意的是，欧美在政治文化上的差异也反映在公益创投上。恩斯特·W. 伯吉斯即便在探讨美国社会是否"在过去一百年间逐渐从一种个体主义的拓殖经济转向集体性的社会经济"时，仍然强调了美国的任何计划都必须"符合个体主义、民主体制和人道主义的美德"，即美国社会的道德基础（Burgess，1935：33）。更贴切的还有图海纳的"行动社会学"分析个体与集体行动者的担当与介入（commitment and engagement），他们由此创造情境，确立意义（Rucht，1991）。因此在美国，不管是公益创投还是社会企业家都带有个人英雄主义色彩，强调个体所能带来的社会变革，以 Bill Drayton 创办的社会企业家孵化机构阿育王（Ashoka）为例，以资助个人社会企业家而非机构为特色，2011 年 Drayton 在与笔者的会谈（德雷顿，2011）中提到：半数以上 Ashoka 社会企业家改变了所在国的国家政策，75% 在全国范围内改变了其所在领域的固有运营模式。1997 年起源于西雅图的社会创新伙伴（Social Venture Partner，SVP）将志愿服务和小额捐赠（每人每年五千至数万美金）结合，强调个人以陪伴的方式利用自己的专业技能长期支持公益机构发展。笔者在 2012 年访谈 SVP 创始人之一 Lance Fors 时，他亦提及："公益创投能够为个人提供一个以相当系统化的方式去参与解决社会问题的机会。人人都是慈善家的时代到来了。"

在欧洲，受到政府财政赤字不断攀升的影响，许多国家开始通过去中心化、民营化和服务提供分散化等方式，希望通过推动社会创新降低政府公共支出。1997 年布莱尔执政后大幅修改工党理念，广为宣传政府、私营部门与第三部门应建立伙伴关系共同解决社会问题（即新公共管理的改革）

（Ryan, et al., 1999），2000 年 12 月，英国千禧年委员会（Millennium Commission）出资一亿英镑建立了英国第一个公益创投网络机构。2012 年 4 月，英国首相卡梅伦发起了来自银行休眠账户的 6 亿英镑的大社会资本项目（Big Society Capital），支持中介性机构（intermediaries）如公益创投等，系统地为非营利组织和社会企业提供资金和技术支持（Nicholls, et al., 2009）。在欧洲大陆，德国、荷兰、比利时、法国和西班牙的公益创投为"福利合作"模式，瑞典等北欧国家为"社会民主"模式，捷克、波兰、斯洛伐克和匈牙利为"发展模式"，政府部门仍在其中起着不可忽视的作用（Buckland et al., 2013）。事实上，在约 1/4 人口为合作社成员的德国，讨论最激烈的便是合作社（cooperatives）是否属于公益创投领域。

二 公益创投的定义和特点

目前公益创投并没有一个统一的定义，并且它的定义在实践的过程中也在不断演变，在此词普及之前，这个领域的各类实践者已经有了林林总总的称谓：社会责任投资（social responsible investing, SRI）、社会使命投资（mission-related investment, MRI）、ESG 可持续投资（Environment, Social, Governance sustaining investment）、社区金融、微型金融（micro finance）等等。欧美各国都具备一套针对公益创投的独特的法律体系、机构设置。以最宽泛的定义而言，公益创投是指应用公益慈善理念以及风险投资的专业技术协同达到公益目的，从而创造更大的社会价值及影响的资助/投资行为。与慈善捐助相比，公益创投把影响力的持续产生作为投资的考量之一，更关注被投资者能否利用投资将组织发展壮大，来扩大影响力并使之持续[1]。传统慈善（Charity）、公益创投与影响力投资（Impact Investment）是一个连续的光谱，传统慈善和影响力投资居于投资回报率的两端，而公益创投居中并部分覆盖前两者，它的资本回报率从 -100%（即全额捐赠）到 20% 不等。业界对公益创投和影响力投资两者亦无明确区分，经常混淆而

---

[1] 此概念阐述参见笔者 2013 年参与编撰的《中国社会企业与社会影响力投资发展报告》，北京大学公民社会研究中心、社会企业研究中心等机构出品，发布于 2013 年博鳌亚洲论坛。

用。通常语境下，影响力投资一词更倾向于对社会目标组织进行有一定资本回报的股、债券投资。

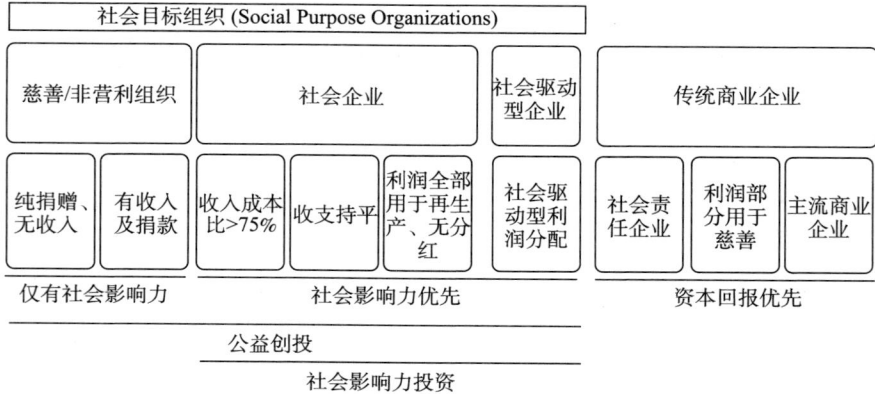

图1 公益创投的范畴①

与美国公益创投多为捐赠不同，超过50%的欧洲公益创投机构采用了债权股权投资，它们更多投资的是社会企业而非慈善机构。在欧洲，无论使用何种金融工具（捐赠、债权投资还是股权投资）、无论支持何种组织形态（非营利组织或营利组织），只要具备以下特点，都可以算作公益创投：①高度参与性，强调公益创投组织与被资助组织之间亲身实践型的互动关系；②组织能力建设，强调被资助组织的能力建设，资金倾向于投在核心运营层面而非具体项目执行；③量身定制的金融服务，运用捐赠、债权投资和股权投资等多种形式的金融工具，根据被资助组织情况设计投资工具和设定收益水平（有的提供零财务收益的资金以追求纯粹的社会收益；有的则采用多年期资助、担保或无担保贷款、夹层融资、准权益投资等安排）；④非资金支持，为被资助组织提供战略规划、财会法律咨询和管理培训等增值服务以实现社会影响力的收益最大化；⑤深度参与同业网络，为被资助组织创造交流平台，使其能够方便地得到技术支持和完成资源对接；⑥长期资金支持，公益创投的资金通常被称为有耐心的资本（patient capital），与商业天使投资不同的是，即使是针对初创组织的投资也不寻求短期内退出，而是着重培养被资助组织运行能力和长期生存能力，通常期限为

---

① 图表改编自欧洲公益创投协会网站，www.evpa.eu.com。

3～10 年，在被资助组织实现财务可持续或完成组织使命时退出（涉及公益创投退出机制的探讨将在后文专节阐述）；⑦绩效评估，尽管资本回报率不是公益创投的必要条件，它依然带有强烈的商业风险投资特色，即这是一种基于绩效的投资，公益创投界普遍开展了针对社会影响的投资回报评估，要求被资助组织有良好的业务规划、可测量的产出、既定目标的达成、财务问责制度，以及透明化的管理。

　　欧洲公益创投最大的特点即是多元化和跨区域，欧洲公益创投协会的会员遍及各个行业领域，除了公益风投基金，还包括基金会、项目运作型非营利组织、社会企业、PE、银行、管理咨询公司、律师事务所、会计师事务所、行业协会、慈善顾问机构、出版社、政府机构、欧洲主要商学院等。如此多元化的参与主体可能会有碍协同效应（collective impact）发挥作用，但毫无疑问也在激发创新。2002 年由德国几个富裕家族共同成立的公益创投机构 BonVenture，创立独特的法律架构，即平行设立慈善基金会与风险投资基金用于捐赠及股、债权投融资。

　　以欧洲基金会中心（European Foundation Centre）的数据来看，欧洲传统基金会平均资产为 370 万欧元①，而欧洲公益创投的 42 家机构在 2004～2009 年短短几年之内平均单家融资就已达到 1.22 亿欧元。据 EVPA 2013 年的调查，可查的欧洲公益创投组织自成立以来（平均每家机构成立时长为7.9 年）投资额已超过 50 亿欧元，2013 财年的投资额同比增长了 28%（Hehenberger et al.，2014），仅就融资能力和对公益慈善领域的资金注入能力而言，欧洲公益风投已成为支持社会创新的重要力量。

三　公益创投的资助/投资流程及退出机制

　　从公益创投的起源可以看出，公益创投是由金融界的风险投资家们提

---

① 欧洲基金会中心网数据：英国 12400 家基金会总资产€52.8b，德国 19551 家基金会总资产€70b，意大利 6220 家基金会总资产€90b，西班牙 14190 家基金会总资产€23.9b，瑞典 13700 家基金会总资产€26.5b，芬兰 2660 家基金会总资产€14.5b，爱尔兰 35 家基金会总资产€790m，保加利亚 5708 家基金会总资产€15m，斯洛伐克 376 家基金会总资产€71m，其他欧洲国家无数据。http://www.efc.be/programmes＿services/re-sources/Pages/Foundations-in-Europe.aspx。

出并实施的，其最核心的创新在于独特的资助/投资流程。理想的投资对象往往兼具有效的领导团队和执行能力。它们乐于接受公益创投的全面介入而不仅仅是资金支持。它们在某些方面有明显的改进空间，而公益创投恰恰能够提供所需资源。这些组织通常处于发展拐点，例如业务快速增长、推出新的服务，或者面临合并或跨组织合作等。

公益创投的投资流程分为投资意向书阶段、投资阶段和投后管理。

（一）投资意向书阶段

1. 用于机构成长和核心运用费用的捐款或投资。公益创投机构为投资对象提供不受限资金，用于其能力建设以提升其运营效率和业务拓展能力。

2. 投资组合（portfolios）及长期承诺。公益创投机构有可能对不同的投资对象设定不同的出资方案，有可能是多年期资助、担保或无担保贷款、夹层融资、准权益投资、类股权投资等等，也可能对同一家投资对象设计复式投资组合，投资期限可能 3～10 年不等，资金数额通常大于传统慈善基金会的捐赠。

3. 基于可测量成果的持续的资金供给。公益创投强调可评估的成果，并要求被投资人对事先商定的结果负责。这可能体现在阶段性拨付。评估过程和预先商定的成果通常为双方协商所得。

（二）投资阶段

1. 对潜在投资对象进行尽职调查（Due diligence）。这一广泛存在于风险投资界的工具通常包括审核商业计划书、评估管理团队、市场、风险，以及考察团队对结果导向的理念是否理解。有时候也包括评估其他相关的参与方以及他们为投资对象价值增值的幅度。

2. 以社会影响力的增量估计为标准进行投资。正如风险投资机构将对投资对象进行估值和未来成长性预测，公益创投非常重视社会产出和社会影响的形成，这种前期预估通常取决于投资对象选定的社会问题尺度和范围大小，以及该投资对象的执行能力。

（三）投后管理

1. 不仅限于资金支持。公益创投强调自己不仅仅提供资金。通常他们会占据一个董事席位，带入知识资本和社会资本，提供能力建设和外部资源对接。基于他们与投资对象的长期陪伴关系，这种资金之外的支持会随投资对象的成长而不断调整。

2. 管理支持。公益创投通常会义务为投资对象提供管理咨询服务，或者为其链接外部培训资源。与风险投资界相似，公益创投认为任何社会创新项目都需要创始人卓越的领导力以及一支有极强执行力的团队。公益创投机构往往会和投资对象一起拟订出资方案、组织战略和服务提供方式。合作过程中密切监督并提供修正建议。

3. 可持续的、战略性的退出机制。风险投资的退出机制往往是明确的（首次公开募股、引入战略投资者，夹层融资与列后级融资等等），公益创投的退出机制仍然在争议中逐渐演变。当投资对象是非营利组织时，理论上的退出时间点应该是当它已经实现财务可持续，或根据某种标准已经成功完成社会使命之时。一些非营利组织对这一概念所意味的明确的合作终止期表示担心，认为这对于某些社会问题并不适用，会影响社会问题解决的持续性。所以，许多公益创投机构并不强调这一点。

（四）再探退出机制

目前并没有针对公益创投机构退出机制的调查数据，部分原因是大多数公益创投机构还较年轻，对长期陪伴和耐心资本的提倡也与风险投资界惯用的退出机制理念相左。欧洲公益创投协会于 2014 年 10 月对 22 家相对成熟、已成功退出所投项目的公益创投机构进行调研，将公益创投机构进行的资助/投资的退出机制总结为五个阶段：①重估与投资策略相辅相成的关键要素；②研发退出方案；③退出准备（exit readiness）；④执行退出方案；⑤退出后的跟踪陪伴。其中最核心的是第三步"退出准备"，从三个维度评估是否达到退出标准：①社会影响力评估，被投资者的业务是否为其针对的社会问题带来了可测量的社会效益；②财务可持续，评估被投资者是否已经实现了财务可持续，不管是来自自身盈利还是其他资金来源；③组织应变能力（organizational resilience），评估被投资者在管理团队、组织治理和盈利/筹款能力等方面发展的成熟度（Boiardi & Hehenberger，2014）。

公益创投的最终目的是帮助被投资者成长为具有良好的业务模式、善于利用多种资源、可持续发展、持续创造社会效益的组织机构，因此在与被投资者商议投资策略时便开始共同探讨退出机制，以期达到最佳退出时机和最小化的社会效益潜在损失，这完全避免了风险投资退出环节中的信息不对称问题，凸显出公益创投的另一特点——透明化。

资助/投资时运用不同的金融工具也对应了不同的退出机制，PhiTrust 在与数个潜在的后续投资者谈判后，将其在公平贸易和有机食品公司 Alter Eco 的股权出售给了欧洲最大的有机食品企业之一——Wessanen Distriborg。BonVenture 为旨在解决年轻父母再就业问题而建造儿童保育所的德国社会企业 KKB 提供的 75 万欧元夹层贷款预计将于 2016 年偿还，由于 KKB 由非营利组织转变为混合型组织，BonVenture 的可转债亦考虑转成股权后出售给后续投资者，KKB 第二轮融资额达到了 410 万欧元。NESsT 对为青年艾滋病患者提供救助的罗马尼亚社会企业 Alaturi de Voi 的捐赠资助到期后，为其对接了另一家公益创投并为其贷款提供担保。

2006 年左右，业界开始探讨 NGO/社会企业上市（IPO）的可能性。购买了一定量的股份后，股东可能占据董事席位、获取机构的财务信息和影响力评估信息。这个概念所带来的争议是，这些 NGO/社会企业可能面临的多股东结构是否会分散他们本该在运营上的精力？毕竟他们中的绝大多数还不具备上市公司应有的治理结构和管理能力。尽管如此，为了调动民间资本的积极性，世界各地仍然出现了一些社会证券交易所（Social Stock Exchange），不过真正在公共证券市场开设板块的仅有一家——成立于 2013 年 6 月的新加坡"影响力交易所"（Impact Exchange），隶属毛里求斯证券交易所，截至 2014 年 4 月尚未发行新股①。其他几家"社会证券交易所"皆为会员制的展示平台，不能进行股票交易，比如同样成立于 2013 年 6 月的伦敦社会证券交易所，为其私人投资者会员（高净值人士）对接社会企业，目前已有 12 家可再生能源、医疗保健、净化水、可持续交通、教育等领域的社会企业"挂牌上市"，市值总额达到 5 亿英镑。加拿大的"Social Venture Connection"和美国的"Mission Markets"则是虚拟网络平台，同样起到对接投资的作用。

---

① 新加坡影响力交易所官方网站上附有"毛里求斯证券交易所影响力板块发行上市指南"（Impact Exchange Board Listing Guide A Board of the Stock Exchange of Mauritius），http://impactexchange.asiaiix.com/wp-content/uploads/2014/03/Impact__Exchange__Listing__Guide__Feb2014__FINAL.pdf。

四　社会影响力测评

对社会影响力进行有效测评是公益创投的题中之义，正是因为公益创投声称自己作为一种投资工具，能够更高效地利用资金，并催生巨大的可测量的社会影响力①，大量的金融资本才会被吸引到第三部门，社会创新这一新生事物才有可能被广泛接受。事实上，传统慈善行业尚未创建一套评估非营利组织绩效的完善体系，公益创投带来的社会影响力测评风潮无疑在整个第三部门起到革命性的推动作用。目前在世界范围内被广泛运用的标准化测量工具有欧盟准则（GECES②）、EVPA 准则、NPC 准则③、社会投资回报④（Social Return of Investment，SROI）、IRIS（Impact Reporting and Investment Standards）指标⑤、全球影响力测量评级系统⑥（GIIRS）等，这些工具之间是互补而非竞争性的关系。因为社会影响力这一核心理念甚至可以延伸到人类对价值的重估，解决社会问题时的固有主观性经常会导致"吾之蜜糖，彼之砒霜"的发生，比如诊所提供廉价堕胎手术究竟是为妇女赋权还是鼓励未成年人不安全性行为？所以社会影响力测评体系尚不存在

---

① 由于社会绩效（social performance）一词被广泛运用于商科和企业组织学，为了厘清边界，社会创新中涉及社会效益一般用社会影响力（social impact）指代。

② 欧盟社会企业专家组（Commission Expert Group on Social Entrepreneurship，CEGSE）是由欧盟委员会在单一欧洲市场（The EU Single Market）下设的顾问专家组，时期为六年（2012~2017），为欧盟委员会提供促进社会企业及其市场建设的咨询顾问服务。

③ 新慈善资本组织（New Philanthropy Capital，NPC）是英国一家智库机构，由高盛的前首席经济学家 Gavyn Davies 创立，统筹规划了英国大社会资本（Big Society Capital）的首年计划。

④ 社会投资回报（Social Return of Investment，SROI）是由英国智库机构新经济基金会（New Economics Foundation）开发出的一种融合成本—收益分析和社会审计功能，从而将社会影响力计量化的框架性工具。

⑤ IRIS（Impact Reporting and Investment Standards）指标由全球社会影响力投资网络（Global Impact Investing Network，GIIN）开发，原理与国际会计准则（International Financial Reporting Standards，IFRS）或一般公认会计原则（Generally Accepted Accounting Principles，GAAP）相似。目前其资料库中有 400 多个社会、环境和财务指标，每一个都参考了专家意见和使用者反馈，GIIN 也会定期审核是否需要更新指标，使用者可以根据自身需求选用衡量的指标。

⑥ 全球影响力测量评级系统（GIIRS）由美国公益公司 B Corp（Benefit Corporation）认证机构 B Lab 开发，是一套标准化的评级系统，目前已有 400 多个企业获 GIIRS 星级评级。

全球公认完善的测量体系。

Paul Brest 将社会影响力的本质（Brest & Born，2013）描述为"反事实条件的中心性"（the Centrality of the Counterfactual），即一种"若非"的因果关系（but-for causation）——若某种特定的社会影响只有在某个 NGO/社会企业的活动下才能产生，或是这种社会影响力的增幅超越了若无其活动介入时的情况，才能够视作是它产生的社会影响力。因此，Brest 认为 IRIS 和 GIIRS 虽然在第三部门绩效评估上跨出了开创性的一步，但皆是产出导向的，对社会影响力测评的核心——影响力——并没有有效的评估。

这就涉及社会影响力测评的另一关键点：对产出（output）与成果（outcome）之间做的重要区分。所谓产出就是企业所生产的产品和服务，成果则是产出对于目标人群生活改善的影响。成果是基于变革理论（Theory of Change）的事件链中的一环，既可以是近期也可以是远期产生的。而影响力（impact）的确定才是重中之重，它将计算有多少比例的成果不管有无干预活动都会发生，有多少比例的成果因干预活动而发生，排除掉干扰因素的成果就是社会创新从业者孜孜以求的"社会影响力"。EVPA 的五步准则和 SROI 都走到了这一步，SROI 甚至走得更远，它为关键成果指标定价，以社会投资回报率 =（社会影响力）/（总投入）的公式得出一个比率——事实上，这是一个货币化的比率，相当于 1 块钱的投入能产生多少钱的社会影响力。

尽管 SROI 运用无谓因子（deadweight）、转移因子（displacement）、归因因子（attribution）和衰减因子（drop-off）尽可能排除干扰因素、设定七大原则以缩减测量误差率[①]，它将社会影响力货币化的大胆设想仍然触动了许多人的神经。许多公共产品和服务本身就难以定价，复杂社会问题的结果归属和支付者识别仁者见仁，更何况它像涟漪一般扩散的社会影响。一个街区犯罪率下降究竟是因为社会企业的介入还是因为警察工作的改进，抑或是城市重新规划所致？凭借社会企业或公益创投机构一己之力很难穷尽所有可能，这看起来更像是政府部门或者社会学研究机构通力合作才能

[①]　七大原则分别是：利益相关方参与、对认定产生的变化举证、仅纳入重要信息、不言过其实、保持透明公开、为关键成果定价、审核成果。限于篇幅，本文不展开阐述，SROI 工具手册参见《社会投资回报评估指南》，www.thesroinetwork.org。

完成的任务。有的领域比如公共卫生经济学家发展出了一套衡量残疾影响生活品质的计量方法①，但如何衡量医疗救助挽救的人命数量乃至定价呢？

目前，全球范围内有许多公益创投机构、政府部门和研究机构在钻研如何完善社会影响力测评体系，有的研究时长已逾十年，有些公益创投机构运用自身研发的测评体系并在实践中逐步调整（Grieco，2015）。荷兰软件公司 Sinzer 已研发出整合多种测评体系的影响力测评工具软件，由此搜集的大数据可能会导致此项研究的下一个飞跃。

五　公益创投与政府参与

本文在开篇比较欧美公益创投文化时提及了一些政府主导的大型项目。实际上早在 1999 年，克林顿夫妇在白宫慈善会议上成立非营利事业与政府工作小组，专题讨论了公益创投。奥巴马政府于 2012 年设立了白宫社会创新与公民参与办公室（the White House's Office of Social Innovation and Civic Participation）和社会创新基金（Social Innovation Fund）为非营利组织提供配套资金，以 137 万美金的数额配套了 350 万美金民间基金会筹款，拨付给 20 家慈善基金会②。笔者 2014 年年底访谈该基金的创始主任 Paul Carttar 时，他提及这项措施之所以没有像英国的大社会资本一样进入公众视野，是因为联邦政府要求基金仅能用于"有成果为证的非营利组织"（NGOs with evidence of results），这在影响力测评尚不完善的情况下难以推广。当然，这仅仅指在公益创投语境下的政府参与，并非意味着美国联邦及各级政府在利用创新性金融工具解决社会问题方面毫无举措，实际上许多私营部门与政府合作的公共项目创意十足。比如美国银行业受到《社区再投资法案》（Community Reinvestment Act，CRA）监管，调控存款类金融机构在中低收

---

① 更多信息参见 Brest & Krieger（2010）。

② 详见"Social Innovation Fund"，Corporation for National and Community Service web site，http：//www. nationalservice. gov/about/programs/innovation. asp，accessed October 2012. Corporation for National and Community Service, Social Innovation Fund Fact Sheet, October 2012, http：//www. nationalservice. gov/about/media ＿ kit/factsheet ＿ sifgrantees. asp, accessed on February 2013。

入社区开展信贷业务的情况①；在联邦政府的"低收入家庭住房建设税收抵免制度"（Low-Income Housing Tax Credit，LIHTC）下，社区发展金融机构基金（Community Development Financial Institutions Fund，CDFIF）和社区再投资基金（Community Reinvestment Foundation，CRF）得以用投资税额抵扣（tax credits）来补贴 CDFI 投资以支持社区发展、为保障性住房项目提供信贷组合②；纽约市政府与彭博基金会、高盛集团和人力实证研究公司（Manpower Demonstration Research Corporation，MDRC）共同创立了旨在降低青少年再犯罪率的社会影响力债券（Social Impact Bond，SIB）③。

在欧洲特别是英国，自 20 世纪 90 年代末新公共管理改革以来，政府部门对于社会创新和公益创投的兴趣始终高涨，上下两院议长通力合作推动社会创新方面的立法，卡梅伦领导下的内阁设专门小组，最终推动了八国集团的统一行动：2013 年 6 月，英国作为八国集团主席国设立社会影响力投资专题小组。由 22 位来自 G7 国家、欧盟及澳大利亚的政府官员和社会或私营部门代表组成。为推行这一概念并推动未来政策，专题小组同时组建了 8 个国家顾问委员会和 4 个国际专家组。经过一年多的努力，专题小组于 2014 年 10 月发布了《影响力投资：看不见的市场之心——以企业家精神、创新和资本的力量实现公共利益》总报告。8 个国家顾问委员会也发布了各自的国别报告。4 个专家组针对影响力评估、资产配置、企业目标制订和国际发展方面发表了专题报告。

八国总报告指出，NGO 和社会企业最普遍的困难是寻找初始资金，绝大多数这类组织需要运营管理方面的帮助来适应市场，开发可靠的资金流，因此公益创投对培育市场起到了关键性的作用。多国政府已开始向社会影响力组织提供初始资金和能力建设支持，对现有政策法规的调整也有利于释放民间资本。在英国，内阁办公厅创建了初始资金为 2000 万欧元的投资预备项目（Investment Readiness Program），为 NGO/社会企业寻求投资提供帮助，迄今已帮助 100 多个社会企业撬动了 1 亿欧元的投资，建立了 10 家

---

① 笔者于 2011 年参加了旧金山美联储社区再投资工作会议，详见陈静雅（2011b）。
② 笔者于 2012 年对美国 IMPACT Community Capital 投资公司创始人 Dan Sheehy、美国社区再投资基金总裁兼 CEO Frank Altman 作了专题访谈，详见陈静雅（2013）。
③ 笔者于 2011 年在纽约对美国社会影响力债券项目负责人、美国 Social Finance 创始人 Tracy Palandjian 作了专题访谈，详见陈静雅（2011a）。

孵化器，入住组织达 600 多家，下一个十年内阁将再追加 6000 万欧元资金以确保项目持续性；在法国，2014 年通过社会与团结法案（Social and Solidarity Bill）以促进社会影响力投融资，国有银行 Banquepubliqued'Investissemen 设立了社会创新投资基金，地方政府被允许向社会企业放贷；在意大利，总理宣布成立社会基金（Social Fund），相关法律也在议会进行审核；在德国，八国首脑会议下设的国家顾问委员会正在研发风险缓解/共担机制，为商业银行投资养老和失业人员培训等项目提供准备①。

在欧盟层面，欧盟委员会于 2013 年在"就业与社会创新"（Employment and Social Innovation，EaSI）项目背景下启动了"社会企业金融市场建设"，在 12 个欧盟国家资助了 21 个试行项目，包括爱沙尼亚的 2015 年首个社会效益债券（social impact bond，SIB）和葡萄牙的社会影响力投资专题小组。欧盟将社会创新及其相关的金融市场建设纳入"2020 欧洲战略"（Europe 2020 Strategy），旨在建设一个更加普惠、公平和可持续发展的欧洲社会②。

六　公益创投带来的启示

作为理念的公益创投在过去十年为非营利部门、慈善组织和政府公共管理带来了一阵清风，跨部门合作（tri-sector collaboration）创造集合效应（Collective Impact）成为共识，越来越多的慈善组织和捐款人开始探求善款是否用在了刀刃上，越来越多的国家政府也在重估其社会保障体系的效率。更重要的是，民间非营利组织/社会企业的持续性成长和规模化（scale up）及其创造的社会影响力被认为是最应关注的方面，并得到各个利益相关方的大力支持。

试图理清公益创投在美国和欧洲的历史与规模的研究寥寥无几，社会创新是一种跨学科的新兴现象，公益创投更是新生事物，目前在商科、经

---

① 八国总报告《影响力投资：看不见的市场之心——以企业家精神、创新和资本的力量实现公共利益》、国别报告和专题报告可以在 http://www.socialimpactinvestment.org 下载。授权中文版将于 2015 年由北京大学公民社会研究中心出版。

② Europe Commission, Employment and Social Innovation, EaSI - 2014 - 2020, http://ec.europa.eu/social/main.jsp? catId = 1081.

济社会学、政府管理学等学科有一些研究文章，但尚未有将其纳入特定研究体系的尝试。公益创投领域的实践也在欧美呈现不同的特点，总的来说，美国公益创投更接近鼓励个人参与的新型慈善，欧洲的公益创投实践则更接近美国的影响力投资。欧美各国政府都在尝试如何在管理创新上引入公益创投/影响力投资理念，运用新型的金融工具和跨部门合作提高公共服务的效率，更好地解决社会问题。这对正在大力提倡社会治理创新的我国亦有一定的参考价值。

以社会影响力为优先考量的私人和私营机构投资者们，哪怕以一己之力无法改变整个市场逐利的现状，也要在散布全球和庞杂的社会领域中的每个小小的、有摩擦的①、不完全市场中洒下一道道温暖光芒（warm glow）②；哪怕是最微弱的一道光，也要将它洒向需要温暖的生活。公益创投作为一种理念，其自身的社会影响力便在于此。

参考文献

比尔·德雷顿（2011）：《从"重复"的世界到"变化"的世界》，《21世纪经济报道》，2011年12月2日，特1版。

陈静雅（2011a）：《社会效益债券：让解决方案成为投资品》，《21世纪经济报道》，2011年8月25日，第26版。

——（2011b）：《社会影响力投资：问计美联储》，《21世纪经济报道》，2011年12月2日，第34版。

——（2013）：《金融创新与社区再投资的美国经验》，《21世纪经济报道》，2012年12月31日，第16版。

Andreoni, J. (1990), "Impure Altruism and Donations to Public Goods: A Theory of Warm Glow Giving", 100, No. 401 (June 1990) *The Economic Journal*.

Burgess, E. (1935), "Social planning and the mores", in H. Blumer and E. Burgess (eds.), *Human side of social planning*, American Sociological Society, Chicago, Ⅲ, USA.

Buckland, L., et al. (2013), "The Growth of European Venture Philanthropy", 11 *Stanford Social Innovation Review*.

---

① 有摩擦的市场（market frictions），金融市场中的摩擦是指金融资产在交易中存在的难度。

② "Warm glow" 参见 Andreoni（1990）。

Brest, P. , & Born, K. (2013), "When can impact investing create real impact?", 11 *Stanford Social Innovation Review*.

Boiardi, P. , & Hehenberger, L. (2014), *A Practical Guide to Planning and Executing an Impactful Exit*, EVPA Knowledge Centre Research Paper.

Clark, C. , et al. (2014), *The Impact Investor: Lessons in Leadership and Strategy for Collaborative Capitalism*, Jossey-Bass, Cambridge, USA.

Grossman, A. , et al. (2013), *Venture Philanthropy: Its Evolution and Its Future*, Harvard Business School Background Note 313 – 111, June 2013.

Grieco. C. (2015), *Assessing Social Impact of Social Enterprises: Does One Size Really Fit All?* Roma, SpringerBriefs in Business.

Hehenberger, L. , Harling, A. , & Scholten, P. (2013), *A Practical Guide to Measuring and Managing Impact*, EVPA Knowledge Centre Research Paper.

Hehenberger, L. , Boiardi, P. , & Gianoncelli, A. (2014), *European Venture Philanthropy and Social Investment 2013/2014*, EVPA Knowledge Centre Research Paper.

Letts, C. et al. (1997), "Virtuous capital: What foundations can learn from venture capital", 75 (2) *Harvard Business Review*.

Nicholls, J. , et al. (2009), *A guide to social return on investment*, London: Office of the Third Sector, The Cabinet Office.

Ott, S. J. (2001), *The nonprofit sector's distinctive values and contributions to society*, in S. J. Ott, ed. , The nature of the nonprofit sector, Westview Press.

Brest, P. & Krieger, L. (2010), *Problem Solving, Decision Making and Professional Judgment*, Oxford University Press.

Rucht, D. (1991), "Sociological theory as a theory of social movements? A critique of Alain Touraine", in D. Rucht (ed.), *Research on Social Movements: The state of the Art in Western Europe and the United States of America*, Boulder, CO: Westview Press.

Ryan, N. , et al. (1999), *Government, Business's and Society*, Sydney: Prentice Hall.

$\mathcal{NP}$

Evolution and Practice in Venture Philanthropy in the West

Chen Jingya

[**Abstract**] As an emerging means of supportive investment, venture philanthropy integrates the philanthropic concept with venture investment techniques, advocates tri-sector collaboration and drives organizational development and impact creation. Venture philanthropy in Western countries has demonstrated different characteristics in different stages of development. Based on the results of current research on this topic and supported by first-hand materials available to the author, this paper aims at providing an introduction on the evolution and current status in venture philanthropy in Western countries, and analyzes, from a practical point of view, the investment procedure, exit mechanism and unique performance evaluation method—social impact evaluation, in the hope of offering some help to not-for-profit organizations to make use of this tool.

[**Keywords**] venture philanthropy, investment procedure, exit mechanism, social impact evaluation, government involvement

（责任编辑：小菲）

公益金融在中国的发展

汪颖佳[*]

【摘要】随着社会的发展，传统依靠政府或者非营利组织提供公共服务的方式已经不再那么有效，公益金融的理念应运而生，在我国也有快速发展。本文在介绍公益金融范畴与内涵的基础上，具体分析了公益金融在我国社会发展中的重要意义、面临的挑战以及近些年的发展趋势，以期厘清公益金融在我国的发展路径。

【关键词】公益金融　中国路径　发展特点

一　公益金融的范畴与内涵

公益金融（social finance），又称社会金融，是一种区别于传统金融模式的新型投资及财富管理方式。公益金融注重在产生经济回报的同时也为社会带来福祉，例如，提升环境质量、帮助残障人就业等（焦瑾璞，2013：1～4）。

公益金融形式多样，包括社区投资、小额信贷、社会效益债券、可持续商业及社会企业贷款等多种形式，结果导向性的公益创投也是公益金融的一种形式。无论公益金融的表现形式如何，它都强调为社会、环境带来正面的影响，例如：一些注重环境效益的投资者会讲求其投资能为社会带

---

* 汪颖佳，北京师范大学中国公益研究院研究部高级分析员。

来经济、社会及环境的"三重底线"（triple bottom line）。

（一）扶贫金融，小额信贷与普惠金融

1. 扶贫金融

我国很早就开展有组织、有计划、大规模的扶贫开发，一开始就要求金融介入并发挥作用。一直以来，我们把扶贫开发工作中的金融服务称作扶贫金融。

目前，越来越多的金融产品的目标客户大多是弱势群体或者贫困客户——他们往往被正规金融体系排除在外，因此具有一定的扶贫作用。扶贫金融主要是指政府直接给弱势群体提供低利率的贷款，形式多样，包括助学信贷、扶贫信贷等。扶贫金融主要是政府行为，也可能是社会强势群体的行为。

扶贫金融作为政府扶贫的实现形式之一，载体可以是正规的金融机构，也可以是其他社会组织，也可以是非正规的社会组织和个人。2004 年，我国改变了扶贫贷款体制，选择了 30 个扶贫县进行试点，如果商业银行愿意发放扶贫贷款，财政会对扶贫贷款的利息进行贴息（焦瑾璞，2013：1~4）。

2. 小额信贷

小额信贷是 20 世纪最重要的金融创新之一。狭义的小额信贷是指一种以低收入群体为特定目标客户，为他们提供信贷服务，支持他们通过扩大生产和进行创业来实现自身的可持续发展并最终摆脱贫困的贷款活动，这些贷款通常具有无担保的、小额度等特点。

传统商业银行和监管体系以抵押担保作为风险管理的基本方式，将无力提供抵押担保的穷人和微型企业排斥于服务的大门之外，限制了他们的发展机会。小额信贷则通过一系列金融创新解决了在不需要抵押和担保的条件下为穷人和微型企业可持续地提供金融服务的制度和方法。小额信贷因其特殊性而在经营理念、管理模式和监管方式上与传统银行信贷业务有很大差别，在国际上已经成为一个成熟的金融行业，而不仅是一种金融产品和服务。目前国际上有三种成功的小额信贷商业模式：小组信贷、村银行和个人信贷。著名的孟加拉乡村银行采用的是典型的小组信贷模式。国内大部分专业从事小额信贷的机构也主要采用小组信贷模式。

3. 普惠金融

普惠金融是小额信贷的延伸发展，旨在将一个个零散的微型金融机构和服务有机整合成为一个系统，将以小额信贷为核心的微型金融纳入正规金融体系与金融发展整体战略中区。普惠金融的目的是将小额信贷为中心的微型金融纳入正规金融体系，不再被边缘化。我国目前，中国银行业监督管理委员会只承认村镇银行、贷款公司和农村资金互助社等新兴农村金融机构，理论上小额贷款未被承认。

普惠金融也称包容性金融，最早由联合国于 2005 年提出，是指通过完善金融基础设施，以可负担的成本将金融服务扩展到欠发达地区和社会低收入人群，向他们提供价格合理、方便快捷的金融服务，不断提高金融服务的可获得性。普惠金融的理念就是让更多的人去享受现代金融服务带来的机会和便利。

普惠金融有三个明显的特点：一是"普"，就是指金融及金融服务的外延要扩展，重点向欠发达地区和社会低收入人群延伸；二是"惠"，指以合理的价格或可接受的成本向客户尤其是弱势地区和人口提供有效率的金融服务；三是"可持续"，普惠金融说到底也还是金融，金融的本质特点是财务的可持续。同时，也只有确保提供普惠金融的金融机构实现稳健可持续发展，才能够为客户尤其是欠发达地区和社会低收入人群长期提供金融服务①。

（二）社会影响力投资与公益创投

1. 社会影响力投资

摩根大通（J. P. Morgan）和洛克菲勒基金会（Rockefeller Foundation）在 2010 年的一篇合作研究报告——《影响力投资：一种新兴的投资类别》中首次提出将影响力投资区别于其他投资类别，将其认定为一种新兴并且正在面临融入主流投资界的投资类别。该报告进一步指出影响力投资不仅可以创造利于解决社会问题的正效应，而且能带来财务上的回报，这必然会引起传统投资界和慈善界的共同关注。

所谓社会影响力投资，普遍意义上来说，最主要目的在于创造有利于社会环境的正面效应，并高效解决社会问题，但也不排除传统意义上的财

---

① 郭庆平（2014）：《发展普惠金融，服务扶贫开发》，中国金融新闻网，http://www.financialnews.com.cn/yw/gd/201410/t20141017 _64286.html，最后访问日期：2015 年 5 月 1 日。

务回报收益①。

如果将慈善捐助中的捐助行为看作广义的投资行为的话，其本质就是这种投资行为不追求任何财务上的回报，而完全追求投资所产生的社会正效应，并且这种正效应往往体现在明确特定的投资指向，因此财务回报上的风险在投资决策中不予以考虑。而不论侧重于哪个方向的影响力投资，都需从财务回报角度上予以考虑，即存在可以预期的财务收益，这一点是影响力投资与慈善捐助的本质区别。

而通过影响力投资所获得的收益，可以反复再投资；然而，慈善捐助需要不断地输血，这也是两者在社会影响的扩展性、效率上的不同。所以更多有策略、远见、关注结果和效率的慈善家、基金会也开始采用社会影响力投资的思想，抛弃了传统的单一捐助模式。

与传统投资相比，社会影响力投资不仅是以一定的财务回报为目的，同时也以投资所产生的社会影响为目的，即投资者除了获得收益，也一定程度上参与了慈善事业，对特定社会问题的缓解提供了自己的贡献。影响力投资所带有的双重投资目的是与慈善捐助和传统投资的本质区别，也是其特色和差异优势。

社会影响力投资过程中衡量其收益不仅仅有传统财务上的投资回报率，还应包含该投资所带来的可测量的社会正效应，即社会影响力。因此，它也有两种类型。

侧重于财务回报的社会影响力投资：此类社会影响力投资是基于可预期的财务回报并且能够带来可测量的利于社会环境正面效应的投资形式。预期的财务回报为首要投资决策考虑要素，因此回报率的要求也相对较高，一般接近或略高于市场投资回报率。

侧重于社会价值的社会影响力投资：此类社会影响力投资以追求可测量的社会环境正面效应为主要目的，并兼具投资财务回报性质的投资形式。预期的财务回报为次要投资决策考虑要素，因此回报率的要求也相对较低，一般能够接受低于市场投资回报率。

---

① 闫冰（2013）：《社会影响力投资已逐渐在全球兴起》，凤凰网公益，http：//gongyi.ifeng. com/linian/detail __2013 __05/20/25491357 __0. shtml，最后访问日期：2015 年 4 月 30 日。

2013 年 12 月由阳光文化基金会、中国公益研究院和南都公益基金会在北京举行了"2013 社会影响力投资圆桌会议"。跨界讨论的最大成果在于统一了"社会影响力投资"这一概念，这对于行业达成共识、向着共同的方向努力具有深刻意义。统一的"社会影响力投资"概念认为：社会影响力投资最核心的要素是商业模式，这个模式服务于有目的地追求社会改善的目标并追求商业的可持续性。在这样的概念下，可以说"社会影响力投资"涵盖两方面——财务影响力和社会影响力。同时，与会各界嘉宾统一了如何界定"社会影响力投资"的六大核心要素。

（1）社会影响力和商业回报性缺一不可。

（2）对社会影响力有明确的目标、主动追求社会改变。

（3）财务回报的可持续性。一种情况是由于在提供商业产品和服务的同时还提供了社会产品，所以可以有较高回报；另一种情况是适当降低商业回报以更多地实现社会回报。

（4）社会影响力隐含在两个方面：一是公司的商业模式暨公司本身的运营可以追寻良好社会影响（不做有害环境/员工/客户的事情）；另一种是社会影响力投资所投资的企业所提供的产品和服务一定给社会带来正向、进步的影响。

（5）社会影响力应该是可量化评估的。与公司员工所完成的核心业绩指标直接相关。

（6）规模化。追求和实现规模化的商业模式是社会影响力投资一个特别重要的要素。如果不需要规模化的商业模式，不强调高度可持续，可以用目前传统的公益模式解决。

2. 公益创投

公益创投（venture philanthropy）是指应用公益慈善的理念以及风险投资的专业技术协同达到公益目的，从而创造更大的社会价值及影响。就投资的理念而言，公益创投更偏向于慈善捐助，旨在产生社会影响力，造福社会。但是与慈善捐助相比，公益创投把影响力的持续产生作为投资的考量之一，其更关注与投资企业能否利用投资将企业进一步发展壮大，来扩大并持续产生影响力。而不像慈善投资以主要理念的契合作为投资（捐助）的首要决策考量。从这一点来看，公益创投和社会影响力投资比较契合。

而两者比较大的区别在于公益创投在财务回报诉求方面明显低于影响力投资。

目前国内的公益还是以慈善为主，"授人以鱼"相对容易，"授人以渔"的时代还没有真正开启。因此目前，公益创投有三大职责：孵化育苗，建构生态与能力建设。目前中国没有成熟的公益或社企生态，需要先孵化。同时，即便一些有高增长潜力的社会企业，仍旧需要5~8年的持续投入，并且不只是在项目层面，在管理、治理的层面需要投资方介入更多，真正帮助其专业能力的提高。建构生态系统、提升业务能力的专业性、促进行业内外的有效合作是不断发力的关键。

公益创投本质是一种投资方式，一定有"投资"的思维在其背后。这种投资方式可以适用于社会企业，也适用于一般的非营利组织、福利组织。公益创投的回报并不只是在财务方面，更侧重于对环境和社会的回报，在某些情况下则兼而有之。

公益创投不是对项目投资而是对机构投资，还会引入非财务的资源，如管理、人力等专业支持，它不是短期捐赠而是多年的"耐心资本"（patient capital），同时还提倡政府、市场、非营利部门三者合作。

相对于传统慈善界捐赠人和受助机构相对疏离的关系，公益创投致力于与接受投资的组织建立密切的合作伙伴关系，目的是希望接受投资的社会组织的能力得到有效提升，以提供更好的社会服务，实现自身的可持续发展。而它与商业投资的本质区别在于投资目的的非营利性，不期望实现财务回报或将回报继续用于公益事业。

公益创投非常强调在投资的同时，提供非资金资助来帮助机构企业建设其组织能力。根据《社会组织能力建设》（马庆钰等，2011）所述，社会组织能力建设至少由以下几个关键要素构成：①社会组织能力建设是一个持续的改进过程；②社会组织能力建设旨在增进社会组织实现目标的能力；③社会组织能力建设是在组织内外部环境的制约下，调动组织资源，解决组织面临的实际问题；④社会组织能力建设涉及个体、团体和机构三个层面的能力；⑤社会组织能力建设关注组织的可持续发展。

目前，参与公益创投主要有以下几种方式。

表 1　参与公益创投的三种模式

参与模式	参与主体情况	参与原因	参与方式
（1）直接支持社会目的组织	无法贡献很多资金，但能利用其无偿的专业服务和其他距离上的邻近优势提供帮助	与慈善机构的邻近得以提供实物上的帮助，比如办公室的使用	挖掘社交或职业网络并识别当地办公室里有激情的带头人
（2）投资于一家公益创投机构或与其合作投资	内部缺乏对公益行业的了解并倾向于用一个可信赖的中介来做公益创投	在不产生管理费用的情况下贡献资源，同时降低风险和交易成本	选择公益创投机构并发展长期的合作关系，投入资金和资源，并提供无偿的专业支持
（3）成立或共同成立一个公益创投机构	能够承诺大量的时间和资源，例如人力、投资公益行业的知识以及长期计划	将资金专注于重要的但无人足够关注的领域，尤其是社会问题	在一个新的计划下汇聚资源，吸引多元的资源并达到更大规模

资料来源：王振耀主编（2014）：《现代慈善与社会治理——2013 年度中国公益行业发展报告》，北京：社会科学文献出版社。

3. 社会影响力投资与公益创投

通过上述的比较与描述，可以看出影响力投资位于强调社会价值的慈善捐助和强调经济价值的传统投资两个极端的中间层，而公益创投及社会责任投资分别作为两个极端和中间层的过渡。

公益创投（venture philanthropy）成为眼下投资界和公益界备受关注的新思维。这种最早起源于欧美的公益资本投入方式，希望以"投资"的理念而不是传统的捐赠方式，与公益组织或社会企业建立长期合作关系并提供管理和技术等支持，从而有效促进组织的能力建设，帮资金发挥出更大的社会影响。与之相对，中国对社会影响力投资（social impact investment）的讨论似乎更热情，这一方式更加强调依靠有效的商业模式，在实现改善社会目标的同时还能获得持续的财务回报，兼顾财务影响力和社会影响力。

二者都坚持用投资的方式和理念，追求一定的社会影响。不同之处在于，影响力投资发端于市场部门，考虑利用投资工具，实现经济、社会和环境回报兼具的融合价值（blended value）。而公益创投则发端于公益慈善界，希望采取投资的方式和理念，解决传统慈善捐赠产出小、效果低、影响力有限的问题，以实现社会影响力最大化，所追求的经济回报期待值较低。

（三）公益信托

1. 定义

信托（trust）是一种理财方式，是一种特殊的财产管理制度和法律行为，同时又是一种金融制度。信托业务是由委托人依照契约或遗嘱的规定，为自己或第三者（即受益人）的利益，将财产上的权利转给受托人（自然人或法人），受托人按规定条件和范围，占有、管理、使用信托财产，并处理其收益。

公益信托本质上是一种公益组织形式。简单来说，公益信托的定义，是指为了公共利益的目的，使整个社会或社会公众的一个显著重要的部分受益而设立的信托。具体来说，就是为了救济贫困、救助灾民、扶助残疾人，发展教育、科技、文化、艺术、体育、医疗卫生事业，发展环境保护事业、维护生态平衡，以及发展其他社会公益事业而依法设立的信托。

国际上对公益信托没有一个统一的定义。按照我国法律的规定，满足《信托法》中公益信托四大条件的信托就能称为公益信托，公益信托的要求有：具有明确的公益目的、财产及收益均用于公益目的、经公益事业管理机构审批、设置信托监察人等。

公益信托通常由委托人提供一定的财产设立，由受托人管理信托财产，并将信托财产用于信托文件制定的公益目的。公益信托就其目的而言，可以分为一般目的公益信托与特定目的公益信托。前者的信托目的是一般公益目的，没有特定的限制；后者的信托目的则局限于特定的公益目的，如扶助某个地区的残疾人。

2001 年通过的《中华人民共和国信托法》对"公益信托"专列一章，专门规定公益信托应当遵循的特别规则，比如公益目的类型、公益信托财产及其收益的限制、公益信托的审批与监督、公益信托监察人的设置、信托终止后"近似原则"的适用等等。信托法第三条将公益信托列为与民事信托、营业信托并列的主要信托类型，从而凸显了信托法律制度在公益领域的地位。

2008 年银监会发布的《关于鼓励信托公司开展公益信托业务 支持灾后重建工作的通知（银监办发〔2008〕93 号）》（以下简称《通知》）中，对于《信托法》和《信托公司集合资金信托计划管理办法》中规定的信托设立方式、信托单位金额门槛、委托人资格与数量的规定做出了利于公益信托的发展的突破性规定（仅限于灾后重建工作），在公益信托的制度完善上具有一定意义。然而不可否认的是，该通知的适用范围仅限于"帮助和支持灾区重建"，法律效力层级低，也没有解决公益信托的审批和税收等瓶颈，实质推动作用有限。

以下将通过《信托法》与《通知》中的核心条款，解读公益信托在现行法律框架下的定义（王振耀，2014：211～215）。

（1）公益目的

《信托法》第60条规定，为了下列公共利益目的之一而设立的信托，属于公益信托：（一）救济贫困；（二）救助灾民；（三）扶助残疾人；（四）发展教育、科技、文化、艺术、体育事业；（五）发展医疗卫生事业；（六）发展环境保护事业，维护生态环境；（七）发展其他社会公益事业。

上述关于"公益目的"的界定范围宽于《公益事业捐赠法》的范围，即以公益信托模式从事公益事业较之捐赠方式而言其适用范围更加宽泛。

（2）募集形式与设立方式

我国实践中现有的公益信托案例基本采取集合资金信托形式。集合资金信托是指由受托人将两个以上委托人交付的资金进行集中管理、运用或处分的资金信托。《信托公司集合资金信托计划管理办法》（以下简称《管理办法》）第8条规定：信托公司推介信托计划时，不得进行公开营销宣传。据此，信托只能是私募。而《通知》第4条规定，信托公司设立公益信托，可以通过媒体等方式公开进行推介宣传，信托公司应当在商业银行开立公益信托财产专户，并可以向社会公布该专户账号。这就打破了集合信托公开宣传的限制，为广大公众通过公益信托从事公益事业提供了便利。

在设立方式上，《信托法》第62条规定，公益信托的设立和确定其受托人，应当经有关公益事业的管理机构（以下简称公益事业管理机构）批准。未经公益事业管理机构的批准，不得以公益信托的名义进行活动。《通知》也遵循了上述规定。

（3）集合信托的委托人门槛

具体就集合资金信托计划的设立而言，《管理办法》限定了信托单位金额和委托人资格及数量。《管理办法》第 5 条规定，信托公司设立信托计划，应当符合以下要求：（一）委托人为合格投资者；（二）参与信托计划的委托人为唯一受益人；（三）单个信托计划的自然人人数不得超过 50 人，但单笔委托金额在 300 万元以上的自然人投资者和合格的机构投资者数量不受限制。《管理办法》第 6 条进一步界定了上一条所指的合格投资者的定义，即符合下列条件之一，能够识别、判断和承担信托计划相应风险的人：（一）投资一个信托计划的最低金额不少于 100 万元人民币的自然人、法人或者依法成立的其他组织；（二）个人或家庭金融资产总计在其认购时超过 100 万元人民币，且能提供相关财产证明的自然人；（三）个人收入在最近三年内每年收入超过 20 万元人民币或者夫妻双方合计收入在最近三年内每年收入超过 30 万元人民币，且能提供相关收入证明的自然人。

上述法条中对委托人的要求较高，不适于鼓励社会大众参与公益信托。所以《通知》所规定公益信托的委托人的数量及交付信托的财产金额不受限制，即对《管理办法》的限定做出了突破，进一步降低了设立门槛。一般情况下，如信托公司发行集合资金公益信托计划，依然受到《管理办法》中上述条款限制，甚至根据"参与信托计划的委托人为唯一受益人"之规定，信托公司应无权通过集合信托的方式设立公益信托。

（4）公益信托财产及收益用途

《信托法》规定公益信托的财产及其收益，不得用于非公益目的。《通知》进一步明确了信托财产及收益投资的领域，及其受托人管理费和信托监察人报酬的比例上限。《通知》第 6 条要求信托公司对其管理的公益信托财产及其收益，应当遵守以下规定：（一）全部用于公益事业；（二）不得用于非公益目的；（三）不得为自己或他人牟取私利；（四）只能投资于流动性好、变现能力强的国债、政策性金融债及中国银监会允许投资的其他低风险金融产品。《通知》第 3 条明确要求受托人管理费和信托监察人报酬，每年度合计不得高于公益信托财产总额的 8‰。此规定进一步明确了《信托法》中的所有财产及其收益用于公益目的的含义，规定了管理成本上限，以及对信托财产的运用施加限制，增加了公益信托规范的可操作性。据悉，尽管《通知》缺乏普遍适用性，但 8‰已成为信托公司在后续的公益信托实践中普遍的参照标准。

（5）公益信托的监管

《信托法》在公益信托受托人方面做出了有别于一般受托人的规定，包括非批准不得辞任、报告公告义务和变更受托人等等，以加强对受托人的监管，最大限度地保证公益目的的实现。

《信托法》第66条规定，公益信托的受托人未经公益事业管理机构批准，不得辞任。第67条规定，公益事业管理机构应当检查受托人处理公益信托事务的情况及财产状况。受托人应当至少每年一次作出信托事务处理情况及财产状况报告，经信托监察人认可后，报公益事业管理机构核准，并由受托人予以公告。第68条规定，公益信托的受托人违反信托义务或者无能力履行其职责的，由公益事业管理机构变更受托人。

（6）公益信托监察人

《信托法》对于公益信托设置信托监察人进行了强制性的规定。第64条规定，公益信托应当设置信托监察人。信托监察人由信托文件规定。信托文件未规定的，由公益事业管理机构指定。第65条规定，信托监察人有权以自己的名义，为维护受益人的利益，提起诉讼或者实施其他法律行为。除此之外，受托人的信托事务和财产报告以及清算报告也必须在提交公益事业管理机构批准之前，交由信托监察人认可。

（7）公益信托变更、终止及其财产处置

在变更方面，《信托法》第69条规定，公益信托成立后，发生设立信托时不能预见的情形，公益事业管理机构可以根据信托目的，变更信托文件中的有关条款。

在终止方面，《信托法》第70条规定，公益信托终止的，受托人应当于终止事由发生之日起十五日内，将终止事由和终止日期报告公益事业管理机构。第71条规定，公益信托终止的，受托人作出的处理信托事务的清算报告，应当经信托监察人认可后，报公益事业管理机构核准，并由受托人予以公告。第72条规定，公益信托终止，没有信托财产权利归属人或者信托财产权利归属人是不特定的社会公众的，经公益事业管理机构批准，受托人应当将信托财产用于与原公益目的相近似的目的，或者将信托财产转移给具有近似目的的公益组织或者其他公益信托。

2. 与基金会的比较

其实很多人都认为现有的基金会已经可以很好地发展公益事业，因此，没有必要再引入公益信托。但是原则上或者理想中，公益信托相比较基金会的专项基金的具有多种优势：①设立简便；②运营便利成本低；③公益信托内部治理规范透明，捐款更安全；④公益信托尊重捐助人意愿；⑤委托管理更专业化；⑥更有利于资产与善款的保值增值；⑦资产管理与公益项目专业分工，信托关系更具稳定性。公益信托和基金会法人，若从其从事公益活动所达成的社会机能来看，可以说基本相同。公益信托的灵活与便捷主要体现在其法律性质和基本的法律构造上。

公益信托没有原始本金门槛限制，全国性和地方性公募基金会的原始基金分别不得低于人民币 800 万元和 400 万元，非公募基金会的原始基金不低于 200 万元人民币，而公益信托原始财产规模没有法律限制，信托也无须取得法人的资格。同时，我国法律规定公募基金会每年的公益事业支出，不得低于上一年总收入的 70%；非公募基金会不得低于上一年基金金额的 8%，没有反馈机制的捐赠规定要求基金会，特别是非公募基金会不停增补原始基金，否则就会竭泽而渔。而公益信托则没有捐赠比例限制，既可实现公益资本的金融增值，让原始基金不断发酵，又可灵活运用增值资金开展公益项目，以公益星火，形成燎原之势。此外，公益信托安全稳定的特点也使得公益信托设立以后不会因各种情况而终止，能够稳定地实现公益目的。通过两者的比较，可以看出公益信托确实可以在中国公益事业向纵深发展的过程中起到巨大的推动作用。

当然，这并不是否认基金会的作用。慈善基金会因为可以成为法人，其管理职能和公信力理应更高。通过基金会与公益信托两类组织功能的竞争和互补可以满足不同捐助人的慈善意愿并实现非营利组织（NPO）的社会价值。因此，在国外的实践中，很多委托人就是将善款捐助给包括基金会在内的慈善法人，以慈善法人为受托人成立公益信托。在我国目前也有类似的实践，以专项基金为例，基金会与捐赠人之间约定基金的使用目的、财产的管理方法，有受益人的，还要约定受益人范围以及受益人取得信托利益的方式，本质上就是公益信托模式了。还有的合作模式就是受托人委托基金会法人代为管理信托事务从而形成慈善基金会法人和公益信托两种慈善组织并驾齐驱和竞争、合作的局面。

但是，由于公益信托领域缺少完善的规范管理的法律法规，发展也较基金会落后一些，所以，在国内，公益信托基本都在参照基金会的发展模式。本次两会上，翟美卿委员也在提案中提出，建议参照《基金会管理条例》中的相关条款，在财税制度和信托法两方面作出调整或修改，尽快研究并制定公益信托的税收政策及优惠措施。

中国公益研究院的黎颖露提出了一个与此相关的重要问题：公益信托与其他公益组织相比的特点在哪里？即使有了完善的法律法规，如果加上了诸多限制条件，或者完全参照基金会（专项基金）来发展，公益信托存在的必要性必然会存疑，这将不利于公益信托的发展。

（四）社会效益债券

社会效益债券，又称"基于绩效给付的债券"（pay for success bonds）首次试水是在英国。2010 年，非营利咨询组织社会金融有限公司（Social Finance, Ltd.）和英国司法部签订了旨在减少英国剑桥郡彼得伯勒（Peterborough）监狱重返率的社会效益债券协议。这里服短刑的人员，出狱后60% 一年内会再次触犯法律。

包括洛克菲勒基金会（Rockefeller Foundation）在内的 17 家投资者，提供了 500 万英镑资金，赞助非营利性组织向服刑人员及其家庭提供相关服务，降低服刑人员重新犯罪行为及重返铁窗的几率。如果项目能将监狱重返率降低 7.5%，投资者便可以收到回报。如果监狱重返率控制得更低的话，投资者可以根据业绩相应获得更高的收益——总收益最高可达 13%。收益是政府因重复犯罪下降而节省下来的钱。

社会效益债券是指由私人投资者为某一个社会管理项目提供实施资金，用于达到特定目标。如果实现目标，政府向投资者返还资金，同时奖励一份利润；如果没有实现目标，政府不作任何返还。社会效益债券项目中，由投资者提供项目运营的资金，项目承包方实施项目，政府则根据项目实施的效果（项目合同约定的一些特定指标）来向投资者支付报酬。所谓"社会效益债券"项目，又称"为成功付费"项目，起源于英国。

社会效益债券是以取得社会影响为基础的，也就是说，投资者回报额取决于项目或者服务所获得的成果，与项目进度或已完成工作无关。比如，回报额取决于该项目是否降低了罪犯再入狱率，而不取决于项目花费的成本或工作人员的数量。社会效益债券涉及的利益相关方包括：政府部门、项目承包方、服务提供方、私人投资者及服务对象等。首先由政府部门与项目承包方签订承包合同，前者委托后者对某一社会问题进行管理。随后，项目承包方与私人投资者达成融资协议，并与服务提供方签订服务合同，规定由服务提供方对社会效益债券提供特定服务。

社会效益债券是金融领域在政府社会管理职能中的一个重大创新，其积极作用包括：促使政府部门通过引入私人投资者来对那些复杂的、成本高的社会问题提供及时的、可预防的投资；可以保证政府部门在不具体操作的情况下，启动新的服务项目；可以适时调整服务项目，以此将重点放在社会问题的预防上；为服务项目的适应和调整提供了更高的灵活性；可以帮助慈善机构和社会企业管理"绩效支付"（PbR）项目——指政府根据项目实施的效果向服务提供者支付报酬。

从运作模式来看，社会效益债券的有效运行基于四个关键因素：一是实现地方政府通过财政预算购买社会组织服务，自主承担债券筹资风险；二是成熟的项目评估机构能够保证社会效益债券的债权契约公平公正；三是形成大量运营成熟的社会组织；四是健全的多层次资本市场必不可少[①]。

社会效益债券具有多方面优势[②]。第一，资金投入环节前置。一般情况下，由于财政预算限制，政府必须在社会组织完成社会服务项目后再支付款项，社会组织需要垫资运营项目。但由于多数社会组织本身预算紧缺，无法开展资金量需求较大的项目。社会效益债券将资金投入环节提前，由社会资本先期投入资金，能够确保社会服务组织拥有充足的资金预算，有能力完成资金需求大、影响范围广的社会服务工作。第二，引入监督指导角色。社会服务项目往往缺乏外部监督和指导，政府出于事后付款的原因，监督积极性较低，部分社会组织也缺少成本控制的经验，这导致社会服务项目的效率和质量参差不齐。社会效益债券将社会资本作为外部监督和指导的角色引入项目，这些机构多为运作成熟的慈善基金，在成本控制和风险管理上经验丰富，并具有监督意识，能够为社会组织提供有效指导。第

---

① 徐力（2014）：《社会效益债券：公私合作与金融创新的结晶》，中国金融新闻网，http://www.financialnews.com.cn/llqy/201411/t20141110_65770.html，最后访问日期：2015 年 5 月 1 日。

② 同上。

三，资金风险分散。社会效益债券的偿债来源实质上是项目成功后政府节省的未来财政预算。政府通过社会效益债券"半债权、半权益"的偿债方式设计，将未来财政支出可能效果较差的风险向社会资本转移，只有当社会问题得到有效解决时，政府才需要支出。而社会效益债券的投资者多为慈善者，通过投资并监督解决社会问题，不仅能达到其原先慈善捐款的目的，更能获得一定的投资收益。政府和社会资本在经济效益方面达到双赢。第四，社会组织共同合作。如之前所说，受限于资金压力，社会组织很少承担资金量大的社会服务项目，政府也主要是与单一社会组织签订服务购买合同。社会效益债券在能够提供大量资金的情况下，可以与多家社会组织签订捆绑合同，让社会组织共同协作，各书所长，有利于项目的有效开展。

二　公益金融发展的背景

公益金融首先在美国得到发展。JP 摩根集团，在金融危机前就开始践行公益金融活动：2007 年推出了基于市场模式的、旨在帮助低收入人群以及实现社区可持续发展的 JP 摩根公益金融项目。作为公益金融的一种方式，社会责任投资自 2006 年以来，年均增长率达 20% 以上，目前在全球 50 多个国家，规模近 4 兆美元，代表了金融的发展方向之一。社会责任投资的蓬勃发展，意味着全球金融创新、商业变革的新趋势[①]。

而在我国，公益金融真正的发展起始于小额信贷。在 20 世纪 90 年代，我国金融改革就开始发生巨大变化。1994 年中央出台了两项重要规定，一是关于深化金融体制改革的决定；二是关于外汇管理体制和人民币汇率并轨。上述两项规定促使大型商业银行更加注重经营管理，逐步撤并了一些在县、乡、镇设立的金融机构网点，同时原来依附于农业银行的农村信用社实现"行社分离"，另外还成立了三家政策性银行。总的来说，20 世纪 90 年代我国金融发展的重点在城市，而县、乡、镇的金融发展处于收缩状态。

---

① 龙昊（2014）：《践行不易的公益金融》，东方财富网，http://finance.eastmoney.com/news/1355，20140623395014650.html，最后访问日期：2015 年 4 月 17 日。

1999～2000 年，我国政府开始高度重视对小微企业、农民个体户等微型主体的放贷问题。1999 年，中国人民银行专门出台文件，明确由国家正规金融机构承担相关贷款，主要是两个贷款项目：一是个人信用贷款；二是联保贷款。这两项贷款最多的时候，大概覆盖了 8000 万农户，约占 2.4 亿农户的 1/3，这是很了不起的成绩。在 1998～2005 年，国家正规金融机构开始介入微型金融，这具有特殊意义，其中主要以农村信用社为主，农业发展银行也有一部分，但是比重很少。2005 年开始，在我国经济金融改革不断推进的大背景下，考虑到四家国有大型商业银行要股改上市，基本无暇顾及小额信贷，因此从 2004 年开始，我国正式提出要积极培育和发展小额信贷，2005 年进一步提出要发展小额信贷机构。2005 年 12 月，国内五省份 7 家小额贷款公司成立，标志着比较符合公益金融概念的小微金融机构正式出现。2006 年 12 月，银监会批准成立农村金融"新三类"机构，即村镇银行、贷款公司、农村资金互助社，这些都属于较为正规的小微金融机构。

在当今全球经济尚未完全复苏的大背景下，传统的慈善捐助数额锐减，此时愈发体现出公益金融的优越性。因此在中国，慈善捐助和传统金融行为处于主导地位，但是一些企业已开始进行不同层面的公益金融创新实践。目前，公益领域与金融领域都逐渐意识到公益金融是金融业必须参与的、有利于社会福祉的行为，是金融的一种模式，是一种带有公益色彩（社会目标）的金融行为。目前国内的公益金融处于探索期，公益金融还需要探索可持续的发展模式。这也给其他类型的公益金融的发展面临很大的挑战和巨大的机遇并存的局面。

三　公益金融在我国发展迅速

（一）扶贫金融起步较早，普惠金融发展迅速

公益金融产品有以下四种基本特征：①服务于特定目标群体；②额度小，周期短，以信用放款为主，但并不是不要抵押和担保；③合理定价、利率灵活；④信贷技术和服务方式的创新（焦瑾璞，2013：1～4）。

目前，经过政府与银行系统努力创新金融产品，实施普惠金融，扶贫

金融工作取得了明显成效。

首先，贫困地区金融组织体系不断健全。截至 2014 年 6 月末，全国 14 个连片特困地区的 680 个县和片区外的 152 个国家扶贫开发重点县，共计 832 个县，已设立县级银行业金融机构 5075 个，服务网点 42272 个，其中乡镇服务网点 28957 个。证券分支机构 138 家、保险分支机构 5129 家。2010 年，金融机构空白乡镇基础金融服务实现了全覆盖。金融机构空白乡镇数量也在不断减少①。

其次，金融扶贫的产品和服务方式日益丰富。全面推进农村金融产品和服务方式创新，不断创新符合贫困县域特色的金融产品和服务。如邮政储蓄银行着力拓展小额贷款业务，积极探索资金回流贫困地区的合理途径。人保财险积极创新面向贫困地区特色农业的保险产品，如贵州的茶树种植保险、新疆的瓜类种植保险等。

同时，贫困地区金融基础设施逐步完善。截至 2014 年 6 月末，832 个贫困县布放自助设备 70.7 万台，助农取款服务点 16.4 万个。累计建立农户信用档案 4076 万户，其中评定信用农户 2563 万户②。

此外，金融支持扶贫开发的资金投入力度不断加大。2014 年 6 月末，832 个贫困县人民币各项贷款余额 3.2 万亿元，同比增长 22.6%，比全国平均增速高出 8.5 个百分点。1~6 月，832 个贫困县股权融资 42.6 亿元，同比增长 24.6%；直接债务融资额 164.6 亿元，同比增长 1.5 倍③。

最后，扶贫贴息贷款政策落实取得积极进展。自 1986 年发放扶贫贴息贷款以来，截至 2013 年末，全国累计发放扶贫贴息贷款 4103 亿元。截至 2014 年 6 月末，832 个贫困县扶贫贴息贷款余额 143.6 亿元，同比增长 12.9%④。

近年来，扶贫金融与小额信贷领域的发展又出现了一些新情况。农业银行、民生银行、招商银行等专门成立了农村金融事业部，还有一些商业

---

① 郭庆平（2014）：《发展普惠金融，服务扶贫开发》，中国金融新闻网，http://www.financialnews.com.cn/yw/gd/201410/t20141017 _64286.html，最后访问日期：2015 年 5 月 1 日。

② 同上。

③ 同上。

④ 同上。

银行单独出资或者合股成立村镇银行。据统计，截至 2013 年 9 月底，我国有 7398 家小额贷款公司，贷款余额 7600 亿元，相当于一家中型银行的贷款规模；另外，还有 800 家村镇银行、337 家农村商业银行、100 多家农村合作银行。目前，这些小微金融机构总资产已达到 2 万亿元左右，具备小额信贷服务的金融机构已经呈现出蓬勃发展的态势（焦瑾璞，2014）。

（二）影响力投资潜力巨大，成跨界热点

影响力投资是一个舶来品，越来越多境外机构开始关注中国市场，并且引入了它们的影响力投资理念和策略，和不少国内的同行一起推动了这个市场的发展。但是因为文化差异、对本土市场的理解偏差、规则限制等等原因，这些机构在中国的发展是非常有限的。影响力投资的市场的容量如何，潜力如何，未来应该如何发展、推广，有待体制机制对市场发展阻碍的消除。

但是，中国的社会企业发展只有五六年的经历，相应的社会投资市场也处于非常早期，这也体现了巨大的发展潜力。从投资的机遇说，中国是世界上经济发展最活跃的国家，中国有很多的领域，特别是这里面提到发展趋势中有很多投资机会，中国很多行业：养老、水、农业等还没有充分地发掘，在这些行业的领域中存在着很多的机会。但是大部分的社会企业处于非常早期的阶段，它们还没有一个可以被证明为有效的、被复制的商业模式，在传统商业投资市场很有利可图的时候，模糊的又缺少成功案例的影响力投资，很难被大陆主流投资界很快地接受。有的接受访谈的社会企业家还曾感慨：在中国，对风险投资家谈影响值还是很少。这就是为什么社会企业研究中心举办社会创业和社会创投高峰论坛，吸引了不同群体的人士参与，产生了多元的效应和跨界的火花。

而中国最初的社会影响力投资者是来源于慈善领域，以传统的非公募基金会为典型。以南都基金会为例，作为一家旨在推动社会创新和公民社会发展的资助性基金会，在它的价值文化中特别列出：公共利益为上。以公共利益为价值追求，不谋求任何公司或个人直接或潜在的利益。大多基金会像南都这样的以公益为唯一目的，而商业盈利只是为公益项目可持续发展的资本支持，与影响力投资的"三重标准"并不相符。友成企业家扶贫基金更是集合众多商业企业家力量支持社会创新的基金会。友成理事会成员有香港信和集团主席黄志祥、泰康人寿董事长陈东升等等。顺应基金会扶持公益创业的趋势，友成很早就开始对符合标准的社会企业、非营利组织和研究机构，进行资金、知识资本和社会资源的投入。投资效益以长期可持续的社会价值产出为主要衡量标准。另外一个创新是：友成成立了自己的资产管理公司，希望通过用基金会的存量基金投资运作，保障受托管理基金资产的安全并实现增值效益最大化。这种把高收入人群的资金利用规范的资本市场操作投入公益项目并继续扩大的模式有可能在今后被广泛运用到对于营利性企业的投资。这种"耐心资本"在这样的操作下也更能够专注于社会影响的产出，对经济回报的要求保有一定回旋空间。

随着国内慈善关注的升温，境外的基金借助比较成熟的影响力投资技术，也参与到中国大陆的市场中。比如，LGT 公益创投基金 2007 年由列支敦士登皇室家庭出资倡议成立。它的使命是用公益创投的理念，通过提供资金、知识、战略支持，以及相关的社会网络资源投资发展中国家包括服务弱势群体、基础教育、维护可持续生活等领域的非营利性或营利性机构。香港地区的心苗（亚洲）慈善基金 SOW Asia 以人性关怀为准则在亚洲范围内进行投资。致力于教育、环境和扶贫领域的 SOW Asia 于 2009 年在上海投资了环保科技企业循绿（GIGA Base）。除了在资金上用五年为期的无息放贷的方式支持 GIGA Base，SOW Asia 还借用自己的人力和网络关系，帮助 GIGA Base 这个外商独资公司（Wholly Foreign Owned Enterprise）解决法律和技术上的难题。

而 2010 年之后关注社会事业领域的私募基金、创投基金也不断成立，让中国社会影响力投资不只是慈善意义，而更多体现出商业投资的价值。2012 年，由世界资源研究所的中国团队组建的中国影响力基金（China Impact Fund），是第一个投资中国中小型环境企业、改善金字塔底层人群环境质量的创业公司，包括对土地、能源和水问题的改善。同年 3 月，新湖集团、爱德基金会和育基金共同成立新湖育公益创投基金。新湖育初始资本为人民币一千万元，由育基金进行管理。通过天使投资和运营管理咨询，助力中国高成长潜力的社会企业实现规模化。

公益业态的发展，不是一个机构能够建造，它需要公益行业内部、机构与机构之间相互守望，并且联合政府、企业、学界、媒体等等共同建立起一个良性的生态系统和产业链。而影响力投资目前成为政府、企业、非营利机构与社会企业等不同领域共同促进公益事业发展的一种途径，极大打通了不同领域行业合作的屏障。

（三）公益创投得到政府的大力支持，创投平台快速发展

2013 年，政府对于社会组织、企业、机构等社会力量购买服务做出系统安排和全面部署，极大地增加了社会服务类社会企业和社会目的组织的资金支持数额，为公益创投的发展提供了良好的政策支持。

2011 年之后，多个地方政府设立了"公益创投"基金，2012 年，华东、华南地区的多个地方政府，如上海、江苏、广东等地相继开展了相关活动。2013 年度，公益创投活动扩展到了江西、贵州、河南、山东、四川和重庆等地，覆盖面由原来的华东、华南地区向西部和北部等经济欠发达地区扩展。北京市东城区和广州市分别出台了《北京市东城区公益创投项目管理办法》和《广州市社会组织公益创投项目管理办法》，标志各地政府对公益创投模式的认可。

表 2   各省级政府开展公益创投活动情况一览（不完全统计）

省份	金额	资金来源	项目数	关注领域
江苏省	1000 万	福彩公益金	120	为老服务、青少年服务、助残、救助帮困、其他公益服务项目
江西省	600 万	福彩公益金、市区级当地登记管理机关配套资金	58	助老、助残、社区服务、救助帮扶
河南省	100 万	河南省慈善总会	20	儿童关爱、老年关怀、困境人群救助

表 3   各市级政府开展公益创投活动情况一览（不完全统计）

城市	金额	资金来源	项目数	关注领域
常州	－	市级福彩公益金，各辖市、区按照 1∶1 比例配套	97	扶老、助残、救孤、济困

城市	金额	资金来源	项目数	关注领域
南京	3400 万	–	186	–
无锡	800 万	福彩公益金	85	–
扬州	100 万	–	100	为老服务、弱势群体关爱、绿色家园
江阴	200 万	福彩公益金、社会捐助	–	为老服务、助残服务、青少年服务、帮困服务、新市民服务、推进公益类社会组织和社区社会组织发展的专业服务项目
泰州	140 万	福彩公益金、兴业银行和华夏银行捐助	30	"扶老、助残、救孤、济困"等福利慈善项目、按照社会工作专业理念和方法开展的社会服务项目、围绕教育、文化、卫生、环境保护等其他社会公益事业
温州	150 万	福彩公益金、社会组织发展基金会	100	社区服务、社会福利、社会救助、社会工作、救灾减灾等领域，以及社会组织服务平台开展的公益孵化、公益创投等项目
中山	150 万	种子投资、配套资金、带动资金	50～100	青少年公益服务、妇女儿童公益服务、助老扶老等
广州	1600 万	福彩公益金	–	为老服务、助残服务、青少年服务、救助帮困、其他有助于宣扬公益理念、促进社会发展进步的公益项目
贵阳	100 万	福彩公益金	20	养老、助残、助孤
青岛	–	福彩公益金	–	扶老、助残、救孤、济困
重庆	150 万	重庆儿童救助基金会、重庆市福利彩票发行中心	13～15	儿童救助
成都	100 万	–	3	为老、青少年、家庭、助残、社区服务

在国际的社会投资实践中，政府通过公益金注资进行社会投资已有成

功经验。英国的大彩票基金（Big Lottery Fund）自 2004 年 6 月 1 日成立以来，已经在英国赞助了超过 13 万个项目，包括健康、教育、环境等多个领域，捐赠共计 44 亿英镑的公益金。而其对于社会企业的专项支持和社会投资项目的开展则主要开始于 2012 年，投资通过英国老牌社会企业家支持机构 Unltd 进行具体项目运作，以赠款的方式对 1200 名社会企业家进行资金援助。目前政府主导的公益创投活动虽然带有政府购买社会服务的特征，但这种大规模的活动从客观上发展了公益创投。

同时，2013 年，公益创投领域出现了结构性转变。英国大使馆文化教育处携手增爱公益基金会、创奇玖玖投资管理顾问有限公司、新湖育公益创投基金、社会企业研究中心、浙江敦和慈善基金会、LGT 公益创投基金会以及道和环境与发展研究所，共同启动"社会企业家技能项目"社会投资平台。友成基金会联合气候组织与绿色创新实验室发起社会价值投资基金。公益创投领域开始出现联合性投资平台和跨界合作。

2013 年 8 月 19 日，中国首家社会投资平台启动，这个以社会投资者和社会企业家架设桥梁，推进社会企业和社会投资在中国发展为目的的平台由英国大使馆文化教育处、增爱公益基金会、创奇玖玖投资管理顾问有限公司、新湖育公益创投基金、社会企业研究中心、浙江敦和慈善基金会、LGT 公益创投基金会以及道和环境与发展研究所共同启动。

参与"社会投资平台"的六家社会投资机构承诺提供 900 万人民币资金，面向中国大陆和香港地区招募优秀的社会企业，并挑选最具发展潜力的机构以及团队（两名核心领导）加入为其 2 ~ 3 天的训练营。从训练营中胜出的社会企业将获得专业的技术指导，并由英国大使馆文化教育处资助参加香港社会企业峰会，考察当地的社会企业。胜出机构名单将在 2014 年度的社会企业家技能项目年度颁奖典礼上进行公布。获奖机构将获得由社会投资机构提供的第一期投资（承诺投资金额的 20%），余下 80% 将在所有商业谈判包括尽职调查完成、投资双方对目标及关键问题达成一致后分期拨付。英国大使馆文化教育处作为桥梁机构，将管理平台并整合各方资源，但不介入投资方及胜出机构的谈判和协议的达成。

社会投资平台相较以往"社会企业家技能项目"的资助行为具有投资形式更多样，参与程度更深的特点，其本质变化在于以投资行为替代奖励行为。社会投资平台的投资形式包括股权投资、债权投资、低息或无息贷款等，此外，平台的还将以会议、政策对话和媒体报道的方式在大中国区推广社会投资，搭建由投资机构、慈善家和社会企业家组成的网络，并通过商业计划大赛为获选企业提供咨询服务。

2013 年 11 月 16 日，友成企业家扶贫基金会、气候组织（the Climate Group）与绿色创新实验室（Green China Lab）在投资领域倡导社会创新，倡导建立社会价值投资基金及其社会价值投资联盟，倡导资本市场中有远见的投资者从战略性公益的视角，发现有长远社会价值的投资机会，通过所投资企业的产品和服务，创新地应对转型期中国社会可持续发展的需求和挑战。

2013 年的社会价值投资基金则将社会投资的理念提升到一个新的高度，即通过整合社会资源搭建跨界平台，综合运用多种方式，例如理念传递、模式输出、战略咨询、项目设计、资源注入、渠道引进、专业培训、评估服务、传播支持、关系协调等予以支持，而不再仅仅局限于赠款和能力建设。社会价值投资基金是友成在总结了国际上关于社会影响力投资、社会责任投资、绿色信贷等概念和模式，结合中国社会企业发展现状而提出的，它将社会企业的理念及其交叉补贴的业务模式引入商业投资领域。这个概念的提出是出于对社会投资中除经济和环境的双重指标之外的"社会"或"人"的因素的关注。社会价值投资基金强调"以人为本"，认为脱离了人，无法单一地解决任何社会问题。在投资的途径方法上，强调各个社会利益相关方的参与，强调发现和满足超越物质需求的人的尊严和情感需求，强调所有技术创新、发明、实现、采纳都要求人的参与和考虑人的需求。

2013 年 11 月 16 日社会价值投资基金完成首轮招募后，立即获得各方高度认同。目前，社会价值投资基金的公益部分在基金会内运作，实质上是资助，不要求财务回报，相当于投资但不分红；而商业部分由专业的商业投资团队运作，社会利益相关方参与投资决策，不参与投资的出资和利益分配，商业投资如有超额收益，可自愿捐赠给公益部分。除了传统的基金形式投资，友成还与新晋的互联网众筹平台在进行积极洽谈，共建新公益—社会价值众筹平台，发布展示符合新公益理念的社会价值筹资项目，开设"新公益"品类，提供网络平台和筹资项目编辑展示、筹资技术支持、资金划转等服务；对需要重点推广的新公益筹资项目，投入专项市场推广力量加大推广力度。

在 2013 年，社会投资领域中两大投资平台的出现，标志着中国的公益创投进入了一个模式相对更成熟、投入资源更多元、联合力量和影响力更大的阶段。这种投资平台也将逐渐通过资金、人力和知识等资源的联合投入将社会投资领域的跨界合作逐渐推向无界。

（四） 公益信托有望突破障碍获得发展新契机

1. 善法信托法的缺失和不足正在严重阻碍公益信托发展

在公益信托发展的路上，实际上还存在着诸多障碍。其中，慈善法、信托法的缺失和不足正在严重阻碍公益信托发展。

在传统的普通法系国家，公益信托的现实应用非常广泛。以英国为例，在英国，公益信托是其市民社会从事慈善事业所优先采用的法律方式；慈善信托基金以及慈善组织的信托基金年收益超过 26 亿英镑，所拥有的财产超过 70 亿英镑，每年所产生的税收和其他收益超过 3 亿英镑。

但是据《中国信托业发展报告（2013－2014）》统计，截至 2013 年底，信托公司开展公益信托以及类公益信托项目 39 个，资金总额只有 129.17 亿元，仅相当于全国信托资产的约 1‰。而且，根据北师大中国公益研究院慈善法律中心副主任黎颖露的统计，如果对照公益信托的必备条件，自《信托法》出台以来，国内真正符合规定的，只有三四个信托项目。

2008 年汶川大地震发生后，为了调动和管理更多的善款，在中国银监会非银部副主任李建华的积极协调下，经陕西省民政厅批准，由西安信托公司（现更名为长安信托公司）设立了"5·12 抗震救灾公益信托计划"，并于当年 6 月 6 日正式成立，这是国内第一支真正意义上的公益信托。

与此同时，银监会还同时配发一纸通知，鼓励信托公司开展公益信托业务，以支持灾后重建要求。按照通知的要求，长安信托公司受托 1000 万元资金，三年内用于陕西地震灾区汉中市的五所中小学援建项目。2010 年 11 月底，五所学校建设工程全部结束，并通过审计和验收。"顺利完成信托计划后，我们按约定拿到每年 6‰的信托报酬，另有 1‰付给信托监察人，1‰付给公益顾问。"现任长安信托家族与公益信托工作室经理上官利青称。

另外两个被确认为公益信托的项目分别是：2008 年 10 月，由百瑞信托承托的"郑州慈善公益信托计划",信托期限十年,信托资金与收益将捐赠给汶川地震灾区及贫困地区的教育项目;2009 年 9 月,由重庆信托承托的"金色盾牌·重庆人民警察英烈救助基金公益信托",募得基金 1 亿余元,信托期限十年,其信托资金与收益捐赠给重庆特困、伤残、牺牲的公安干警及家属。

改革开放 30 余年来,指导我国慈善事业发展的只有《公益捐赠法》《基金会管理条例》等为数不多的法规条例。专门专业的法律法规对规范管理公益慈善事业、推动整个公益事业的发展至关重要。而应当作为慈善事业的法律基础——《慈善法》也一直没有发布实施。慈善法是公益事业的基本法,要系统规定基本的慈善法律制度,包括慈善概念、慈善机构、慈善政策等。

另一方面,2001 年颁布施行的《信托法》中,公益信托占了一个章节,其中第 61 条明确了"国家鼓励发展公益信托"。按照规定,公益信托具有四个必备要件:为公益目的而设立;经公益事业管理机构批准;有信托监察人;信托财产及收益全部用于公益目的。但是,虽然早在 14 年前,公益信托即已经具备法律框架,但是却因为缺少配套制度而对实践操作很难起到真正的扶持、规范、管理的作用。国内很多专家也意识到了公益信托面临的诸多挑战,致力于帮助推进公益信托的立法工作。中国公益研究院的黎颖露提出了公益信托现有法律法规的两大缺陷:①公益管理机构并没有明确下来,是民政部门还是各个主管部门,比如教育部、环保部等?②税收优惠,公益信托不属于法人,很难纳入以法人为主的非营利组织的税收优惠体系中去,尤其是在税收制度部门对公益信托不了解的情况下来设计税收优惠制度是很困难的。

首先值得注意的是,困扰公益信托成立的重要因素——因"承担监管职责的公益事业管理机构"定位不明,导致公益信托设立审批难。虽然《信托法》第 62 条规定:公益信托的设立和确定其受托人,应当经有关公益事业管理机构批准。同时,《信托法》还规定可以开展公益信托的七个领域,可对应民政部、环保部、林业、教育部等诸多部门,但却没有明确规定哪个部门来批准和管理。这个模糊规定让相关部门主动审批动机不强,因为大家都会觉得无法可依。没有指定具体的管理机构,这给实际操作带来难题。比如，一个公益信托项目如果同时具有医疗和环保双重目的，那么相关的公益事业管理机构将包括卫生和环保两部门，这就带来了审批难题。如果项目再跨区域运作时，情况就更为复杂。

另外，缺乏配套的税法在实践中也是很大的障碍。目前同样是用于公益目的，《基金会管理条例》规定向基金会捐赠，捐赠人可以享受税前抵扣；基金会的捐赠收入，免交所得税，而投资收入须缴纳25%所得税。相比之下，公益信托在税收上，并没有获得与基金会同等待遇。此外，由于公益信托还涉及委托人、受托人、受益人三方主体和两次财产转移，按照现有的流转税制，则会涉及两次财产转移而面临重复收税。而在公益信托发达的国家，税法均对公益信托中的财产及其收益的税收减免作了规定。以美国为例，其公益信托财产所产生的利息收入、租金收入或投资所得，只要所得全部用于公益目的，则全额免税。另外，设立公益信托的委托人也可以享有一定的税收减免，其中一般公司法人每年最多可扣减应纳税额的10%，自然人每年最多可扣减应纳税额的50%。这无疑将大大打击有意愿在中国设立公益信托的委托人的积极性。

严重滞后的法律法规不能适应中国公益信托事业快速发展的要求。

比如说中国《信托法》没有对公益信托财产进行什么样的限制，但是，如上文提到的，银监会在2008年汶川地震后成立首个公益信托后出台的文件，《关于鼓励信托公司开展公益信托业务支持灾后重建工作的通知》里有规定，公益信托要保值增值，要投资一些风险低、变现性好的资产，比如国债等。但是这个针对汶川地震救灾的通知的有效性是存疑的，后续的公益信托是不是受到它的约束并没有明确答案。这给实际的公益信托实践发展造成了困扰。

另外一个对于公益信托的信托财产，现在的法律只限定为必须是金钱，公益信托的初始财产必须是金钱，但是，在之后可以用金钱买国债、股票等等，这些都是被允许的。但是，实际当中却有一种需求，要求初始财产可以是股票，比如有些个人事业很成功，有公司，在设立公益信托时候，它想用自己公司的股票来设立公益信托，现行法没有允许初始财产可以是股票，要先把股票出售出去，换成金钱，然后再设立公益信托。因此，这种规定给有这样需求的慈善人士在成立公益信托的过程中造成了很多麻烦。

2. 有望突破障碍迎来大发展

作为世界信托市场的重要支柱之一，公益信托在中国走过的道路并不平坦。由于起步时期公益信托更多参照国外模式，偏重于"公益性"而非营利，因此从 2008 年汶川地震公益信托的发起，不少信托公司在推出公益信托后，实际上做的是一种慈善救助和帮助，并没有寻找到合适的发展经营模式。这种不可持续性，也造成了一批公益信托在发行后，市场渐渐进入了平静期。2014 年借助金融生态的大变迁，公益信托得以再次受到关注。到了 2015 年，公益信托的发展迎来了新阶段。2015 年 3 月以来，长期以来"叫好不叫座"的公益信托迎来了新的发展曙光。

2015 年全国两会召开之际，全国政协委员、香江集团总裁翟美卿也在提案中为公益信托的发展建言，她提出，首先，应尽快研究并制定公益信托的税收政策及优惠措施；其次，应该构建秩序良好的公益信托市场，鼓励并吸引社会企业及个人设立公益信托；再次，建议从法律层面上确定非公募基金可以设立公益信托，可以有效开发和利用巨额的公益资金，实现资本的保值增值和可持续发展；最后，应该出台专项实施细则，目前公益信托的法律依据仅来自《信托法》，没有专门的可操作制度，应尽快出台一份公益信托的专项法规、实施细则。同时，全国政协委员、永隆银行董事长、招商银行前行长马蔚华在其提案中建议，制定出台《深圳市慈善信托管理暂行办法》。

据媒体报道，2015 年 3 月初，全国人大财经委员会同意了中国银监会启动修订《信托法》的建议，将涉及信托登记、信托税收和公益信托等内容。业内人士表示，随着《信托法》的修订及相关配套制度的完善，目前在实际操作中制约公益信托发展的不能开具捐赠发票、投资领域狭窄、登记制度缺乏三大问题将得到解决，国内有望出现以公益信托为主营业务的信托公司。

之后，2015 年 3 月 13 日，社会福利和慈善事业促进司在深圳召开慈善信托试点工作座谈会，就在深圳开展慈善信托试点工作进行研讨，听取意见和建议。深圳市民政局汇报了深圳开展慈善信托试点工作的思路和设想，有关专家学者和信托机构就慈善信托的相关研究和实际案例进行了分享，与会人员围绕慈善信托主管部门、受托人资质、慈善信托形式和信托实践中存在的问题等进行了深入研讨，并就慈善信托试点工作提出了有关意见和建议。

早在 2014 年初，深圳市政府便以"一号文"的形式下发了深圳市金融改革的纲领性文件，其中多次提出要推进公益信托试点。深圳今年将开展慈善信托探索工作，并争取获批开展全国慈善信托试点。可以期待的是，深圳依据金融改革试验区先行先试的优势，率先就公益信托进行试点，有望破除在实施细则和税收优惠上的种种障碍，为将来中央层面的制度完善提供借鉴。

此外，2014 年 12 月份，国务院印发《关于促进慈善事业健康发展的指导意见》。由于公益信托在鼓励企业家投身慈善事业、探索和支持形式多样的社会捐赠等方面的特殊功能与作用，业内普遍认为发展公益信托是贯彻落实《国务院关于促进慈善事业健康发展的指导意见》的具体举措，应当促进其快速发展。

2014 年，北师大中国公益研究院将公益信托作为专门的一章列入《中国慈善事业法（专家建议稿）》中，公益信托也有望作为专章正式列入即将出台的慈善事业法中。

2015 年 4 月，北京大学的金锦萍教授负责为深圳起草《深圳市慈善信托管理办法》，通过深圳公益信托这次试点的机会，《办法》希望可以在深圳解决信托财产登记、当资产跨区域超越属地原则时的信托财产等问题，并尝试为改善整个信托法提供更多的经验。

（五）社会效益债券在我国尚未开展，潜力巨大

目前，社会效益债券在我国尚未有成功的案例。但是基于国际上的经验，可以预见在公益金融领域甚至整个公益慈善领域，社会效益债券具有巨大的潜力。

首先，现代科技使得政府和投资者的数据管理能力大大提升，给了社会效益债券很大的市场空间。社会效益债券成功的关键是能够对项目实施结果进行准确的数学测量，如此才能够使得项目承包方和投资者以及政府等均处在一个公平的环境下，也才有利于项目的长期发展。随着互联网技术尤其是移动互联网的发展，社会逐步进入大数据时代，数据获取能力、分析能力、结果应用能力等都得到并将持续获得质的提升，过去能够获得的数据在以后会以更高的效率获得，过去无法获得的数据以后则可能会轻易获得。一旦政府和投资者的数据获取能力得到提升，其对社会效益债券的信心也会增强，更多的项目会被启动。

其次，金融危机导致欧美很多国家财政赤字加重，促使政府不得不创新社会管理模式。2007 年爆发的全球金融危机，给欧美各国经济金融造成沉重打击，发达经济体的赤字规模和赤字率都达到一个历史水平，当前希腊、西班牙、意大利乃至美国等国政府都在面临巨大的、前所未有的财政压力，仅仅依靠政府来维系社会运转的难度日益加大。为此，这些国家必然会在社会管理模式上有所创新，通过引入社会资本来降低政府财政支出压力，而这正是社会效益债券的最大优势所在。

然后，社会效益债券的发展符合社会发展规律，投资者认可度高。社会效益债券蕴含着一定的慈善理念，因为它所关注的往往是影响全社会发展的问题，如社区安全性、子女教育、犯罪率、老年人独立生活等。马斯洛需求层次理论将需求分为五种，按层次逐级递升，分别为：生理上的需求，安全上的需求，情感和归属的需求，尊重的需求，自我实现的需求。慈善理念则是自我实现需求的一个典型代表，当越来越多的人不再为基本生活保障而忧愁时，其通过从事慈善活动来满足自我实现需求需要就会变得愈发明显。社会效益债券则会给愿意从事慈善活动的人们提供一个理想工具。美国旧金山的希望咨询公司（Hope Consulting）2010 年 5 月公布的富人调查报告显示，大约 50% 受访富人对社会效益债券感兴趣，大约能影响到 1200 亿美元的潜在市场。

尽管现在就对彼得伯勒监狱计划的成效下定论还为时尚早，美国政府的领导人已经决定跟进并尝试社会效益债券。马萨诸塞州正在研究通过社会效益债券，来解决年轻人的监狱重返率以及长期无家可归的问题；高盛集团在纽约市斥资 960 万美元成立社会效益债券，来降低派克斯岛（Rikers Island）监狱年轻服刑人员的重复犯罪率[①]。

---

① 沃顿知识在线（2012）：《社会影响摘译：市场厨房能否治愈社会病?》，凤凰网财经，http://finance.ifeng.com/news/20120926/7089336.shtml，最后访问日期：2015 年 4 月 23 日。

四　发展公益金融的意义

现在社会的发展变迁日益加快，产生的社会问题也有规模化、深层次化和顽疾化的趋势，在用商业解决社会问题得到普遍认可后，用金融解决社会问题也正在获得越来越广泛的关注。

（一）发展扶贫金融、小额信贷与普惠金融的意义

首先，发展扶贫金融、小额信贷与普惠金融，一方面有助于提升中国金融业的开放程度，允许多种所有制和多种经营业态进入金融服务领域，提高民营经济、外资经济等非公有制经济在金融体系中的比重，利用竞争机制和溢出效应提升整个金融体系的创新活力和运行效率；另一方面有利于加强金融业对于小微企业融资和农村金融发展等薄弱环节的支持力度，通过推动与实体经济发展相匹配的微型金融服务发展，促进基础金融服务和金融设施供给的均等化，提高各类竞争性金融服务和金融公共产品的可获取性。

从一个更加宏观的层面来看，一个利于实现普惠金融理念的金融体系，本身就是一个经济体社会经济基础设置更加完善的标志。正因为有了诸如此类能够为社会所有群体提供服务的基础设置，当社会成员面对经济机会时，改革才可能会取得更好的效果。历史上很多新兴市场经济体，例如起初的日本，随后的亚洲四小龙以及进行改革开放的中国和其他一些东南亚国家，这些经济体之所以在过去短短的数十年间取得了为世界瞩目的成就，在于它们一边持续地完善基础设置（包括教育、卫生、法律以及金融安排等），一边渐进式地扩大经济机会，使二者相互交织，获得螺旋式的上升。由此观之，推动包括扶贫金融、小额信贷成长在内的一系列金融转型发展，对于深化我国改革开放，提高未来经济发展质量具有潜移默化而又尤为深远的影响。

（二）发展影响力投资与公益创投的意义

影响力投资与公益创投更好地打破了商业、金融与公益的隔膜——慈善与商业理念结合背后的逻辑是从捐赠到投资的转变。而这一理念的转变恰恰可以从根本上解决目前公益慈善界中对于公益组织管理费用和透明度

等问题的诸多质询。传统的捐赠行为由于更重视资源的投入，而对于项目本身是否产生回报不甚关心，就导致社会的注意力完全投入到资源是否能完全用于项目本身，这是在项目效果无法被完整衡量的现实情况下社会产生的本能反应。影响力投资这一理念的出现，实际上是以商业的运行逻辑对慈善项目进行投入，而投资本身天然地要求对于回报的重视，这也为慈善界带来一种新的理念，即需要投入行为是有效率的且可获得具有竞争力的回报，不应过度地限制先期的资本投入，因为这种过于苛刻的限制恰恰会阻碍资本有效率地发挥价值。

此外，社会企业和影响力投资的出现促进了慈善的主流化，也推动了慈善与商业间无界化的实现。从慈善界资本的投入模式来看，大体上经历了三个重要过程。最初为严格的商业与慈善分离阶段，即慈善家将商业所得的一部分拿出来进行捐赠，且其慈善事业与商业事业互不相关，具有个人行为和企业行为分离的特征。其后，由于慈善项目对可持续性的要求逐渐提高，出现了慈善与商业的跨界，一方面商业界通过企业社会责任项目提升企业的美誉度及项目本身的可持续性；另一方面慈善家通过信托等资产增值方式实现资本对慈善项目的持续投入。而如今，影响力投资实则实现了慈善与商业的无界结合，慈善由往昔边缘化的个人和家族行为走入社会主流渠道，通过科学的管理、对效率的严格把控和对回报的精确要求，调动全面的社会资源，更有效率地实现慈善价值。此外，影响力投资对于社会企业的投入不仅仅包括资本，还包括人力、智力等资源，也体现了慈善投入全面化和主流化的特征。因此，正是通过且只能通过慈善与商业的无界结合，才能使慈善在社会生活中真正主流化，才能真正使慈善作为一种生活方式而存在。

为了使社会创新更大地发挥其效用，更进一步激活社会企业的活力，需要推广简单可扩展的影响力评估标准，进而吸引更多的投资人进入该领域。目前社会企业立法的条件暂时不成熟，社会企业作为一种概念，可以允许涵盖多种不同的法律主体形式于其中，这种多样性对于检验市场资本是有积极意义的。可先通过缓慢的市场调节渐渐形成政府购买资本和社会投资资本的平衡，再考虑制定符合需求的标准认定和政策优惠。但出于对社会企业支持的需要，进行社会企业的资格认证的试水可以先行，身份认定会为社会企业接受能力建设服务和寻找对口投资提供更多便利,此外也利于进行行业间的交流与合作。简单、可测和可扩展的影响力评估标准易于促进形成统一的行业标准,从而逐渐将评估的工作从影响力投资机构本身分解出来,发展出第三方服务机构,构建完整的行业生态系统。同时它也可以达到对社会企业本身进行行业教育的目的,将影响力评估整合进他们的日常商业行为和管理决策过程中。此外,影响力评估可以非常直观地将投资的回报展示给投资人,这对于吸引更多慈善和商业投资人进入该领域具有非常深远的意义。

(三) 发展公益信托的意义

第一,在社会创新成为热点的今天,不得不说,公益信托本身就是一种公益领域的机制创新,是公益金融发展的重要动力,这使得在原有的从事慈善事业途径之外又增加了一个途径。

第二,公益信托系统如果能够真正落实实施,事实上也给社会创新提供了一种新的选择,不见得登记公司,或者不见得登记一个非营利组织,直接使用信托模式操作,这样肯定能够激发出很大的创造空间。

第三,公益信托发展对于公益资金的来源与使用更是具有非常重要的创新意义。

首先,公益信托是公益资金的重要的新的来源渠道。将财富转化为公共利益之时,从比尔·盖茨、洛克菲勒家族,到中国的牛根生、马蔚华、马云,公益信托成为越来越多商界大佬们选择慈善的模式。因为他们十分关注如何让资本保值、专业、可持续地运作下去,公益信托的出现成为汇聚善款的有效凭条。2014 年 4 月 25 日,阿里巴巴两位创始人马云和蔡崇信宣布,将成立个人公益信托基金。基金将着力于环境、医疗、教育和文化领域,地域涉及中国内地、中国香港和海外。该基金来源于两人在阿里巴巴集团拥有的期权,总体规模为阿里集团总股本的 2%。按照阿里巴巴市值估算,基金的规模将在 20 亿~40 亿美元之间,有望成为亚洲最大的公益信托。

其次,新中国成立以后,社会公益事业长期处于计划经济体制的框架下,其资金主要来源于政府财政,带有明显的"官办色彩",鲜有民间力量的参与。改革开放后,市场经济的浪潮将公益事业推向了社会。但是,很多问题也伴随着出现了。最突出的问题表现在两个方面,一是公益组织财务管理不透明、善款被挪用等问题。二是公益组织掌握的大量资金，无法实现有效的保值增值。

而公益信托的成立，意味着大量的公益捐助可以不再躺在银行账户上"坐吃山空"，可以通过"钱生钱"来创造价值。公益组织可以以此获得源源不断的资金支持，实现可持续发展。然后，公益信托能够对公益财产进行更加科学有效的管理，这使得公益财产使用可以更加合理更加透明。

通过公益信托的方式实现公益资金自由、安全、高效率的使用，无疑是一条可行之路。

（四）发展社会效益债券的意义

麦肯锡咨询公司近期发表的一篇题为《从潜力到行动：将社会效益债券带到美国来》（From Potential to Action：Bringing Social Impact Bonds to the US）的文章中指出，美国现有大约 11 万长期无家可归者，美国政府每年在无家可归者方面花费 60 亿~70 亿美元。在行为矫正方面，现有 5 万服刑年轻人属于非暴力违法者，160 万服刑成年人患有精神疾病或存在药物滥用问题。社会效益债券资助的预防性项目可以解决这两类人面临的问题。

政府领导人青睐社会效益债券的理由显而易见。一方面，州和地方政府的预算——众多社会项目的主要资金来源——面临着很大的压力。州税收走出经济衰退阴影举步维艰，根据尼尔森·洛克菲勒政府研究所（Nelson A. Rockefeller Institute of Government）统计，2012 年第一季度州税收总收入，扣除通货膨胀因素后，与 2008 年同期相比还下降了 1.6%。2012 年第一季度州税收总收入实际上也下降了不少，过去 12 个月中，州税收总收入下降了 1.8%[①]。

社会效益债券不但为社会项目提供了新的资金来源，而且还给政府提供了确保社会项目投资收到实效的途径。

这些基于绩效给付的债券还引发了社会公众对效益投资的兴趣，例如，投资营造良好社会或周边环境的同时，还能产生回报。旧金山的希望咨询公司（Hope Consulting）2010 年 5 月公布的富人调查报告显示，大约 50% 受

---

① 沃顿知识在线（2012）：《社会影响摘译：市场厨房能否治愈社会病？》，凤凰网财经，http://finance.ifeng.com/news/20120926/7089336.shtml，最后访问日期：2015 年 4 月 23 日。

访富人对效益投资感兴趣，大约能影响到 1200 亿美元的潜在市场①。

随着我国社会体制改革的不断深化，社会资本将在国家发展进程中扮演更加重要的角色，在建设新型城镇化的背景下，发达国家普遍使用的政府与社会资本合作（简称 PPP 模式）已被引入国内。同时，党中央提出"激发社会组织活力"的口号后，政府角色的转型将推动社会组织开始承担一部分公共服务职责，政府购买社会组织公共服务的运作方式在未来可能成为常态。近年来，英、美等国出现的这项金融创新产品——社会效益债券，颠覆了传统的公私合作概念。针对传统模式下"政府—社会资本"或"政府—社会组织"两方合作的缺陷，社会效益债券构建了政府、社会资本和社会组织的三角合作框架，并已取得了初步成果。对于正处于政府转型时期的我国而言，社会效益债券的运作案例或有参考价值。

尽管有诸多挑战，事实正在逐步证明，金融资本与创新可以与公共项目、慈善项目如此好地进行结合。我们也需要看到金融创新对于整个公益慈善界，甚至整个社会进步具有巨大的积极意义。

在公益领域，金融的作用长期以来没能得到有效利用。主要原因有三：一是作为公益组织的基金会能否从事金融活动一直讳莫如深，既不许可也无规制，其风险控制和收益处于事实上的放任与无效控制之张力中；二是公益产业链不完整，公益融资困难重重，公益领域的大量闲置资产和金融资源远未得到激活和利用；三是政策、制度、体制和相关规制措施普遍缺失，尤其是管理机构不明确和税收优惠政策不到位，使得监管漏洞多、运营效率差、参与者积极性不高。

公益金融区别于传统的商业金融，更强调社会责任、社会价值和社会影响力；公益金融也区别于西方的社会金融，更强调普遍的公益性而非传统的慈善或社会救助。公益金融的具体形式包括公益创投、公益信托、小额信贷、社会效益债券、社会价值投资、互联网众筹等，公益金融在组织上既可采取公司形式，也可采取社会组织形式。构建现代社会组织体制、发展公益慈善事业是社会体制改革的重要目标与方向，如能与经济体制改

---

① 沃顿知识在线（2012）：《社会影响摘译：市场厨房能否治愈社会病？》，凤凰网财经，http：//finance.ifeng.com/news/20120926/7089336.shtml，最后访问日期：2015 年 4 月 23 日。

革中的金融体制改革相结合，将有助于发挥经济体制改革牵引作用，推动生产关系同生产力、上层建筑同经济基础相适应，推动经济社会持续健康发展。

五　公益金融面临的挑战

虽然公益金融在国际国内都发展迅速，但在当前，公益金融的发展还面临着众多的挑战[①]。

第一个挑战是数据。没有好的社会与环境数据，就难以让投资与社会公益联系起来。现在，全球有数以万计的公司每年都会发布可持续发展报告。但是，分析师如果要分析某一个行业内不同公司的环境和社会发展情况的话，仍然会遇到一些问题。

在欧洲，欧盟要求企业进行强制性的环境数据披露。实际上，这样的做法已经在全世界逐渐推广，像南非的约翰内斯堡交易所，中国的上交所，都有这样的要求。而且，国际相关组织还要求，环境和社会相关的数据也应该与财务数据一起出现在同一份报告中。

第二个挑战是如何阐释一项投资的社会收益。现在有很多工具帮助企业阐释一个投资项目在财务方面的回报，却没有类似的工具来阐释投资的社会收益。很多时候，很多公益金融的客户与投资者都无法证明从长远来说注重社会影响力与社会责任是更好的投资方式。对于如何将公益金融产品融合到投资人或者金融机构的整个投资组合中，在这方面，目前拥有的工具还远远不够。

第三个挑战是产品与服务。金融服务公司有很多客户，他们有一个目标，那就是要让资产保值并且获得回报。不过，在社会与环境收益，客户的目标就不同了。有的客户可能比较关心环境，有的客户关心的是减贫，而有的客户可能不会参与到有争议的投资项目之中。这就要求我们要提供不同的资产类别，去满足不同的客户需求，包括现金收益、股票、债券等等。

---

① 张述冠（2014）：《公益金融不仅仅是缝隙市场》，搜狐财经，http：//business. sohu. com/20140902/n403972406. shtml，最后访问日期：2015 年 5 月 1 日。

大部分公益金融相关的服务公司还是比较小的，没有办法去创造如此众多的量身定做的产品，而单一的产品不可能满足所有客户的需求。对于那些大型的金融服务公司来说，它们有能力创造各种各样的专业化产品，但是它们却不愿意去做，因为这些产品的市场并不足够大，难以在短期内盈利。公益金融如果要产生深远的影响，就必须创造出更加广泛的产品和服务，能够覆盖各种各样的投资类别。乐观地讲，随着公益金融规模的不断壮大，这一个挑战会不断减少并最终消失。但在当前，从业者要承担比较大的金融风险。

最后一个挑战，就是关于投资的理论需要发展和演化。当前，一般在进行金融业务时通常会遵循现代投资组合理论，而这个理论完全忽视投资的社会和环境影响，因为这个理论认为，金融机构的目标就是要在法律允许的框架之下去获得回报，而并不认为公益金融机构应该承担起维护社会利益的责任。现代投资组合理论把社会和环境的影响隔绝开来。可是，如果要解决复杂的经济、环境、社会问题，各方面的机构，包括金融企业、非政府机构等等都需要携手合作。现在的投资组合理论应该把金融理念扩展开来，如果不能够解决这种理论性的问题，就没有办法真正让金融进行重要的根本性的变革。

六　公益金融发展的趋势——规模化、链条化与体制化

首先，无论是小额信贷机构的快速增长，还是公益创投在各省市的繁荣发展，伴随着在社会组织注册登记上的政策放开，政府和企业支持参与慈善事业的程度加大，公益金融的基数将会变大，并成规模化发展。

其次，近些年，公益金融开始呈现链条化发展。这个特点在社会影响力投资的发展过程中最为明显。

除了如上文所述社会影响力投资者和被投资机构的不断涌现，社会影响力投资中许多第三方机构也应运而生，使得整个投资链条更加完善。这些机构还积极与政府部门、企业、公益组织、基金会、国内外知名大学开展深度专项合作，聚焦教育、社区等领域公益资本价值模型建立与社会影响力投资绩效评价研究，已成为中国最主要的社会影响力投资推动者和实践者。

在一些省市地区，政府支持创建了不少社会企业的孵化园区，或者称为社会创新中心，比如广东省顺德、中山、江苏省苏州、上海等等，比如顺德的社会创新中心由政府投资3000万元，而苏州的社会企业产业园区面积达2800平方米，政府部门将对入驻的社会企业和组织进行一定的租金补贴。在政府搭台的基础上，更多的社会资本会参与到对入驻机构的投资和支持。

社会影响力投资者也可以通过相应的孵化器来寻找合适的项目，相比国内众多的商业、科技、互联网创业的孵化器，社会企业孵化器刚开始露出水面，比如，2012年刚成立的创思（Transit）、深圳市创新企业社会责任促进中心和多家社会投资机构与英国大使馆文化教育处共同打造的2014年度社会投资平台以及恩派NPI。这些助力公益创业的社会企业孵化器以公益创投方式给教育、科技、环保、社会服务等领域以及社会企业、NGO等支持性组织以成长的巨大动力和增值服务。

社会影响力投资还需要特别的金融服务来支持整个投资流程，其中一块就是被投资机构所享受的金融服务是否专业和完整。新加坡星展银行基于全球战略，于2012年10月在上海启动了"社会企业公益计划"，扶持中国的社会企业发展，帮助社会困难群体改善就业和生活前景，助力公益可持续性发展。作为计划的第一阶段，星展中国将支持四家社会企业的培训项目，未来两年时间里在北京、上海、深圳和成都培训共计超过2300人，改善他们的就业技能；同时支持这些社会企业给受训人员提供各种就业机会，以及推动社会企业发展可行的商业模式。借助银行自身的金融专长，日后星展还将推出社会企业金融服务套餐，成为国内首家社会性企业优惠金融服务的银行机构。

专业的咨询公司在社会影响力投资领域也有重要贡献，可以以第三方的形式提供项目评估和战略规划的咨询服务。以深德咨询为例，它是一家定性为专业公益咨询的社会企业。除了评估、咨询的核心业务领域之外，它还涉足企业社会责任、社企运营管理、社会投资项目管理、公益创投、社企案例研究等新业务领域。

这种链条化还体现在公益金融领域跨种类发展中。除了深德咨询以外，还有一些致力于为非营利机构做咨询的组织，比如在上海的 Social Venture

公益金融在中国的发展

Group 等，也有为企业社会责任和基金会管理做咨询的机构，比如商道纵横、瑞森德企业社会责任机构、明善道管理顾问有限公司等。这些机构通常通过研究、咨询、执行和培训手段来推动公益事业的管理和具有社会责任的投资。虽然这些企业的核心业务都是以专业化企业社会责任职能为主，但是他们在企业、非政府机构/非营利机构和政府三方的相互作用与合作中所起到的推动和桥梁作用，使得社会影响力投资的目标方能够有一个扶持的生态系统，使这些领域的资源成为交叉和可共享的。

对于新的一种投资理念和模式，需要理论的支持和实证的研究，对于新的市场参与者，还需要有教育培训的渠道。社会企业研究中心是 2008 年成立的国内最早的社会企业和社会投资的研究机构，关注于社会企业的基础理论和实践的研究，并且在社区营造、农业开发方面有积极的实践。中心除了撰写优秀的社会创业案例，也进行社会企业和社会影响力投资的基础理论研究，并且和香港心苗基金合作完成了大陆第一个社会影响力投资案例。2012 年，在上海财经大学首次开设"社会创业"MBA 课程，让商业精英充分了解社会创业和投资的机会与趋势。与社会企业研究中心相似的机构，还包括北京师范大学社会创新研究院、湖南大学中国公益研究中心等等。2014 年，北京师范大学中国公益研究院也成立了社会企业与社会投资研究中心。

近些年，公益金融也逐渐走向体制化。

2011 年 5 月下旬，民政部部长李立国在"社会管理创新工作"座谈会上明确提出，在政府购买社会服务方面，要利用福利彩票公益金，开拓购买社会组织服务的资金渠道。由此引发了 2012 年数个地方政府提供专项公益创投资金的实践，如上海、南京、苏州、无锡、宁波、东莞、佛山等地政府，都纷纷设立专项资金，甚至设立地方社会组织孵化园（赖佐夫，2013）。

2013 年，政策环境得到进一步改善，不仅社会组织的注册规定得以放宽，工商注册的门槛也明显降低，极大地鼓励和促进了社会企业获得合法注册身份。与此同时，各地方政府的公益创投实践继续升温，包括四川、贵州、江西等省份的地方政府也大力推动公益创投形式的政府购买服务，扶持社会服务类的社会企业发展。

投入公益创投，以项目资助和能力建设的方式扶持公益服务类组织。将通过直接地向社会组织购买服务或通过公益创投的形式培育社会组织发展，向社区居民提供服务。

在 2014 年底国务院下发的《关于促进慈善事业健康发展的指导意见》中，明确提出了公益慈善与金融创新相结合的政策命题，即一方面"倡导金融机构根据慈善事业的特点和需求创新金融产品和服务方式，积极探索金融资本支持慈善事业发展的政策渠道。"另一方面要"支持慈善组织为慈善对象购买保险产品，鼓励商业保险公司捐助慈善事业。"这两个方面勾勒出具有重大政策意义的公益金融体系的建构方向，即一方面推动金融资本向公益慈善领域的进入，另一方面推动公益组织借力金融工具盘活资源提高效率，形成自我支持、自我运作、自我发展的公益生态链。

在 2015 年"两会"上，全国政协委员、清华大学公共管理学院 NGO 研究所所长、中国慈善联合会理事王名为此提出如下政策建议。

（一）金融与公益有效衔接，创造市场与公益共享价值。在我国，基金会产生初期本有银行功能，具有特殊金融机构的地位。但由于 20 世纪 90 年代乡镇普遍设立农村合作基金会后发展不久，因产权不清、管理不善等原因于 1998 年 7 月被国务院明令取缔。现阶段，基金会虽未得到金融机构地位的明确认可，但仍具有金融机构的属性，如募集、储存资金及投资主体地位等。公益金融体系的建设须重提基金会的金融功能，鼓励基金会积极参与公益创投。政府应适当减少行政干预，尊重基金会参与的主体地位，帮助基金会学习商业领域的投资理念和财富管理方式，制定合理的退出机制，形成完整的公益投资链。同时，应以政策优惠吸引商业投资者参与，进一步释放社会潜在的公益创投资源，将"风险投资"嵌入公益创投。为激励商业投资的进入，应加强公益创投的绩效评价机制，努力将社会影响与经济效益平衡量化，从而提高公益创投效率。

（二）借鉴国际经验成立公益银行，形成完整的现代银行系统。商业性银行和政策性银行是我国银行体系中并行互补的两大金融机构。公益银行作为第三支力量，可起到弥补"政府失灵"的作用。公益银行可运用市场手段解决社会公益领域的金融问题，也可在商业性银行和政策性银行之间发挥桥梁和补充作用，形成更为健康和可持续发展的现代银行体系。基金会因其产权、绩效评价、投资回报和增值保值等方面的缺陷难以取代银行。公益银行可针对公益领域中市场机制、政策机制的盲域发掘新机会，将公益事业与金融市场融合，一方面靠金融手段保值增值，另一方面以公益价值约束规范金融市场，从而引导金融功能与价值的本位回归。同时，公益银行作为流动的资金池，可为公益创投、公益信托和小额信贷提供支持，形成多元互补、协调共济的公益金融体系。国际上有不少公益银行的成功经验。孟加拉的乡村银行为穷人提供小额贷款服务，成为现代扶贫的一面旗帜。伊斯兰银行以《古兰经》为原则，存贷无息，对发展伊斯兰国家民族经济和文化教育事业发挥了重大作用。在国内，近年来不仅小额贷款蓬勃兴起，依托四川省城乡统筹发展基金会成立的四川统发银行，明确提出公益银行的定位，在积极探索公益与金融的深度融合模式。

（三）创新金融模式，推动公益金融的创新运转。一是要完善公益信托的相关配套措施，大力推动信托在公益领域的实践；二是要学习借鉴传统金融体系中丰富的创新产品和设计，探索社会效益债券；三是要创新小额信贷发展模式，借力公益银行推动整体扶贫计划；四是要对社会价值投资、互联网公益众筹等公益金融领域的创新采取包容性支持，推动公益金融的创新发展。

（四）建立科学有效的监管机制，建立对公益金融的绩效评价机制。要基于公益创投、公益银行自身的特性建立科学、有效的监管机制，保持公益创投、公益银行的公益属性和商业手段之间的平衡。及时出台相关法律法规，对商业性金融、政策性金融与公益性金融进行协调，构筑不同金融领域之间的防火墙，推动我国金融体系改革，构建完整的现代金融体系。要建立对公益银行绩效的科学评价体系。基于公益银行在金融体系中的特殊性以及其自身的使命，在其绩效评价体系上应区别于商业性银行和政策性银行。在其中，社会投资回报是对公益银行绩效评价非常有借鉴和参考意义的工具。社会投资回报不仅关注其经济效益、政策效益，更关注由投资带来的对社会、社区的改变。

另外，在哈佛大学社会责任投资行动项目总监 Steve Lydenberg 看来，公益金融的未来发展有三种可能性，第一是成为一种时尚，转瞬即逝；第二，可能成为一个专门的缝隙市场，占到金融市场5%，而不会继续增长；第三种可能性是，公益金融会对整个金融的主流领域造成深远的影响，从而成为金融行业的另一个模式，它可以让投资与社会、环境影响更好地融合起来，来帮助我们解决这个世界所面临的可持续发展的问题。

参考文献

焦瑾璞（2013）：《微型金融学》，中国金融出版社。

——（2014）：《微型金融在中国》，《中国金融》，2014 年第 3 期。

赖佐夫等（2013）：《中国公益慈善行业 2012 年度概览：社会创新领域》，亚基会支持的行业调研项目报告。

王振耀主编（2014）：《现代慈善与社会治理——2013 年度中国公益行业发展报告》，北京：社会科学文献出版社。

NP

The Development of Social Finance in China

Wang Yingjia

[**Abstract**] The emergence of seemingly endless social problems has made it less effective to solely rely on the government and not-for-profit organizations in the provision of public service as was traditionally the case. Subsequently, the concept of social finance is born and it has experienced rapid development in China. This paper, after giving an introduction about the scope and connotation of social finance, analyses in particular its significance in China, the challenges it faces and the trend in its development in recent years, for the purpose of clarifying the direction in the development of social finance in China.

[**Keywords**] Social finance, the Chinese path, development characteristics

（责任编辑：小菲）

公益金融在中国的发展

社会治理改革下的日本社会企业：
发展、扶持与挑战

王　猛　褚湜婧　邓国胜[*]

【摘要】 日本社会企业在发展过程中逐渐形成了以株式会社、有限公司、企业组合等为代表的营利性法人和以 NPO 法人/认定 NPO 法人、一般社团法人/公益社团法人、一般财团法人/公益财团法人、社会福祉法人等为代表的非营利法人等为主要构成的多样化组织形态，然而，无论哪种形态的社会企业，社会性、商业性、创新性是其主要特点。随着民主党政权"新公共"以及自民党政权"共助社会构建"社会治理改革理念的提出，社会企业获得了更多的政策性支持，从而形成了政府在纵向与横向层面培育扶持社会企业发展的良好局面，但是，日本社会企业在发展过程中依然面临着政治、法律、资金、人才、社会认知等方面的挑战与困难。通过检视日本社会企业发展过程中的经验与教训，能够为我国社会企业的发展提供有益的参考和借鉴。

【关键词】 社会企业　新公共管理　社会治理

---

* 王猛，清华大学公共管理学院博士后；褚湜婧，清华大学公共管理学院博士后；邓国胜，清华大学公共管理学院教授、博士生导师。

一　日本对社会企业的界定及其法律与评估框架

（一）概念界定

在日本，一些学者在研究海外社会企业时把社会企业划分为欧洲模式以及美国模式，其中欧洲模式主要以英国与法国为代表。欧洲模式与美国模式在组织目标、手段等方面具有明显的不同，其中，"在美国社会企业模式下，不仅仅致力于社会问题解决的企业被看作是社会企业，此外，包括通过在供给的商品与服务中附加新的社会价值进而实现扩大市场的目的的企业以及开展企业社会责任活动的企业也被看作是社会企业；与此相对应，在欧洲社会企业模式下，只有那些具有解决社会排斥等社会问题明确目标的企业才被看作是社会企业"（秋山，2012：80）。正是在这样的历史背景下，日本对社会企业概念仍然没有形成统一的认识，不同的学者结合自己的研究形成了不同的概念，日本国内有关社会企业的研究由于受到欧洲模式与美国模式的影响，基本上也可以划分为欧洲流派与美国流派。欧洲流派研究的重点是社会企业的组织结构与社会政策之间的关系，其代表人物有藤井敦史、清水洋行、塚本一郎、中川雄一郎、铃木敏夫等；美国流派研究的重点是以社会创业家为代表的个人的社会创新，代表人物有町田洋次、齐藤槙、服部笃子、速水智子、谷本宽治、大室悦贺等（柴田，2011：92～97）。例如，社会企业关注的焦点在于社会企业的"社会性"，即在强调"经济性"以及社会企业家创新精神的同时，认为"如果把一般市场上的组织看作是社会企业的话，就容易形成误导，应当从概念上区分与营利企业之间的区别。社会企业并不是与 NPO、协同组合等完全不同的概念，而是在第三部门重组的过程中浮现出来的概念"（藤井，2007：51）。与此相对应，最早开始从事美国模式社会企业相关研究的学者町田洋次和齐藤槙结合日本本土社会企业的特点对社会企业家进行了定义，"社会企业家是把医疗、福利、教育、环境、文化等社会服务作为事业并从事此事业的人。他们所从事的工作不仅仅是具有社会使命的事业，同时也为在发展过程中遇到瓶颈的社会事业带来活力，或者作为非营利组织的专家开展经营活动"（町田，2000：18）；"身怀满足社区以及世界多元化需求的社会使命感，同时在开展事业的过程中巧妙地利用商业技巧；其所成立的组织虽然资本实力较弱，但是富有敏锐捕捉时代发展的思维和创造性；重视合作伙伴关系，与深受垂直型组织弊端折磨的大企业和政府不同，与具有相同价值观的组织有机结合，实现协同效应，构建实现目标的网络；不仅仅把工作当作获得收入的手段，同时也把其作为自我实现的手段；把从企业所在地的居民到远隔万水千山的发展中国家的国民作为利益主体，提供与其价值观相一致的产品和服务。与对股东优先负责，提高利润并进行利润分配的传统企业经营者彻底划清界限；重视长期效益，确信即使牺牲短期效益，也可以通过选择长期效益，最终满足利益相关者的需求"（齐藤，2004：28~29）。

无论是哪种流派的主张，其所认同的社会企业概念中都包含了社会性、商业性和创新性三种核心要素。在此基础上，日本经济产业省组织的"社会企业研究会"认为同时满足社会性、商业性和创新性三要素的主体就可以看作是社会企业，其中，"社会性是指把致力于解决社会问题作为企业活动的使命；商业性是指运用商业的方式达成社会性中所规定的使命，持续地开展商业性活动；创新性是指创造和有效利用新的社会化商品与服务以及相应的机制，通过在社会上开展相应的活动，创造新的社会价值"①，见表1所示。

表1　日本社会企业概念的核心要素

社会性
主要内容：以解决社会问题作为企业活动的使命 社会性的具体标准： • 社会问题涉及的领域主要包括福利、教育、环境、城市再开发等公共领域 • 活动内容主要包括提供与老年人、儿童、女性、外国人、身体残障人士相关的服务并为其创造就业机会，开展与环境保护以及园林绿化等相关的活动 • 企业主要围绕解决社会问题开展活动
商业性
主要内容：运用商业的方式达成社会性中所规定的使命，持续地开展商业性活动 商业性具体标准： • 有偿提供商品与服务，确保持续发展所需资金

① 经済産業省（2008）：『ソーシャルビジネス研究会報告書』，http：//www. meti. go. jp/policy/local＿economy/sbcb/，最后访问时间：2014 年 10 月 5 日。

创新性

主要内容：创造和有效利用新的社会化商品与服务以及相应的机制，通过在社会上开展相应的活动，创造新的社会价值

创新性的具体标准：

- 业务内容是已由法律等详细规定之外的活动，例如，护理保险业务、医疗法人开展的医疗业务、私立幼儿园以及学校法人等开展的教育业务等不属于创新性业务的范围

资料来源：三菱 UFJ リサーチ&コンサルティング株式会社（2010），『平成 21 年度地域経済産業活性化対策調査』，第 3 页，（http：//www. meti. go. jp/policy/local __ economy/nippon-saikoh/itakuhoukoku. htm）。

通过界定社会性、商业性和创新性等核心要素，也可以把社会企业与其他类型的经济组织和社会组织区别开来，从而较为明确地界定社会企业的边界，见图 1 所示。

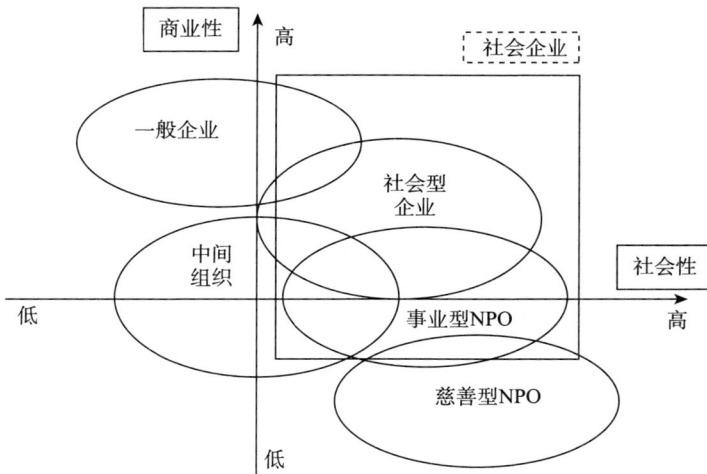

图 1　日本社会企业的边界

注：图中社会型企业也可以称为"社会导向型企业"，是社会企业的重要组成部分，也是以解决社会问题为导向的经营性企业，其与事业型 NPO 共同组成了社会企业。

资料来源：経済産業省（2008），『ソーシャルビジネス研究会報告書』，第 3 页，（http：// www. meti. go. jp/policy/local __ economy/sbcb/）。

（二）社会企业的法律框架

由于日本国内缺乏一部类似于韩国的《社会企业育成法》这种专门的社会企业统一法律，所以目前不同形态的社会企业适用不同的法律，见表 2

所示。但是，在日本，由于社会企业的组织形态丰富多样，既有营利性的企业也有非营利性组织，这加大了政府对社会企业管理的难度，同时也不利于政府制定统一的社会企业扶持资金、人才等扶持政策。

表2　日本不同组织形态社会企业的适用法律

组织性质	组织形态	适用法律
营利法人	株式会社	公司法
	有限责任的合伙企业（LLP）	公司法
	有限责任公司（LLC）	公司法
	企业组合	中小企业等协同组合法
	合伙公司	公司法
	合资公司	公司法
非营利法人	NPO法人/认定NPO法人	特定非营利活动促进法
	一般社团法人/公益社团法人	公益法人法*
	一般财团法人/公益财团法人	公益法人法
	社会福祉法人	社会福祉法

＊所谓的"公益法人法"不是一部法律，而是2008年实施的《关于一般社团法人以及一般财团法人法》《关于公益社团法人以及公益财团法人认定法》《伴随实施关于一般社团法人以及一般财团法人法以及关于公益社团法人以及公益财团法人认定法、有关相关法律完善法》三部法律的一个统称。

（三）社会企业的绩效评估

在社会企业研究会制定的社会企业概念中使用的社会性、商业性和创新性的基础上，经济产业省社会企业工作组制定了一套完整的社会企业绩效评估标准。该评估体系，主要为三方面的利益相关者提供扶持社会企业的依据：为政府制定和实施社会企业相关培育扶持政策提供依据；为民营企业与个人向社会企业提供捐赠和融资以及开展合作提供依据；为社会企业自我监管提供依据。

该绩效评估体系共有三级指标，一级指标是社会企业的三种属性，即社会性、商业性和创新性，在一级指标之下又分别设计了二级和三级指标[1]，见表3所示。

---

① 创新性指标方面只有2级指标。

表 3 社会企业评估指标

一级指标	二级指标	三级指标	具体内容
社会性	公益性	使命公益性	• 使命（活动理念、认识）中是否包含了社会贡献（地区振兴、居民生活援助以及其他问题的解决）？
		事业内容公益性	• 是否正在开展以解决社会问题为目标的经营活动？ • 经营活动根据有关社会问题的具体需求，是否明确了相关受益人群？ • 所提供的服务等是否向社会公开（是否没有限制特定的受益人群）？
		解决社会问题的可实现性	• 作为经营成果，是否有利于社会问题的解决，或者将来有可能促进社会问题的解决？ • 是否设定了解决社会问题的具体目标？
		回报社会	• 收益是组织内部留存还是用于社会问题解决的再投资？
		利益相关者之间的共识	• 是否主动向社会公开相关活动信息等？ • 是否取得利益相关者（政府、员工、居民、受益者、民营企业等）的共识？ • 在共识的基础上，是否形成了网络？
	区域性	应对地区问题	• 是否准确掌握了地区问题？ • 是否正在开展有利于地区问题解决的活动？
		有效利用地区资源	• 地区居民作为主体之一（正式/非正式员工、志愿者等）是否参与其中？ • 是否采取了有效利用地区资源（自然环境、物产、设施、文化、历史等）的措施？
商业性	管理能力	实现商业目标能力	• 是否具有构建商业模式的能力以及根据情况变化改善商业模式的能力？ • 是否具有为取得事业成功所必需的采取具体措施的能力？ • 是否能够准确应对市场需求？ • 是否具有开展事业所必需的各种资质以及专业人才等？ • 经营管理层在事业方面是否有相关的许诺以及促进事业持续发展的抱负？
		网络能力	• 是否有效利用了外部资源（人才、设备、资金等）？ • 在事业准备期是否着手准备相关网络的构建？ • 是否开展了经营活动所必需的组织间合作？ • 是否能够持续维持网络的发展？

续表

一级指标	二级指标	三级指标	具体内容
		组织能力	• 有关事业的相关决定权是否归属于某个特定人？ • 员工是否具有昂扬的斗志？ • 是否开展了培养下一代接班人才的工作？ • 经营管理层（领导、董事、理事等）是否同员工进行沟通交流，是否获得了对方的信赖？
		经营管理能力	• 是否每个项目都考虑了相关的法律因素？ • 劳务、财务、税务、会计是否正常进行？ • 财务状况是否健全，是否能够筹集到必要的资金？ • 是否积极进行信息公开，确保组织以及项目的透明性？ • 是否有相关的合同管理制度？ • 是否具有成果与目标比较的制度？ • 是否聘请了第三方对经营进行评估（监察功能）？
	市场性	经济性	• 是否能够确保收支平衡或在可预期的未来实现收支平衡？ • 为了提高经营效率、削减成本等，是否采取了相关的措施？
		市场应对能力	• 是否准确把握了顾客需求？ • 是否开展了营销、宣传等对外活动？ • 未来是否有可能维持目前的市场规模或者扩大市场规模？
创新性	新颖性		• 是否独自或者与其他组织共同提出了新的想法或商业方式？ • 是否根据时代与地区的要求，从新颖性或创新性的视角，率先开展了相关工作？
	扩散性		• 活动模式是否具有一般性（是否具有为其他组织或地区采用的可能性）？ • 是否关心自身商业模式技巧的转移与扩大？ • 是否采取了措施促进影响力的扩大？

资料来源：根据经济产业省《社会企业评估方法》制作，www. meti. go. jp/policy/local __ economy/sbcb/sbworking/3. shiryou1soan. pdf，最后访问时间：2014 年 10 月 25 日。

通过上述绩效评估指标体系，可以从整体上把握社会企业的社会性、商业性与创新性，为政府制定培育扶持政策、企业融资与合作、个人参与以及社会企业自我评估提供依据。

二　日本社会企业的发展

日本社会企业的发展受到了欧美经验的影响，形成了既有以解决社会问题为主要使命的欧洲模式社会企业，也有通过在商品与服务中附加新的社会价值以此扩大市场的美国模式社会企业。近几年，各种模式的日本社会企业均在组织形态、市场规模以及业务内容领域方面呈现出不断发展的态势。

（一）社会企业产生的历史背景

日本社会企业的出现既有国际性因素的影响也有日本国内性因素的影响，概括而言，包括如下几点：

第一，福利国家危机。20 世纪 70 年代，随着两次石油危机的发生，欧美等发达国家的经济发展放缓，一方面造成了政府收入的减少，另一方面由于失业人员大量增加，政府在失业保险等社会福利方面的支出不断扩大，从而形成了福利国家危机。与欧美等国家情况类似，日本随着人口老龄化与财政收支平衡的恶化，政府已经难以以一己之力垄断公共服务，为此，日本政府开始寻求包括民营企业、非营利组织以及社会企业在内的多元利益相关者的共同参与。"由于财政赤字导致福利国家危机，要求新的主体出现并承担起提供公共产品与服务的重任，在这一过程中，出现了新公共与第三条道路等"（木村等，2011：3）。

第二，应对社会排斥等问题。在欧洲，解决社会排斥问题，通过工作整合方式把被边缘的人群重新整合到社会中是社会企业的主要目标之一。在日本，社会排斥问题同样存在，例如，针对问题青年、身体残障人士等人群的社会排斥，因此，社会企业被看作是解决社会排斥问题的重要方式之一。"有关这一点（解决社会排斥过程中的政府政策性介入与促进经济发展增加就业机会之间的平衡），近年来，作为满足经济发展与社会问题解决两方面需求的新型商业模式，社会企业获得了越来越多的关注"（秋山，2012：79）。

第三，新公共管理的发展。新公共管理（NPM）主要是指公共部门运用民营企业的经营方式实现有限资源的有效利用。绩效与成果、市场机制、顾客导向与扁平化组织结构是新公共管理的四大核心要素，其中，市场机制的导入是社会企业产生和发展的重要推动力。在新公共管理模式下，政府与民间组织在功能上有了明确的划分，社会企业可以发挥其自身的优势承担政府服务外包项目。在日本，政府也在积极推进公共服务项目的外包工作。例如，日本政府公共设施经营权改革制定的"指定管理者"制度正是为了推进"公营组织法人化与民营化"而实施的一项政府服务外包保障性制度。"由于财政收支情况不断恶化，在削减财政支出的同时，为了提高公共服务质量，将身体残障人士就业扶持、育儿母亲教育等各种工作以委托的形式外包出去。其中，社会企业作为委托业务的对象之一，被寄予了弥补行政之不足的厚望"（铃木，2009：30）。

第四，社区功能的弱化。一方面，随着社区内自营业者数量的减少以及雇佣关系型就业人数的增加，导致作为社区社会资本节点的自营业者功能出现弱化和雇佣关系型就业人员与社区之间在物理层面与心理层面出现疏远；另一方面，家庭结构变化导致独居情况增多，从而使得人与社区之间接触的减少；此外，个人价值观的多元化使得个人与地区之间的感情纽带出现松懈（铃木，2012：140）。社会企业作为解决社会问题的一种制度性创新，期待着能够创造更多的"连接性社会资本"，重构社区社会网络。

（二）日本社会企业的发展现状

虽然发展历史较短，但是在发展过程中，日本社会企业形成了组织形态多样、业务内容丰富、规模庞大等特点。

首先，在组织形态方面，日本社会企业形成了以株式会社、有限公司、企业组合等为代表的营利性法人和以 NPO 法人/认定 NPO 法人、一般社团法人/公益社团法人、一般财团法人/公益财团法人、社会福祉法人等为代表的非营利法人共存的局面。根据 Mitsubishi UFJ Research and Consulting 发布的《2009 年地区经济产业振兴对策调查》，社会企业中，营利法人（株式会社、有限公司、LLC、企业组合）所占比例为 62%，无法人资格组织比例为 12%，其他类型的组织比例为 21%，非营利法人（NPO 法人、社会福祉法人、一般社团法人/公益社团法人、一般财团法人/公益财团法人）比例为 3%。营利法人当中，株式会社的比例为 56%、有限公司比例为 29%、企业组合比例为 12%、其他为 3%；非营利法人中，NPO 法人比例为 69%、无法人资格组织比例为 26%、社会福祉法人与一般社团法人比例为 1%。①
其中，与非营利法人相比，采用公司制的社会企业的主要优势在于，更容易从金融机构获得融资；另一方面，由于采用公司制，容易被误解为与其他一般的商业性企业相同，社会认同度不高；NPO 法人的特点是，作为非营利组织，更容易获得社会认同和共鸣，但是与营利法人相比，NPO 法人从金融机构获得融资较为困难。社会企业主要有商业收入、政府补助、其他收入（捐赠、会费）等收入来源，从收入结构看，社会企业可以分为商业收入型社会企业与非营利资源型社会企业，其中，商业收入型社会企业主要通过在商业活动中提供社会附加价值，以此促进商品的销售，这些企业的主要收入来源是依靠商业活动；非营利资源型社会企业的目标主要是解决社会排斥、环境等问题，因此其服务的对象具有处于社会弱势地位或对象不确定的特点，因此，很难直接从服务对象获得相应的收入，此时政府补贴、社会捐赠等成为主要收入来源。

其次，在业务内容方面，日本社会企业提供的产品与服务覆盖面广，涵盖了医疗保健、福利，残障人士、老人、流浪人员的援助，儿童抚养援助，教育、人才培养，文化、艺术、技能、体育，环保，防灾、安防，交通，观光旅游，产业振兴，地区建设，国际交流等领域。② 可以看出，日本

---

① 三菱 UFJ リサーチ&コンサルティング株式会社（2010）：『平成 21 年度地域経済産業活性化対策調査』，第 96 页，http：//www. meti. go. jp/policy/local __ economy/nippon-saikoh/itakuhoukoku. htm，最后访问时间：2014 年 10 月 5 日。此调查项目也属于日本经济产业省委托项目。另外，根据经济产业省社会企业研究会 2008 年发布的《社会企业研究会报告书》，日本社会企业当中，特定非营利活动法人（NPO 法人）所占比例为 46.7%，营利法人（股份公司和有限责任公司）为 20.5%，个人企业为 10.6%，协同组合为 6.8%，工人集体组织（workers' collective，地区居民共同出资，成员在地位平等的基础上参与经营，为当地社会提供必要的服务的一种组织）为 1.7%，有限责任合伙企业为 0.4%，其他为 16.3%，另外有 0.2% 没有回答。造成《社会企业研究会报告书》与《2009 年地区经济产业振兴对策调查》两份调查数据相差甚大的原因主要是前者问卷调查的对象主要是调查人员认为是社会企业的组织，而后者调查的对象不限，由调查对象根据"社会性、商业性和创新性"标准判断自身是不是社会企业。笔者认为，后者的调查排除了调查人员的人为因素，数据更能反映真实情况。
② 三菱 UFJ リサーチ&コンサルティング株式会社（2010）：『平成 21 年度地域経済産業活性化対策調査』，第 97 页，http：//www. meti. go. jp/policy/local __ economy/nippon-saikoh/itakuhoukoku. htm，最后访问时间：2014 年 10 月 5 日。

社会企业的业务活动不仅有环保、福利、社会弱者救济等传统的非营利组织参与的领域，在交通、产业振兴、地区建设等传统意义上营利性企业集中参与的领域中也有所涉及。例如，与美国 20 世纪 40 年代到 70 年代大城市出现的郊区化现象类似，日本在城市建设领域，特别是一些中小城市的市中心位置，由于人口老龄化、人口向大城市的流动以及产业向城市周边的迁移等原因，出现了城区空洞化现象，为了恢复城区昔日的繁华局面，当地政府、民营企业、志愿者组织以及居民联合起来为促进城市发展出谋划策。其中，社会企业发挥了主导性作用，通过与政府以及居民的紧密合作，促进城市再发展。因此，日本的社会企业在业务内容方面已经突破了欧洲社会企业原有的以解决社会排斥等社会问题为主要目标的限制，融合了美国社会企业的因素，把开展企业社会责任活动的民营企业也看作是社会企业的组成部分。作为城市再开发社会企业的优秀代表，御裳川株式会社采用在城市内沿河开设商业店铺获得收益，并把收益用于城市河流治理以及社区重生等项目中，从而实现了以商业之道解决城市环境与社区问题的发展模式。①

最后，在规模方面，社会企业成为社会经济发展的一支重要生力军。根据《2009 年地区经济产业振兴对策调查》的统计估算，2009 年，日本社会企业的数量大约为 5（87）万家，市场规模大约为 34（81）万亿日元，雇佣人数大约为 31（160）万人，受益者人数大约为 98（121）万人。② 无论在企业数量还是规模产值、雇佣人数等方面已经远远超过了英国。③

---

① 项目具体情况见：2009 年度社会企业 55 强（http://www.meti.go.jp/policy/local__economy/sbcb/sb55sen.html）。

② 括号内为最大值，括号外为最小值，此处的数据最大值与最小值差距较大，造成这种情况出现的主要原因是调查机构在问卷调查方法上采用由调查对象自己根据"社会性、商业性和创新性"标准判断自身是不是社会企业，所以在问卷调查中，一部分保险类、教育类以及医疗类法人也认为自身是社会企业，所以，统计时把数据分为了两部分，一部分是包含了看护保险类企业、学校法人（包含幼儿园）、医疗法人与其他医疗机构的统计数据，一部分是没有包含上述几类企业的数据。另外，根据日本经济产业省发布的《社会企业调查研究会报告书》，2008 年日本社会企业的市场规模为2400 亿日元（当时预计 2011 年达到 2.2 万亿日元。但是，由于日本经济产业省没有公布最新的数据，所以此处无法验证 2011 年日本社会企业的实际市场规模），雇佣人数为 3.2 万人，社会企业数量为 8000 家。

③ 根据日本经济产业省《社会企业研究会报告》，英国社会企业的数量为 55000 家，产值规模为 5.7 万亿日元，雇佣人数为 77.5 万人。

日本社会企业在短期内获得快速发展，这与日本政府的政策支持是分不开的，为了实现大社会、小政府的行政改革目标，日本政府提出了包括社会企业在内的非营利组织、民营企业、市民等与政府在治理理论指导下开展"官民共治"的新公共政策。

三 "新公共"治理改革背景下社会企业的培育与扶持

随着治理理论在全世界的推广以及治理实践在全球范围内的推进，治理已经成为大至国家、小到社区社会组织改革的一种有效的路径选择。治理主体的多元化是治理理论最主要的特点，治理主体的多元化突破了以往政府的"统治"，通过政府的放权与开放性制度设计以及其他社会主体的积极主动参与从而实现"善治"。在治理改革的浪潮中，日本也在推进的社会治理改革。特别是最近几年的民主党政权推动的"新公共"改革以及后来的自民党政权推动的"共助社会构建"是两个具有代表性的社会治理改革措施，其中，"新公共改革"的重要意义在于首次实现了"由传统的以'官'为主体的公共性转变为多元的公共性诸形态，摆脱了战前以来'国家＝官＝公'的一元的'公观念'，代之以立足于公众基础之上的'新公共性'，公共性由'垄断'走向'扩散'"（田毅鹏，2005：68）。

2009年10月26日，日本民主党鸠山内阁在一般政策演说中提出了"新公共"概念，指出原有的公共服务供给主要由政府承担，但是在新公共政策下，每个国民都参与到公共服务当中，从而形成全社会共同支持的一种新的公共服务供给模式。在新公共政策下，NPO、民营企业等成为公共产品与服务的建议者与提供主体，在医疗、福利、教育、育儿、城市建设、学术文化、环境、国际合作等领域开展活动。政府首次在政策中明确了社会企业的地位与作用，社会企业成为新公共政策的一个主体，为社会企业发展提供了新的机遇。2010年6月4日，"新公共"圆桌会议在"新公共宣言"中指出："在少子老龄化问题日益严峻，社会发展已经进入成熟期的日本，不再可能像从前那样，政府通过不断投入资金和物力的方式解决社会上存在问题，同时我们也不再选择这样的道路。今后，如果能够通过新公共政策构建互助与充满活力的社会，那么就可以形成社会资本丰富，也就是互信程度高、社会成本低的居民幸福感高的社区。进而通过社会创新实现社会经济新的发展"。从宣言中，可以看出新公共的两大战略性目标，即削减政府在社会服务方面的支出与提高社会服务质量和公众满意度。在总体目标下，针对社会企业，2010 年 11 月 12 日，"新公共"推进会议提出：NPO 以及为解决社会问题而采用商业手法的事业体与传统的地区组织和志愿者组织都是通过回馈社会的方式促进社会多样性的新公共重要承载者；民营企业通过融入社会，从市场中获取利润的同时，也是为构建可持续发展社会做出贡献的新公共的重要承载者。

新公共政策的出台，为社会企业发展提供了良好的政策环境，日本政府针对社会企业制定了一系列的支持措施，开展了一系列的培育扶持举措。从培育扶持主体层面来看，主要包括中央援助与地方援助；从援助内容层面来看，主要包括改善发展环境、促进社会企业与一般企业的协同发展两方面。

在利用上述社会企业绩效评估指标体系对相关社会企业绩效进行评估的基础上，为了有效推进各种培育扶持政策，日本政府制定了培育扶持对象认定筛选标准，凡是符合此类标准的对象都可以成为培育扶持对象。根据日本内阁府 2011 年 2 月发布的《新公共援助事业实施纲要》针对援助对象的规定，符合以下条件的 NPO 法人、志愿者团体、公益法人、社会福利法人、学校法人、地缘组织、协同组合等非营利组织都可以成为援助的对象：具备开展新公共活动的意愿与能力；为了实现新公共所指向的社会、市民等通过自发方式开展活动；为了在资金与活动方面实现独立自主而需要外部援助的组织团体；进行信息公开；持续开展活动的团体；章程或规则中有项目计划书、预算书、决算书等相关内容。而以下组织团体则不属于培育扶持的对象：其活动具有明显的为特定个人或团体牟利的特征；以宗教活动或政治活动（开展政治建议活动情况除外）为主要目的的团体、暴力团体或处于暴力成员统治下的团体。① 但是，《新公共援助事业实施纲要》把民营企业排除在了培育扶持对象之外。其他不同的援助措施的援助

---

① 内阁府 (2011)：「新しい公共支援事業の実施に関するガイドライン」，第 6 ~ 7 页，http://www5.cao.go.jp/npc/unei/jigyou.html，最后访问时间：2014 年 10 月 10 日。

对象认定和筛选方面，则多由不同的援助方自主制定，例如，福井县、德岛县和鹿儿岛县在制定社会企业优惠政策的时候，都需要申请组织通过社会企业事业认定，该认定规定只要成员在 2 人以上的组织满足：正在开展社会企业活动或今后一年内将要开展社会企业活动；原则上参加了福井县社会企业推进协议会主办的"社会企业私塾"培训活动的组织都可以参加认证，通过认证后可以申请当地的各种优惠政策，例如"福井县社会企业创业奖励补助"和"福井县产业振兴援助资金"等。

所谓的中央扶持，主要是指日本中央政府多个部门协同开展对社会企业的培育扶持工作。主要负责管理社会企业的是经济产业省。经济产业省为了促进社会企业的发展，成立了"社会企业研究会"，由该研究会负责从国内、国际角度研究社会企业的发展状况。除此之外，经济产业省还支持各种社会企业相关组织的发展，例如，支持由社会企业组成的"社会企业网络"组织的发展，与地方政府的经济产业局以及地区性社会企业推进协会合作召开"地区意见交换会"等。除了经济产业省之外，内阁府以及其他省厅也根据各自的职能开展了相关的援助工作。例如，内阁府为了支持社会企业促进就业计划，对社会企业开展的人才培养以及创造就业机会等进行援助，推进"地区社会就业创造事业"，制定《新公共援助事业实施纲要》等；在其他省厅方面，厚生劳动省从就业，文部科学省从学校与地区协作、废旧学校再利用、文化遗产有效使用，国土交通省从城市建设，农林水产省从可再生能力利用、农产品品牌创建、传统山区农村和渔村发展，环境省从收益型环境 NPO 和社会企业方面开展了针对性的政策援助。

所谓地方扶持，主要是指地方政府开展的培育扶持活动。除了上述中央省厅开展的培育扶持活动之外，作为地方政府的自治体（主要包括都道府县以及政令指定城市）针对社会企业开展了一系列培育扶持活动。其培育扶持的方式主要包括政府补贴、融资、人才培养、人员派遣、宣传等方面。

无论是中央还是地方都是试图为社会企业发展创造良好的外部环境，即通过在资金、人才、社会认知等方面的援助，提升社会企业内在发展能力。

第一，税收及资金扶持。在税收方面，为了更好地推进新公共政策的

社会治理改革下的日本社会企业：发展、扶持与挑战

落实，日本政府在 2011 年的税制改革大纲中引进了"市民公益税制"①。资金方面，包括直接资金援助和间接资金援助。其中，直接资金援助主要是指地方自治体制定了以社会企业为资助对象的补助制度，例如东京都的"中小企业援助基金"、滋贺县的"滋贺新事业援助基金"、大阪府的"大阪地区创造基金"等；间接资金援助方面，主要包括民间融资（信用金库、信用组合、劳动金库等地方性金融机构向以解决地区问题为主要目的的社会企业进行融资）和政府融资（日本政策金融公库对包括非营利法人在内的社会企业进行融资；地方自治体也针对社会企业创立了相关的融资制度，例如北海道创设了针对公益法人、NPO 法人等的"新生北海道资金'新蒲公英资金'WIDE 融资"制度）。

第二，人才培养。在人才培养方面，日本中央政府以及各地方自治体结合自身的资源优势制定了各种措施。例如，在中央政府层面，经济产业省开展了培养农村年轻人才的"热心于农村发展的年轻人等培养事业"和培育支持社会企业发展的中介机构的"中介援助功能强化项目"；总务省从创造地区活力的角度出发，开展了"地区经营私塾""人才交流广场""地区振兴协同队"等项目；文部科学省从教育的角度出发，促进当地学校与社会企业的合作等。在地方政府层面，很多地方自治体通过开展创业培训、经营培训课程的方式培养社会创业家以及社会企业家精神；通过就业补贴等方式，促进社会企业人才就业。此外，政府与大学合作开展社会企业人才培养也成为社会企业家人才培养的一条重要渠道。例如，东京市文京区2011 年开始与东京大学合作开办"产学官协同——社会企业家培养行动学习项目开发与地区活力拓展"项目，共同致力于社会企业家人才培养；同志社大学在产学官协同机制下，开办了"社会企业家培养私塾"。此外，社会上还有很多类似的社会企业培养体系，有专门的社会企业家培养机构，

---

① 主要包括所得税税前扣除制度的引进（个人或团体向"认定 NPO 法人"捐赠的时候，适用所得税税前扣除制度；公益社团法人、公益财团法人、学校法人、社会福祉法人、更生保护法人满足与 PST 同等要求的条件以及信息公开条件的情况下，捐款适用税前扣除制度）和获得"认定 NPO 法人"资格的认定条件——PST 认定门槛的降低（由原来的相对值标准，即 NPO 法人收入中捐赠的比例在 1/5 以上变更为绝对值标准，即一年内捐款金额在 3000 日元以上的捐赠者人数在 100 人以上；对于成立未满五年的 NPO 法人，可以采用临时认定制度）。

即社会企业家大学，在大阪大学、东京工业大学等有独立的社会企业家培养课程设置。

　　民营企业以及机构也通过与 NPO 合作等方式培养社会企业家。例如，一些大型民营企业与中介类型的 NPO 组织合作，培养社会企业家，NPO 组织通过构建全国性的人才平台为社会企业提供人才支持。

　　第三，经营扶持。为了支持社会企业事业的发展，经济产业省实施了"中间援助功能强化项目"，试图通过强化支持社会企业发展的中间组织，进而实现社会企业的壮大。地方自治体在社会企业经营过程中，为企业经营提供顾问型人才，例如神奈川县和福冈市向社会企业派遣了当地政府的公务员以及中小企业发展顾问等人才，支持社会企业的发展。

　　第四，提高社会认知度。为了改善社会对社会企业的认知情况，提高社会企业的社会信任度，日本各级政府充当了宣传员的角色，为普及社会企业知识而奔走。例如，经济产业省通过举办各种评选活动以及出版各种社会企业介绍报告或召开论坛等方式努力提高对社会企业的认知度。2009 年，经济产业省举办了"社会企业 55 强"评选活动，2010 年出版了《社会企业案例集》报告，每年还召开"社会企业全国论坛"普及社会企业知识。各地方自治体也通过讲座、知识普及型活动等方式为地方社会企业做宣传，在政府内部，针对政府工作人员也开展了一系列的社会企业知识普及活动。

　　第五，促进社会企业与一般企业的合作与协同发展。为了促进社会企业与其他企业的合作与协同发展，日本政府主要通过中间援助机构①开展扶持工作。例如，2011 年，中间援助机构开展了"社会企业和企业合作援助功能强化项目"以及"社会企业共同体新事业开创援助项目"等；地方政府通过工商业相关机构以及市民活动相关机构，为社会企业与 NPO、地方政府及民营企业牵线搭桥，促进双方的合作。

---

　　①　根据日本内阁府 2011 年 2 月发布的《新公共援助项目实施方针》，所谓的"中间援助机构"是指身处市民、NPO、企业、行政等中间，为各种各样的活动提供支持的组织，其设立主体一般为市民等，为 NPO 等提供咨询和信息的提供、资源的链接以及政策建议等支持。中间援助机构本身就可以是 NPO。

四 日本社会企业发展面临的挑战

虽然在"新公共"以及"共助社会构建"等积极政策导向下，日本社会企业不断发展，但是，依然面临着不少的挑战和潜在风险。

第一，政治挑战与风险。"与竞争型的民主相比，日本的民主模式可以说是共识型的。此种模式可以避免你死我活的激烈争夺，通过讨价还价、相互妥协使各方利益都得到一定的满足。但同时也存在决策分散化、透明度低、责任不明确、缺乏全局性、难有重大改革等缺陷"（归泳涛，2009：24~25）。日本这种政治制度的特点在民主党政权的"新公共"到自民党政权的"共助社会构建"变革中体现得淋漓尽致，虽然其后自民党提出了"共助社会构建"的社会治理理念，但是其中主要内容依然没有突破民主党的"新公共"理念范畴。面对不断变化的社会经济形势，需要创新性制度设计，才能满足社会经济发展的需要。目前，围绕社会企业的发展，无论是民主党还是自民党都是围绕概念做游戏，虽然提出了很多具体的措施，但是缺少全局性以及创新性的制度设计。

第二，法律缺陷。正如上文所分析的，目前，不同形态的社会企业适用不同的法律，缺乏统一的法律规定。这对社会企业的可持续发展带来了三方面的困难：限制了社会企业享受政策性优惠，不利于社会企业能力的提升；限制了社会公众对社会企业的认知，不利于社会企业影响力的扩散；限制了政府与社会企业连接的渠道，不利于政府对社会企业的支持和统一管理。

第三，社会认知、资金、人才等阻碍着社会企业的发展。根据社会企业研究会的调查报告，社会企业在发展过程中面临的主要问题来自：社会认知（45.7%）、资金来源（41%）、人才培养（36.2%）。[①] 尽管日本政府以及社会上的金融机构等为社会企业的发展提供了很多便利条件，但是由于缺少系统性的政策措施，上述三个问题依然是日本社会企业发展中面临

---

① 经済産業省（2008）：『ソーシャルビジネス研究会報告書』，第9页，http://www.meti.go.jp/policy/local__economy/sbcb/，最后访问时间：2014年10月5日。

的主要困难。

　　与欧美等社会企业起步较早的国家，甚至与同时起步的邻国——韩国相比，日本的社会企业在理论研究、法律确权、税收政策等方面仍然存在一定的差距。特别是，由于缺少相关法律的支持，针对社会企业监督与管理的法律条文分散在多个不同的法律中，从而在社会企业概念明确、社会企业资格认定、社会企业社会认知等方面存在分歧。

五　结语

　　通过分析可以发现日本社会企业是一种具有开放性和包容性的模式，其中既包含了以解决社会排斥等社会问题为首要目标的欧洲社会企业模式，也包含了具有社会创业家精神同时通过在商品与服务中附加新的社会价值的方式来扩大市场份额的美国社会企业模式，这种混合型社会企业模式为更多的主体参与到社会创新中去提供了平台。特别是新公共政策出台，首次明确了政府与其他社会创新主体在地位平等的基础上，协同治理社会，实现国家与社会的共治。这为非营利组织、社会企业等社会创新主体在合作主义模式下通过与政府的合作共同实现社会的善治提供了难得的机会。

　　为了推进国家与社会的协同治理的社会治理改革，日本政府出台了一系列扶持政策，在税收、资金、人才、社会舆论等方面提供了一系列的便利政策与扶持政策，这也是日本社会企业在短短的几年内能够迅速发展的重要原因。但是，与欧美等社会企业起步较早的国家，甚至与同时起步的邻国——韩国相比，日本的社会企业在理论研究、法律确权、税收政策等方面仍然存在一定的差距。特别是，由于缺少相关法律的支持，针对社会企业监督与管理的法律条文分散在多个不同的法律中，从而在社会企业概念明确、社会企业资格认定、社会企业社会认知等方面存在分歧。因此，为了更好地促进社会企业发展，目前亟须制定一部《社会企业法》，明确社会企业在社会创新中的重要地位。

　　目前，中国社会企业发展迅速，但是，"中国社会企业的发展所处的制度环境还存在一些缺陷，为社会企业发展所提供的经济、技术、知识、人力资源尚十分有限"（余晓敏等，2011：165）。日本社会企业在发展过程中也面临着类似的问题，但是日本产学官各界已经认识到了社会企业在解决社会问题中的重要作用，并为此迈出了支持社会企业发展的第一步，这可以为我国社会企业发展提供参考和借鉴。

参考文献

归泳涛（2009）：《政权更替能根除日本政治的病灶吗》，《外交评论》，2009（5）。

田毅鹏（2005）：《东亚"新公共性"的构建及其限制——以中日两国为中心》，《吉林大学社会科学学报》，第 6 期。

余晓敏等（2011）：《国际比较视野下的中国社会企业》，《经济社会体制比较》，第 1 期。

柴田学（2011）：「日本における社会起業理論を再考する—地域福祉への新たな視座を求めて—」，『Human Welfare』，第 3 巻第 1 号。

町田洋次（2000）：『社会起業家—「よい社会」をつくる人たち』，PHP 新书。

铃木正明（2009）：「社会的企業をどのように支援すべきか—収益性向上の取り組みから得られる含意—」，『日本政策金融公庫論集』第 4 号。

——（2012）：「社会的企業の革新性—注目される背景と持続的経営に向けての課題」，『内閣府地域社会雇用創造事業報告書』。

木村富美子等（2011）：『社会的企業の現状と課題—新しい公共の担い手の事業活動の分析』，『日本地域学会第 48 回年次大会』。

齐藤槙（2004）：『社会起業家—社会責任ビジネスの新しい潮流』，岩波书店。

秋山纱绘子（2011）：「日本にける社会的企業論の現状と課題」『岩手大学大学院人文社会科学科紀要』第 20 号。

——（2012）：「日本における社会的企業の現状と課題—障碍者就労を事例として」『岩手大学大学院人文社会科学科紀要』第 21 号。

藤井敦史（2007）：「社会的企業の組織戦略とその基盤—イタリア・トレントを事例として」，『21世紀フォーラム 105 政策科学研究所』。

Japanese Social Enterprises under Social Governance Reform: Development, Support & Challenge

Wang Meng   Chu Shijing   Deng Guosheng

[**Abstract**] Japanese social enterprises have evolved into various forms that can be classified into profitable legal persons mainly composed of joint-stock company, limited liability company, and syndicate and non-profit legal persons represented by NPO legal person/deemed NPO legal person, general social organization legal person/philanthropic organization legal person, general consortium legal person/philanthropic consortium legal person and social welfare legal person etc. Regardless of their organizational forms, these social enterprises all have social, commercial and creative nature. With the emergence of social reform concepts characterized by the "new public" that was brought about by the Democratic Party of Japan and "joint society construction" by the Liberal Democratic Party of Japan, social enterprises have received more policy support. As a result, a new social environment has been created in which the government provides support for the development of social enterprises both horizontally and vertically. However, Japanese social enterprises are faced with difficulties and challenges in politics, law, capital, human resources, and social cognition. A review of the experience and lessons learned in the development of Japanese social enterprises will benefit the development of social enterprises in China.

[**Keywords**] social enterprise, new public management, social governance

（责任编辑：朱晓红）

社会治理改革下的日本社会企业：发展、扶持与挑战

台湾地区志愿服务立法经验及其启示

杨志伟[*]

【摘要】作为社会福利政策的志愿服务立法，受台湾地区本土社会福利思想以及志愿服务传统的影响，在立法规格、配套政策、机制体制以及实务推动等方面颇具特色。本文以台湾地区"志愿服务法"法律文本为依托，通过剖析其法律架构与立法逻辑，提炼与解构台湾地区在推动志愿服务立法上的经验与特色，以及分析其立法过程中的局限性与现实争议议题，为推动中国大陆志愿服务立法提出政策性建议。

【关键词】台湾地区　志愿服务　志愿服务立法　社会福利政策

在震惊全球的台湾"9·21"大地震中，志愿者出色的表现使志愿服务成为台湾地区社会热切关注的议题。适逢国际社会积极建立志愿网络体系和倡导弘扬志愿精神，特别是联合国经济和社会理事会通过国际志愿者年的决议。新世纪伊始的2001年，台湾地区颁布实施了"志愿服务法"，通过立法保障、规范和促进志愿服务事业可持续发展，以多元的政策措施来鼓励民众参与志愿服务。本文以台湾地区"志愿服务法"的框架体系与立

---

* 杨志伟，北京师范大学珠海分校法律与行政学院讲师。基金项目：2013～2014年度广东省青少年和青少年工作研究重大课题"台湾地区志愿服务立法及其志愿服务体系研究"。

法经验为背景，分析其法律体系架构与志愿服务事业发展脉络，以期对大陆推动全国性志愿服务立法工作有一定的借鉴作用。

一 台湾地区志愿服务立法的缘起与发展背景

（一）台湾地区志愿服务事业发展的历程

志愿服务是台湾地区社会发展中的一支重要力量，志愿团体的发展被视为补充、竞争或替代政府的力量，对社会、政治、经济发展的动力日益受到重视（曾华源、曾腾光，2003：93）。纵观台湾地区志愿服务兴起到发展的历史，大致可以划分为四个阶段[①]：第一阶段为20世纪80年代初，是志愿服务的拓荒时期，此阶段民间的社会福利机构很少，志愿者（台湾地区称为"志工"）人数也相对比较少，但有较好的保留乐善好施的传统；第二阶段为1991～1995年，是志愿服务的萌芽期，因受福利多元主义的影响，民间社会福利机构纷纷成立，志愿者人数逐渐增加；第三阶段为1995～2000年，进入志愿服务制度建立期，台湾地区"内政部"颁布实施了《广结志工拓展社会福利——祥和计划》，在社会掀起一股志愿服务时尚风；第四阶段为2001年以后，属志愿服务的整合期，台湾地区立法机构三读通过"志愿服务法"，志愿服务呈现出规模化、专业化、国际化等发展趋势（张庭，2006）。

根据台湾地区"内政部"推动志愿服务业务成果统计数据显示，截至2014年底，台湾地区现有志愿者（团）队数26575个，志愿者总人数达920368人，占台湾地区总人口的3.9%[②]。接受服务总人数达1469286751人次，提供服务总时数86069541小时。1043343人次志愿者接受了教育训练，教育训练时数达7532968小时。召开了联合会报160645场，奖励表彰56036

[①] 也有学者把1911年至今分为四个阶段（陈武雄，2002），即酝酿期（1930年左右）、萌芽期（1980年初期）、成长期（1991年至2000年）、发展期（2001年至今）。

[②] 台湾地区在"志愿服务"概念的界定上，使用的为狭义的志愿服务概念，所以在统计数据上与美国广义的志愿服务概念下的统计数据有着一定的区别，美国志愿服务参与率达到35%～45%水平。

人，491861 人领有志愿服务记录册，529330 人参加了志愿者保险①。

（二）台湾地区推动志愿服务立法的社会背景

20 世纪 80 年代后期，是台湾民间社会第三部门发展的黄金时代，社会福利的蓬勃发展带动了对社会政策立法的关注与期待，而"志愿服务法"也正是在这种客观环境下孕育而生的。一项社会政策与法律的出台，一般认为是多方面的因素的影响或多元利益博弈的结果，"志愿服务法"也不例外，除了作为利益相关人的社会福利团体的不断呼吁促进立法以外，9·21 大地震、国际志愿者年等外部因素也促进了这部法律的提前问世。

回顾台湾地区志愿服务发展的历程不难看到，在很大程度上，深受各个历史阶段的政治局势、经济发展以及社会转型变迁的影响（黄信瑜、石东坡，2012：113）。特别是近 30 年社会政治经济结构急剧变迁，第三部门地位的提升增强了现代社会"志愿主义"复兴的趋势，更是提供了民众实际参与机会，同时也分担了社会责任。与此同时，政党轮替也在促进志愿服务工作的发展，但相对于欧美各国已有立法的推动机制，为求能有效激励志愿服务工作的发展，志愿服务法制化成为检视台湾志愿服务工作成熟程度的重要指标（曾华源，1997）。对联合国发起的 2001 国际志愿者年的呼应，客观加速了台湾地区朝野政党对志愿服务立法目的与原则的统一。

（三）台湾地区志愿服务立法的基础与沿革

志愿服务的立法匆忙且火速，除了凝聚社会高度的共识之外，其中一个很重要的因素在于良好的制度基础，如早期出台的《台湾省加强推行志愿服务实施方案》（1986）、《台湾省推行志愿服务的实施要点》（1982）、《志愿服务记录证登录暨使用要点》（1989）、《广结志工拓展社会福利工作——祥和计划》（1995）等规范与促进志愿服务的政策规章。而真正具有法律意义的立法活动，应以 1989 年由社区发展研究训练中心委托台湾师范

---

① 统计数据来源：台湾"内政部"志愿服务资讯网《102 年度志愿服务统计表》，http：//vol. mohw. gov. tw/vol/home. jsp? mserno = 200805210002&serno = 200805210002& menu-data = VolMenu&contlink = ap/downfile __ view. jsp&dataserno = 201405260001&logintype = null。

大学陆光教授研拟"社会福利志愿服务法（草案）"为标志①，该法草案规范重点又多着墨于组织类型及基本功能与志愿服务工作者相关事宜，对于政府与民间机构与志愿服务团体之积极性则少有规范（曾华源、曾腾光，2003：79）。虽然该法草案内容堪称完备，不过其实施领域仅及于社会福利志愿者，当年台湾地区志愿服务风气尚不普及，而且又缺乏行政部门的积极推动，立法最后并未获得通过。

在 20 世纪末的最后十年，虽然"社会福利志愿服务法"并没有正式进入立法程序，但是伴随台湾地区社会福利的转型与发展，特别是"内政部"于 1995 年颁布的"广结志工拓展社会福利工作——祥和计划"、1996 年颁布的《行政院暨所属各机关实施志愿服务要点》等政策，这些政策使志愿服务更具导向性、系统性，对推动志愿服务理念的普及、推动志愿服务发展的制度性建设起到重要的作用，如对志愿者的招募、遴选、训练、督导、考核、奖励表扬与福利保障都有较为明确的规定。

虽然 1989 年的立法提案未能进入立法程序，但仍有不少专家在不断推动志愿服务立法的实现，先后于 1997、1999 年两次进入立法提案。1997 年立法委员的临时提案期望通过立法，有效开发国内青年志愿服务资源，但在拟定具体的草案过程中不了了之。1999 年第二次进入立法提案时，由 66 名立法委员联署"志愿服务法"（草案），明确了立法动机，结合了国际志愿服务发展的整体趋势，虽然历经波折与不同版本的对抗，但最终建立立法的共识，并避开争议性较大的条文，而顺利三读通过，成为台湾地区第一部"志愿服务法"。

（四）台湾地区"志愿服务法"的实施与立法完善

当"志愿服务法"颁布施行后，"内政部"陆续颁布实施了《志愿服务奖励办法》《志愿服务证及服务纪录册管理办法》《志工伦理守则》《志

---

① "社会福利志愿服务法（草案）"主要内容，分为以下 7 点：宗旨、范围、机构、实务、人事、经费与赏罚；而将法规分为以下 8 章：总则：相关名词及主要任务定义；组织：组织形态、服务范围、组织间联系、服务对象及服务方式；人力招募：招募方式及时间、职前及在职训练；人力运用：实习、考核、分派、授证、奖励、职务中止或调整；配合事项：免费健诊、服务成绩推荐、工作保障；人员：配置原则、服务守则；经费：志工服务津贴、地方募款、"中央"专款预算；附则：施行细则由"中央"行政主管机关订之，自公布之日施行。

工服务绩效认证及志愿服务绩效证明书发给作业规定》《志工申请志愿服务荣誉卡作业规定》等相关配套法规与政策。法院、外交、侨务、劳工、卫生等机构也陆续出台了各职能领域的志愿服务奖励办法。当然，对于母法与子法在制定过程中都相当仓促，不同学者与志愿服务团体对其评价不一。有学者认为配套的子法比较好地解决了"志愿服务法"母法在具体规范上的不足，同时弥补与规避了当时志愿服务立法仓促带来的实务操作上的困境，当然也有学者专家认为"志愿服务法"的立法审慎思虑不够周详，过程匆促草率（陈武雄，2001；蔡汉贤，2001），对某些关键性的冲突议题并没有有效解决。

为此，有学者提出"志愿服务法"在实务运作中的局限性也非常明显，如未能强调志愿服务管理者专业知能的重要性、对志愿服务的解释范围狭窄而影响志愿服务的发展、主管机关权责整合控制及协助关系不明确、强调志愿服务伦理适应范围有限……为了使"志愿服务法"更具有可行性，符合社会发展的实际，落实市民社会的精神，部分学者与志愿服务团体也在不断推动"志愿服务法"的修订工作。2008 年 12 月，"内政部"配合国际志愿服务发展趋势，突破志愿者人力资源运用的传统思维，完成"志愿服务法修正草案"，在立法目的方面，增列"型塑市民社会""鼓励从服务中学习"等现代志愿服务主要理念，以建构市民社会，与国际发展趋势接轨。但当前囿于修法的范围过于宽泛，对于志工与义工概念使用、志愿者激励措施、志愿服务伦理、教育训练等多个议题上并没达成相对共识，以致当前尚未完成首次法律的修订。

二　台湾地区志愿服务立法的法律架构

台湾地区"志愿服务法"共 8 章 25 条，施行至今尚未修正。其中第一章总则、第二章主管机关、第三章志愿服务运用单位（大陆称之为"志愿者组织"）之职责、第四章志工的权利及义务、第五章推动志愿服务之措施、第六章志愿服务之法律责任、第七章经费、第八章附则。除了该法作为法律体系的主体之外，其他授权的相关政府部门制定的法律性文件、配套性规范文件和实施细则，共同构成了台湾地区志愿服务法律架构。

（一）志愿服务立法的价值与基本原则

法律制度安排的指导思想、价值取向，结构设计与细化的程序机制是否科学合理，对于志愿者及其组织的生存与发展有重要意义（黄信瑜、石东坡，2012：114）。"志愿服务法"第1条就明确了立法的主要目的在于"为整合社会人力资源，使愿意投入志愿服务工作之国民力量做最有效之运用，以发扬志愿服务美德，促进社会各项建设及提升国民生活素质"。从立法精神上来看，主要体现在规范与激励两个层面，即透过法律制度性规范，重视志愿服务程序与资源运用的规则，通过明确志愿者安全保障与激励措施，进而提升志愿服务水平，彰显该立法的工具理性。另一方面，立法也明确将志愿服务视为一种重要的社会人力资源甚至社会资本，通过资源的整合，激发民众的社会参与，推动全民对社会的关怀，这更强调其作为社会法凸显利他精神与社会公益性价值发挥的价值理性。

虽然没有集中的法律条款规定立法的基本原则，但是纵览该法全文，特别是分析它的管理体制、运行机制、权利义务规范、保障激励体制、法律责任以及促进办法等方面的规定可以看到，该法有效统一了原分散在各部门运用志愿服务的主要做法。以鼓励并尊重民间团体（社会组织）自由发展为主轴，强调政府推动志愿服务在提供民众社会参与，而非免费人力资源运用，透过政府主导监督和社会支持的原则，形成政府与民间社会团体的公私协力，显然体现了现代公共管理迈向合作制的价值理性。当然，法律还遵循了平等自愿、遵守伦理操守、注重实效、柔性管理的原则，不仅仅为规范和统一志愿服务行为提供依据，更蕴涵了推动志愿精神的普及与公民社会发展的价值追求，如增进志愿服务机构自主性与合作性、增进志愿服务参与和服务品质、激发志愿服务资源、增进志愿服务持续发展等等。

（二）志愿服务法律关系主体的界定

"志愿者"是志愿服务的具体承担者，也是志愿服务立法所要关注的首要主体，是该法中的核心概念。对于"volunteer"这个词的理解，学术界和实务运作中都存在着较大的差异与模糊性，这种差异主要来源于不同文化背景与社会传统对志愿服务概念的理解，直至今日，"志工"与"义工"概念的混淆与争论并未因立法的实施而中断。从联合国宣言对"志愿服务"

定义的界定来看①，更强调志愿服务的组织性、技术性以及人与环境的融合性的解释。而"志愿服务法"对志愿服务概念的理解，更倾向于美国社会工作协会②的定义，强调志愿服务自愿、诚心、参与和辅助的基本元素。自从志愿服务立法后，"志工"一词也逐渐取代"义工"的用法，因为"volunteer"（志工）含有"volition"（意志力、自动自发）的概念（陈金贵，1994），志愿服务运用单位多以"某某志工队"称谓，但义交、义警③文化义工等用法仍广泛存在。

在志愿服务的实务运用上，对于"志工"与"义工"概念的冲突与区分并没有因为立法而结束，反而存在着较大的争议，甚至当前不少专家学者正在筹划推动彼此的正名。而在 2011 年举办的"全国志愿服务研讨会——志愿服务立法 10 周年回顾与前瞻"的研讨会上，当与会嘉宾提出"国立自然科学博物馆 20 年来皆称为义工队，教育部门要求更改为志工队，盼望能够协调不需改名"的议题，而"内政部"相关人员的回应明确，认为"义工与志工两词曾讨论许久，在本质上雷同。义工一词较本土性，但容易与'义务'混淆，因此志愿服务法采用志工"，志工与义工的出发点相同，但因应国际化且依据"志愿服务法"，已明言统称"志工"④。

（三）立法的适用范围

从立法的适用范围上来看，不论是在立法的形式还是在逻辑上，皆力图完整和清晰地给出该法律的适用范围。各国对志愿服务行为认定的标准

---

① 联合国宣言将志愿服务者界定为是一种有组织、有目的、有方法，在调整与增进个人对环境的适应，其志趣相近、不计酬劳的人。联合国教科文组织（UNESCO）将志愿服务定义为一种利他行为，是指人们在正式（非私人）场合中，在一段时期内自愿、无偿地贡献自己的时间和专业技术。对于志愿服务，人们要进行务实的考量和安排，比如志愿者维持生活所需的费用、交通费以及安全问题。

② 美国社会工作协会（N. A. S. W）将志愿服务者定义为民众出于自由意志，非基于个人义务或法律责任，秉诚心以知识、体能、劳力、经验、技术、时间等贡献社会，不以获取报酬为目的，以提高公共事务效能及增进社会公益所为之各项辅助性服务。

③ 台湾地区"内政部社会司""志愿服务法"释义：由于义勇警察、义勇交通警察、义勇刑事警察等民防团队之人员，其招募及组队、权利义务于民防法及相关规定中有明确之规范，且具一定之强制性，更定有罚则，迥异于个人志愿服务所具有之自由意志或遵守志工伦理制约。其招募及组队相关事宜依民防法及相关规定办理。

④ "建国 100 年全国志愿服务研讨会——志愿服务立法 10 周年回顾与前瞻"学术研讨会会议纪要。

都存在较大的差异，以至于在国际衡量国家与地区志愿者比例时都存在着统计口径的差别，如美国等国家对志愿服务行为的界定就相对比较宽泛，而台湾地区法律认定的标准比较严格。该法一个比较显著的特点就是通过否定性（列举排除）表述，使得在志愿服务的范围上更为严谨（黄信瑜、石东坡，2012：116），如在第 2 条规定，志愿服务的范围为经"主管机关"或"目的事业主管机关"主办或经其"备查"符合"公众利益"之服务计划（强调志愿服务的规划性与组织性），而且"不包括"单纯、偶发，基于家庭或友谊原因而执行的服务计划。而第 24 条又规定了特殊情形的认证，如志愿服务运用单位"派遣"志工前往"国外"从事志愿服务工作，其服务计划经"主管机关"及"目的事业主管机关"备查者（第 24 条）。因此，志愿服务的存在及其法律调整指向，就明显和一般我们所熟知的无因管理、履责行为、注重义务或者推定义务等行为活动相区别，这就在一定程度上避免、削减了一般可见的工作职责、上级组织、领导的安排与动员等"被志愿"的情况发生（黄信瑜、石东坡，2012：116）。

（四）主体的权责与政府监督

业务主管机关分为主管机关与目的事业主管机关，"志愿服务法"所称的主管机关，在"中央"为"内政部"，在"直辖市"为"直辖市政府"，在县（市）为县（市）"政府"（第 4 条第 1 款）。"志愿服务法"所定事项，涉及各目的事业主管机关执掌者，由各目的事业主管机关（大陆称为"业务主管单位"）办理（第 4 条第 2 款）。目的事业主管机关是指相关社会服务、教育、辅导、文化、科学、体育、消防救难、交通安全、环境保护、卫生保健、合作发展、经济、研究、志工人力之开发、联合活动之发展以及志愿服务之提升等公众利益工作之机关（第 4 条第 5 款）。

依该法第 4 条、第 5 条、第 23 条的规定，主管机关或事业主管机关，有以下的职责：（1）规划及办理志工业务。包括志工的招募、教育训练（基础训练、特殊训练）、奖励表扬、福利、保障、宣导与申诉等事项（第 4 条第 3 款）；（2）设置专责人员。应置专责人员办理志愿服务相关事宜，其人数得由各级政府及目的事业主管机关视其实际业务需要定之（第 5 条第 1 款）；（3）编列预算。主管机关、志愿服务计划目的事业主管机关及志愿服务运用单位，应编列预算或结合社会资源，办理推动志愿服务（第23条）；
（4）召开会报。为整合规划、研究、协调及开拓社会资源、创新社会服务
款目等相关事宜，得召开志愿服务会报（第5条第1款）；（5）联系与辅
导。对志愿服务运用单位，应加强联系辅导并给予必要的协助（第5条
第2款）。

（五）志愿服务组织的权责

虽然志愿者对于组织来说是一种助力，如志愿者也会带来新的观念、
才能、活力与资源，并且影响机构的生存与发展（Rapp&Poertner，1992），
但有时也是一种阻力，如高流动率、人际冲突、低承诺、热情过度或热情
难维持、团队训练的管理成本居高等。所以"将管理的理念与技巧转换到
组织管理志愿者上"将是志愿服务专业运作的关键性议题（曾华源、曾滕
光，2003）。"志愿服务法"第3条第4款对志愿服务运用单位界定为"运
用"志工的机关、机构、学校、法人或经政府立案团体。在运行机制的设
计上就有效地区分了业务主管机关（政府）和志愿服务组织的权责，特别
是明确政府主管单位的规划、统筹与监督功能，凸显志愿服务运作单位在
招募、培训等运营管理上的功能。

该法第3章"志愿服务运用单位之职责"专章对具体的权责进行了规
定，具体包括制订计划及招募志愿者、志愿服务计划办理、志愿服务计划
备案、教育训练办理、服务安全及卫生确保、服务资讯的提供以及专责督
导的指定、志愿服务证及服务记录册的颁发、服务限制等部分。不难发现，
在制定该法时充分遵循了志愿服务行为运作的基本规则，同时也广泛吸纳
了社会福利团体长期带志愿者团队的基本经验，如明确办理教育训练（基
础训和特殊训）、设立志愿者督导制度、明晰伦理守则与规范，在可操作层
面上确保了志愿服务运用流程的顺畅性，以及规范运用单位合理运用志愿
服务资源行为，以免出现不良志愿服务行为带来伦理的争议以及志愿服务
资源被滥用的情况。

（六）志愿者的权利与义务

台湾地区"志愿服务法"对志愿者的权利和义务做出了明确的规定，
如表1所示。志愿者的权利共列举了五项内容：（1）参加足以担任所从事工
作的教育训练。（2）一视同仁，尊重其自由、尊严、隐私及信仰。（3）依工

作的性质与特点，确保在适当的安全与卫生条件下的工作。（4）获得从事服务的完整信息。（5）参与所从事的志愿服务计划的拟订、设计、执行及评估。志愿服务的义务共有八项内容：（1）遵守伦理守则的规定。（2）遵守志愿服务运用单位订定的规章。（3）参与志愿服务运用单位所提供的教育训练。（4）妥善使用志愿服务证。（5）服务时，应尊重受服务者的权利。（6）对因服务而取得或获知的讯息，保守秘密。（7）拒绝向受服务者收取报酬。（8）妥善保管志愿服务运用单位所提供的可利用资源。对前项所规定的伦理守则，由"中央主管机关"会商有关机关确定。

表1　台湾地区志愿者的权利与义务一览表

	项目	内容
志愿者权利	1. 参与训练	参加足以担任所从事工作的教育训练。
	2. 受到尊重	一视同仁，尊重其自由、尊严、隐私及信仰。
	3. 环境适当	依工作性质与特点，确保在适当的安全与卫生条件下工作。
	4. 获得资讯	获得从事服务的完整资讯。
	5. 参与机会	参与所从事的志愿服务计划的拟订、设计、执行及评估。
志愿者义务	1. 遵守伦理	遵守伦理守则的规定①。
	2. 遵守规章	遵守志愿服务运用单位订立的规章。
	3. 接受训练	参与志愿服务运用单位所提供的教育训练。
	4. 妥用证件	妥善使用志愿服务证。
	5. 尊重案主	服务时，应尊重受服务者的权利。
	6. 保守秘密	对因服务而取得或获知的信息，保守秘密。
	7. 拒绝报酬	拒绝向受服务者收取报酬。
	8. 珍惜资源	妥善保管志愿服务运用单位所提供的可利用资源。

注："志愿服务法"之配套规章《志工伦理守则》，台湾地区"内政部"已于2001年4月24日颁布实施。

资料来源：（林胜义，2010：295）。

（七）促进志愿服务的措施

法规的基本功能在于有方向和可遵循的依据，也是一种落实政策的工具，而法规内容也反映政策背后所隐含的价值或判断，代表当前制定者对法规相关议题的认识程度或理念（曾华源、曾腾光，2003：73）。因此，在制定志愿服务法规上需要综合考虑"保障自主性、增进志愿服务效能、激发潜在资源、激励持续参与"的需求，确实估计现实环境的条件和环境，才能达到法规的完整性、周延性、发展性、有助益性和可行性（曾华源、曾腾光，2003：73～77）。在制定"志愿服务法"的初期，不同专家学者与利益团体对于促进志愿服务的措施有着较大争议，特别是奖励措施的幅度、考评体系、安全措施、荣誉卡的核发、优先服替代役、列入升学就业成绩等方面，直至今日仍有不少学者在推动此部分的法律修订。

为促进志愿服务的有效推广，台湾当局主管机关或志愿服务运用单位必须提供的措施，包括：（1）福利方面：志愿服务运用单位应为志工办理意外事故保险，必要时，并得补助交通、误餐及特殊保险等经费（第16条）。（2）考评方面：志愿服务运用单位应定期考核志工个人及团队之服务绩效（第19条第1款）。主管机关及目的事业主管机关应对推展志愿服务之机关及志愿服务运用单位，定期办理志愿服务评鉴（第19条第2款）。（3）奖励方面：主管机关及目的事业主管机关得就前项服务绩效特优者，选拔楷模奖励之（第19条第1款）。对前项评鉴成绩优良者，予以奖励。志愿服务表现优良者，应给予奖励，并得列入升学、就业之部分成绩（第19条第4款）[1]。（4）资源方面：各目的事业主管机关得视业务需要，将汰旧之车辆、器材及设备无偿拨交相关志愿服务运用单位使用；车辆得供有关志愿服务运用单位供公共安全及公共卫生使用（第18条）。（5）证明方面：运用单位对于参与服务成绩良好之志工，因升学、进修、就业或其他原因需志愿服务绩效证明者，得发给服务绩效证明书（第17条）[2]。（6）荣誉方面：志工服务年资满三年，服务时数达三百小时以上者，得检具证明档向地方主管机关申请核发志愿服务荣誉卡[3]。志工进入收费之公立风景区、未编定座次之康乐场所及文教设施，凭志愿服务荣誉卡得以免费（第20条）。（7）替代役方面：从事志愿服务工作绩效优良并经认证之志

---

[1] "志愿服务法"之配套规章《志愿服务奖励办法》，"内政部"已于2001年6月21日颁布实施。
[2] "志愿服务法"之配套规章《志工服务绩效认证及志愿服务绩效证明书发给作业规定》，台湾地区"内政部"已于2001年4月24日颁布实施。
[3] "志愿服务法"之配套规章《志工申请志愿服务荣誉卡作业规定》，台湾地区"内政部"已于2001年4月24日颁布实施。

工，得优先服相关兵役替代役（第 21 条）①。

三　台湾地区促进志愿服务发展的立法经验

虽然台湾地区"志愿服务法"在立法和法律实施中都存在着较大的争议，学者与相关民间团体对修法的呼声也非常高。不过，在社会福利政策的立法过程与立法价值层面上，有诸多值得肯定之处。

（一）把志愿服务视为社会重要人力资源

"志愿服务法"第 1 条明文揭示了立法精神，即"为整合社会人力资源，使愿意投入志愿服务工作的国民力量最有效的利用"。同时，其他条文也有相关规定，如主管机关为整合规划及开拓社会资源，得召开联系会报；运用单位采取联合方式招募志愿者；集体从事志愿服务之公、民营事业团体，应与运用单位签订服务协议。该法将志愿服务资源作为重要的社会人力资源，颠覆了志愿团体是"说说笑笑、蹦蹦跳跳、说起来重要、忙时可以不要"的刻板印象。在社会政策立法价值层面就有较大的突破，这不仅从法律层面肯定了志愿服务在社会发展过程中的定位，也充分肯定了其在促进资源的合理配置与公民参与上的价值。虽然该法在十多年前制定，但不可否定的是，立法者对于相关机制设计的制度性安排，充分考量了社会变迁与急剧转型的客观现实，已做出制度性的回应。

（二）合理界定志愿服务的服务领域

传统的志愿服务，大都属于个人行为，可以随心所欲，服务他人。但是依"志愿服务法"第 2 条的规定，"志愿服务必须是由主管机关或目的事业主管机关主办，或经其备查符合公众利益的服务计划。而不包括单纯、偶发，基于家庭或友谊原因而执行的志愿服务计划"。志愿服务有了一定的范围，能较好地整合社会人力资源推动社会福利的发展，同时对社会互助与社会活动类的志愿服务活动并不构成冲突。在有效明确行为的边界的同时，很大程度上保留了较多的通融性、宽松性与鼓励性，以引导志愿者能有更多元的参与机会。志愿服务立法中蕴涵有促进法的立法意涵（肖金明，

---

① "志愿服务法"之配套规章《役男申请服替代役办法》，台湾地区"内政部"已于 2001 年 8 月 10 日颁布实施。

2010），对志愿服务有效范围的界定着重保护了社会福利领域的志愿服务行为与资源的分配，这也是这部法律值得肯定的亮点。当然也有不少学者认为这种分类方式过于狭隘，不利于促进志愿服务的公平参与，有违志愿服务的基本要义与精神。

（三）建立了志愿者教育训练制度

受志愿服务流动性较大以及绝大部分志愿服务专业性要求不高等因素影响，志愿服务团体大多以"相见欢"和"破冰活动"等团队训练的形式代替教育训练，即便是有安排相关业务的讲习，也是以节约成本作为出发点，并没有较为统一的规范，而且训练的内容也五花八门。"志愿服务法"第9条明文规定"运用单位应对志工办理基础训练、特殊训练。而且志工必须依规定参加一定时数的训练课程，才能领取志愿服务证与志愿服务记录册"。志愿者教育训练制度的确定，明确了训练的内容、重点以及形式，并且给志工运用单位保留了一定的灵活空间，这种制度的设计有效缓解了志愿服务队伍服务水平参差不齐的情况，同时有助于对保障受服务者的权益、增进对志愿服务理念的认识、提升志愿服务的品质、推动志愿服务文化的大众化传播。

（四）规范志愿者的权利义务关系

"志愿服务法"对志愿者的权利与义务，都有明确的规范，其中志愿者的权利，是参加训练、受到尊重、环境适当、获得资讯、参与机会；志愿者的义务，是遵守伦理、遵守规章、接受训练、妥用证件、尊重案主、保守秘密、拒受报酬、珍惜资源。此外，志愿者如因故意或过失而不法侵害他人权利，还必须负法律责任。透过这些规范，使运用单位与志愿者都有明确的行事准则可以遵循。除强制运用单位需为志愿者购买保险外，还明确规定了志愿者的各项权利，保障志愿者从事服务对自身权益的了解。

（五）设计激励体制有效保护志愿者的参与积极性

虽然志愿服务行动被定义为"不以取报酬为目的"的活动，但在台湾地区对各类志愿者及志愿服务团体的奖励机制也较完善。在早期的实践中，许多地方就已经开始了对志愿服务的时数予以登录计时，也有地方采取志愿者人力银行的制度，以供作奖励表扬之参据的做法。2001年颁布实施的"志愿服务法"及相关"子法"既规定了精神奖励的方面，如："志愿服务运用单位应定期考核志工个人及团队之服务绩效",也在一定程度上将这种奖励与志愿者的自身利益挂钩,如"志工进入收费之公立风景区、未编定座次之康乐场所及文教设施,凭志愿服务荣誉卡得以免费""从事志愿服务工作绩效优良并经认证之志工,得优先服相关兵役替代役"。

(六) 规定促进志愿服务发展的诸多配套措施

依"志愿服务法"规定,主管机关与运用单位必须透过福利(意外事故保险、交通费、误餐费补助)、考核评鉴、奖励表扬、资源提供、服务绩效证明、志愿服务荣誉卡、优先服替代役等具体措施,有效鼓励志愿者致力于服务工作。这些促进措施,不仅有助于提高志愿者的服务绩效,而且可带动更多的民众投入志愿者行列,进而有利于志愿服务的永续发展。台湾地区"志愿服务法"在法律性质上属于政策法与促进法,除规定了志愿服务的基本管理规范的制度架构之外,还确立了促进志愿服务发展的具体政策措施。

四 台湾地区志愿服务立法的局限性与争议

志愿服务立法的正向价值体现在对公民社会的形塑与促进公民参与上,然而,"志愿服务法"在执行过程中的冲突从未间断过,这种冲突有来自于法律制度文本上概念模糊的缺陷,也有来自近年来引申出的实务运作困境,如功利性志愿服务换取学分与升学机会,使志愿服务议题再次成为社会的焦点,陆续有专家学者或研究者对"志愿服务法"进行了相关的探讨,并针对志愿服务的立法精神、运用单位职责、奖励措施、执行面等范畴分析其局限性与困境。

(一) 对志愿服务范围解释狭窄,扭曲志愿服务精神

Barker(1988)认为志愿服务是一群人追求公共利益,本着自我意愿与选择而结合的志愿团体。"社会需求或公共利益"所指向的社会问题的公共性需求应是志愿服务所面对的关键性问题,特别是社会福利多元化趋势和新公共管理的发展,政府应与社会组织建立公私协力关系来促进社会福利多元化发展与品质的提升。该法明确将志愿服务定义为"辅助性"服务(第 3 条第 1 款),志愿服务被窄化为受支配的资源,志愿服务功能发挥仍

受局限。（曾华源、曾腾光，2003：85）这意味着志愿服务行为具有依附性，而无组织的自主性或自导性，而在社会福利机构从事直接服务中，志愿者所提供的服务都直接面对案主、以直接提供服务为主要模式，而该法中对于志愿服务的定义表述则与事实明显不符。

在"志愿服务法"中，政府、社会以及社会组织之间的定位与角色扮演决定了未来的发展方向。然而在该法的制度设计上，仍是遵循官方和机构主导志愿服务的传统，私部门不受信任和尊重，而非真正鼓励非营利组织部门在志愿服务上的自主发展（曾华源、曾腾光，2003：85）。郑胜分（2003）则认为在理念层次上，应厘清志愿服务是否应由政府介入规范、是以制度为主还是人员为主，立法的出发应厘清是以政府为主还是民间为先。政府的主导推动缺乏明确的政策协助非营利组织，而且当前尚未出台规范非营利组织运作的法律，非营利机构为节约成本在运用志愿者中专业人力化日趋严重（曾华源、曾腾光，2001），志愿服务参与精神与功能容易扭曲。

（二）志愿服务主管机关与运用单位职责不明确

"志愿服务法"立法目的偏向政府期待的结果、适应范围局限于固定形式，在主管机关认定部分，主管机关与目的事业主管机关的权责不清、人力不明确、对志愿服务使用单位的功能争权。在看待志愿服务的运用单位职责上，志愿者招募中未讨论个人与单位的关系，志愿服务使用单位以优先官方且对非营利组织而言有失公允，对未送计划者的讨论过于严苛不利，对教育训练的介入目的都以"中央"为主导，对服务环境和服务信息说明不清，等等。如该法第7条中要求志愿服务单位在运用志愿者人力资源前，必须先拟订志愿服务运用计划，采取"事前备案、事后备查"的方式将计划交由主管机关督导管理，这种方式期待以统一的标准来要求各类组织建立志愿者管理制度的思考，但并没有考虑到非营利组织的多元性与特殊性，这样的制度设计背后理念也充分显示了对非营利组织的不信任，实然更重要的是影响了非营利组织的自主性与自律（纪惠容、郑怡世，2001）。

该法透露出的优先官方对志愿服务的运用的政策意涵也迎来了不少指责，近年来也有学者批评当前诸多部门廉价运用志愿者资源取代部分专任人力节约人事费用，而对于民间组织而言，志愿服务成本攀升、志愿者流动率增大、志愿者运用的自主性减弱等因素制约了他们对志愿服务运用的积极性，从制度设计层面上有失公平正义。"志愿服务法"在志愿服务管理课题上，不见得有催化服务与参与之效能，在本质上政府反而把较多责任放在志愿人力运用上的规范：如训练、服务时数登记、督导制度和奖励。虽然说是要控制志愿服务质量，但是这是外力控制，而非培育公民意识，鼓励内在自我控制。所以"志愿服务法"在鼓励社会大众参与公共事务、真正维护公共利益上的帮助还是相当有限（曾华源，2005）。

（三）激励参与志愿服务方法不当与不足

对于志愿者的激励措施，有多位学者就曾经质疑奖励活动是否真的促进志愿服务发展。郑胜分（2001）认为有关促进志愿服务措施欠缺完整的构图，如志愿者保险及相关措施的规范对使用者造成较大压力，特别是社会福利团体，而老年志愿者投保困难、志愿者投保后流动率高、是否需全员投保等现实困境使志愿者保险实际操作十分繁杂。而林胜义通过对各类志愿者的调查，指出现行奖励太多之外，奖励标准与奖励价值差异太大，而且高金钱价值的实物奖励，如金牌、出国旅游，以及重复奖励情形普遍，造成过多争议（曾华源，2005）。因此，立法设置激励措施可能有助于促进志愿者的参与，但是措施不当也可能损害志愿者精神，实质奖励恐怕容易产生过度偏护效果，伤害志愿者的内在心理动机和彼此之间的感情（Faizo，1981）。

至于志愿服务的奖励属性应该是什么，其实奖励活动还反映出对志愿服务价值的认知。为此，多位台湾学者呼吁志愿服务的诱因不宜过度，奖励不能太高，以免伤害到志愿者的纯真性，导致志愿者过于计较得失。因而，建议将"服务绩良者在升学、就业、服替代役"的优惠予以删除，或者改为参考、密封推荐。当然也有学者较为前瞻地指出，国际公益慈善事业的发展，志愿主义兴趣带动志愿服务规模不断扩大，如果缺乏有效引导与政策的保障，特别是在功利主义盛行的社会背景下，亦容易造成"慈善的道德危机"和"志愿失灵"。

（四）志愿服务教育训练中的实务运作困境

依"志愿服务法"的规定，志愿服务教育训练分为基础训练与特殊训练两个层次，基础训练内容由"中央"主管机关规定，特殊训练内容由志愿服务运用单位根据服务类别设计。志愿服务的教育训练在增进志愿者对志愿服务精神的了解，以及掌握基本的服务技巧上确实有较大帮助。不过教育训练中也存在较多的问题是当时立法并没考虑到的，如教育训练的经费由谁承担、学校等单位志愿者教育训练费用是否可以申请补助、"志愿服务伦理"与"志愿服务内涵"课程内容相似，是否可以采取合并、志愿者基础训练是否可以采取网络教学方式、如何培养与开发教育训练足够的讲师队伍等现实问题。

而对于特殊训练的态度，首先体现在"特殊训练"或"成长训练"的语辞问题。志愿者有爱心、有热诚，但不一定具备从事志愿服务应有的理念及技巧，所以志愿者有接受教育训练的必要。其中基础训练，名正言顺，是为志愿服务奠立基础，但特殊训练则不知是因为运用单位的特殊性或者说服务对象的特殊，有时容易被误解是为了服务身心障碍人士而训练。为了避免误解，应该将"特殊训练"修正为"成长训练"，以此鼓励志愿者终身学习，不断成长，也是当下很多人担任志愿者的动机之一。当然也有专家建议将"特殊训练"改为"专业训练"，恐怕又将误解为要将业余志愿者训练成为专业志愿者（林胜义，2010）。

（五）"志愿服务法"缺乏硬性执行约束

"志愿服务法"也有人称之为"志愿服务促进法"，其法条旨在规范志愿服务的运作、权利义务关系以及促进志愿服务发展的措施，然而也不难看到该法缺乏对志愿服务的罚则内容，对因故意或过失不法侵害他人权利而承担的法律责任，也相当模糊。这种缺乏约束性的因素也体现在政府主导的政策责任上，目前政府已通过"志愿服务法"，但是至今不仅仍无整合性的志愿服务政策方向，缺乏制度的整体规划，政府各部门之间的做法差异也很大，推动志愿工作各行其是，而且也无法提供有效的条件与规范，以促进志愿机构的发展（曾华源、曾腾光，2003）。

这种硬性约束力的缺失还体现在促进志愿服务发展的保障措施上，以经费补助为例，政府在不断缩减补助，而且政府的经费补助偏重在硬体资源方面，欠缺全盘性的软体服务方案补助计划。在方案预算补助方面不仅仅删东删西，而且补助款核销手续繁琐，不仅令志愿服务者的认知偏向负面，让志愿部门工作推广阻碍重重，也有违志愿服务者的基本精神（张伟贤，2001）。而针对法定项目办理的情形，依该法规定应该设置专任办理志愿服务业务部分，而大部分县市设有专责人员办理志愿服务业务，但因社政（社会行政）单位人力不足，需要县市承办人员多为兼任而无精力深入规划与投入（朱丽荣，2004）。而对于志愿服务会报办理、志愿服务记录册发放、办理表扬活动、志愿者教育训练等方面地方政府具有较大的随意性。即便台湾地区每两年会对地方政府志愿服务进行综合评鉴，但缺乏全盘性的政策推动的硬性约束力，志愿服务活动很容易流于形式，有违立法初衷。

五　对大陆志愿服务立法的几点启示

在相关部委关于志愿服务的法律文件和地方立法的基础上，确定志愿服务的主要范围、基本原则、权利与义务、促进措施，设计志愿服务整体规范运行、促进发展的基本规范，是当前全国性志愿服务立法需要解决的几个问题。其面临的问题既有来自对现有志愿服务体系整合管理体制突破的压力，还有如何科学设计志愿服务激励与保障机制等技术上的难题。在推动志愿服务制度化与志愿服务立法上，想必台湾地区志愿服务立法能给我们带来一些启示。

（一）立法精神要体现志愿服务参与者的主体性

志愿服务是基于社会公益责任的参与行为，从立法的角度而言，法律关系是由于法律规范的存在而建立的社会关系，作为志愿服务法调整和规范对象的志愿服务行为，需要有一个明确的内涵和外延。我们从台湾地区的立法经验可以看到，将志愿服务工作定为辅助性质的定义是窄化了志愿服务的精神要义，在这种观念的引导下，运用志愿服务的自主性受到限制，志愿者参与层次不能扩大，服务的范围、形式和内容都受到比较严格的限制，被锁定在提供劳务和庶务性工作。囿于大陆志愿服务发展的背景与社会认知条件的差异，过于宽泛或过于狭窄的认定都不利于志愿服务事业的发展，况且立法活动也需要考虑法律的操作性的问题。广义的界定难以有效转化志愿服务保护机制，因此立法应该以组织化的志愿服务为法律调整范围，对于那些不希望注册或者不具备登记注册基本条件的，可以由民法等其他法律规范调整。因此，可以从志愿者的认证机制出发，从中义的角度界定志愿者的定义，即通过登记、注册或者招募从事志愿服务的个人或者组织，分为注册志愿者、招募志愿者和登记志愿者三个类别（肖金明，2011）。

因此，大陆在制定全国性的志愿服务法时，在充分借鉴尊重和体现志愿服务参与者的主体性的同时，在对志愿者概念的界定时，可以对法律关系的主体突破现有青年志愿者协会规定的年龄限制，要综合考虑到青少年、老年志愿者不同类别志愿者的客观社会参与需求，同时对限制民事行为能力的青少年群体从事志愿服务行为要有明确的制度安排，可以将志愿者直接界定为"自愿无偿地参与志愿服务的自然人"。对于志愿者组织，国家在立法时应充分考虑其作为独立法人主体的基本属性，强调志愿服务组织依登记备案的章程进行管理，具有独立性，其内部事务不受行政干预，国家机关、企事业单位内部成立的志愿服务组织可通过加入志愿者协会取得合法地位（赵枞安，2011）。

（二）合理界定志愿服组织体系的权责关系

台湾地区志愿服务的主管机关与运用单位因职责不明确而受到诸多批评，我们不难发现这也是当前大陆志愿服务现行管理体制与运行机制存在的突出矛盾，志愿服务资源与服务领域过于集中以至于分配不均，政府部门以及社会组织之间争夺志愿服务资源的情况普遍，特别是"收割成果"现象严重。因此，合理界定志愿服务行为、主要服务领域、志愿服务程序及运行机制至关重要。在现有的法律架构下理顺志愿者、志愿者组织、志愿服务对象三方主体之间的资格、地位与相互关系，实现规范与促进的统一，合法、科学、高效地利用志愿服务资源，促进社会的和谐，应作为立法的出发点与落脚点。

大陆志愿服务工作主要由共青团组织、民政部门以及文明办负责推进，志愿服务队伍的条块分割情况严重，而全国性立法活动的适应范围显然已突破了传统青年志愿者协会的范畴。因此，有必要明确志愿服务管理体制中行政职能的权属划分，确认统一志愿服务工作的业务主管机关，形成符合我国志愿服务发展需要的管理体制。在划分业务主管机关和志愿服务团体职责时，业务主管单位应注重对志愿服务的总体规划、经费保障、培训开发、统筹与协调、开拓社会资源、奖励、福利与保障、服务时数系统认证、宣传推广等职责，侧重于政策规划与宏观管理。志愿服务组织则主要负责志愿者招募、招募、训练、管理、运用、辅导、考核及其服务项目，侧重于志愿服务的经营管理工作。

（三）推广教育训练制度，提升志愿服务品质

台湾地区志愿服务的教育训练是志愿者取得志愿服务记录册的基础，志愿者在掌握基本的直接服务技巧与规范之后从事志愿服务，较为有效地避免了志愿者因工作方法不当给服务案主带来的伤害。志愿服务立法目的在于促进公共利益的达成与公民的参与，与私领域的商业或互助活动有着本质的区别。所以，建议在立法过程中，尝试推广志愿服务教育训练来推动志愿服务水平的提升，增进志愿者对志愿服务精神的理解。至于教育训练的课程规划，侧重在志愿服务基本理念与知识、志愿服务技巧、志愿服务经验分享等领域。

（四）设计保障激励机制，鼓励和促进志愿者持续参与

有效保护和奖励志愿者是志愿服务立法的基本品格，台湾地区的经验也告诉我们，志愿活动开展的激励和约束措施是维系和促进志愿服务发展的有效方式，关键在于激励措施的针对性和科学性设计。那么奖励标准应奖励创新性服务还是重视时数与持久性？如何通过有效的激励促进志愿服务的多元参与？在设计激励措施时需充分分析当前志愿服务的基本生态，从政策策略设计上促进社会参与的多元化，如社区义工、企业义工、学校义工、党员义工等等。而在激励措施的设计上，应综合考虑"普遍性"与"特殊性"的激励措施，既要注重对持久参与志愿者的嘉奖，同时也要注重对特殊贡献志愿者的奖励，通过绩效评估的方式对促进志愿服务发展有贡献的志愿服务运用单位给予奖励，如设立"市长奖"等。在保障措施中需阐明和限制志愿者在参与志愿活动时所承担的个人责任风险，当志愿者有关活动引起民事诉讼时要给予志愿者、非营利组织和政府机构相应的保护。当然我们也需要注意因为激励措施给志愿服务带来污名化的可能，如当前多地实施的外来人口志愿服务加分入户的户籍政策，如利益捆绑引致志愿服务造假现象，也将影响社会整体观感。

（五）注重配套政策在推动志愿服务事业发展上的调控作用

志愿服务法为原则性法规，相关的配套子法与实施细则提供执行时的

依据。即使台湾已经出台了多项配套的政策与子法，在实务运作中依然存在着较多的冲突疑虑，"内政部社会司"通过法条释义等方式给予补充说明以弥补立法的不足。为此，针对当前推动志愿服务立法而言，要注重核心配套政策在立法文本中的体现，如保险保障措施、设备提供、经费来源、救济渠道、激励措施、服务证明等等。从立法宗旨与立法效果考虑，应加紧对相关配套政策细则的研究，特别是招募注册制度、教育培训制度、服务记录制度、资金筹措机制、激励表彰制度、保险制度、回馈制度、伦理准则，以细则的形式与母法配套使用。

（六）加强志愿服务精神的宣导与释义，促进志愿理念传播

虽然志愿者与志愿者督导对志愿服务有着初步的影响，也接受了志愿服务的基础训练，但志愿服务立法的基本精神与目的、志愿服务内容等内容仍然模糊不清，甚至在志愿服务中往往出现志愿者伦理的价值冲突现象。因此，志愿服务主管机关及运用单位宜加强对志愿精神与理念的宣导，既要扩大宣导志愿服务所涵盖的内涵，扩大民众参与社会公益与服务活动之分类，也要对参与者之参与工作专业知能层次与职务种类进行统计，才能真正呈现志愿服务的概况。在宣导的途径上，透过举办地区性的观摩会、博览会以及规划运用媒体来传播志愿服务的理念，如制作宣导短片在电视公共场所、大众运输工具上播放，其次透过举办志愿服务为主题的研讨会或研习活动也有利于增进对志愿服务理念的理解。

（七）区别志愿工作者与社会工作者之间的关系

从台湾地区的经验可以看到，依志愿服务法规定，主管机关、目的事业主管机关、运用单位，应设置专责人员，办理志愿服务督导工作及相关事宜。这些单位，除非没有社工人员，否则通常会指定社工担任志愿服务业务的承办人。而社工的任务可以设定为制订志愿服务运用计划、进行需求评估并招募志愿者、办理志愿者教育训练、辅导志愿者加入团队、实施志愿者督导及考核、提供适当奖励或加强督导，以确保社工在志愿服务过程中的专业提供者的角色，以免造成公众关于"志工"与"社工"的误解。发挥社会工作者专业的方法和技巧优势，指导义工开展服务，提升义工的服务水平，形成"社工引领义工服务、义工协助社工服务"的运行机制。建立申请义工、招募义工制度，形成稳定义工来源与供需对接关系。

（八）重视对志愿服务的经营管理，提高志愿服务效能

志愿服务法制定不涉及运用单位的管理问题。在实务中，针对志愿者团队的管理，一方面可以提供免费的人力资源以提高组织服务效率，另一方面规模化志愿者团队的科学化管理也将考验志愿服务运用单位的经营管理水平。志愿服务团体在实现社会理想上，需要运用更多资源。随着社会福利团体的增加，不可避免会彼此竞争。因此，资源使用的有效性受到更多关注，包括如何招募、遴选和训练志愿者，如何进行方案营销和策略性规划服务，并整合和调整服务输送的适当性等，以面对更多的竞争，提供更好的社会服务。

参考文献

陈金贵（1994）：《美国非营利组织人力资源管理》，台北：瑞兴出版社。

蔡汉贤（2001）：《关心儿童的志愿服务——及人之幼的再开拓》，"中华社会行政学会"。

陈武雄（2001）：《志愿服务法之剖析》，《社区发展季刊》，（93）。

——（2002）：《志愿服务基础训练教材：志愿服务伦理》，台湾志愿服务协会。

——（2003）：《志愿服务理念与实务》，台北：扬智文化事业股份有限公司。

黄信瑜、石东坡（2012）：《台湾地区志愿服务立法评述及其启示》，《江苏社会科学》，（6）。

纪惠容、郑怡世（2001）：《志愿服务运用单位之职责及法律关系》，如何落实志愿服务法研讨会。

林胜义（2010）：《社会政策与社会立法——兼论其社工实务》，台北：五南图书出版股份有限公司。

肖金明（2010）：《志愿服务立法若干问题的思考》，《中国行政管理》，（8）。

肖金明、龙晓杰（2011）：《志愿服务立法的基本概念分析——侧重于志愿服务、志愿者与志愿服务组织概念界定》，《浙江学刊》，（4）。

曾华源（1997）：《人群服务组织志愿工作者人力运用规划之探究》，《社区发展季刊》，（78）。

——（2005）：《我国志愿服务法未来修订方向的几个建议》，《社区发展季刊》，（111）。

张伟贤（2001）：《志工对地方政府推动志愿服务团队绩效评价之研究——以新竹为例》，台北：台湾政治大学行政管理所硕士论文。

曾华源、曾腾光（2001）：《我国志愿服务潜在问题与应有的走向——兼论新通过之志愿服务法》，《社区发展季刊》（国际志愿服务年专刊）。

—— （2003）：《志愿服务概论》，台北：扬智文化事业股份有限公司。

郑胜分（2003）：《志工管理：志工之法制议题》，台北：智胜文化事业有限公司。

朱丽容（2004）：《志愿服务法执行之研究——以台南市祥和计划社会福利类志工队为例》，嘉义：南华大学非营利事业管理研究所硕士论文。

张庭（2006）：《社会福利政策与立法》，台北：志光教育文化出版社。

赵枞安（2011）：《借鉴域外经验推进国家志愿服务立法》，《学术界》，（5）。

Barker, R. L. （1988）, *The Social Work Dictionary*, National Association of Social Work.

Faizo, R. H. （1981）, "One the self perception explanation of the overjustification effect: the role of salience of initial attitude", *Journal of Experimental Social Psychology*.

Rapp, C. A. & Poertner, J. （1992）, *Social administration: A client-centered approach*, Longman Pubishing Group.

Volunteer Service Legislation in Taiwan and Its Enlightenment

Yang Zhiwei

[**Abstract**] Under the influence of its local social welfare ideology and volunteer service tradition, volunteer service legislation in Taiwan that forms part of its social welfare policies has demonstrated local characteristics in the level of legislation, supporting policies, mechanism and systems as well as implementation in practice. This paper, by analyzing the legal structure and legislative logic of the Law on Volunteer Service in Taiwan, extracts and dissects the experience in and characteristics of Taiwan's efforts to push forward volunteer service legislation, analyzes the limitations and disputable issues in the process, and makes policy proposals on Mainland China's volunteer service legislation.

[**Keywords**] Taiwan, volunteer service, volunteer service legislation, social welfare policy

（责任编辑：李长文）

城市低保工作领域政府
购买服务问题探析

——基于京沪地区社会工作机构的项目管理实践

宋　爽[*]

【摘要】 我国城市居民最低生活保障制度政策性强，覆盖面广，服务对象特殊且需求复杂，这使该领域政府购买服务的实施与管理难度加大。本文以京沪地区典型社会工作服务机构的项目管理实践为基础，梳理和分析上述两地政府购买低保服务项目管理现状，针对当前存在的诸如机构定位不准、资源支持不足、管理效率不高等问题，提出政府购买低保服务过程中，既应关注城市低保工作领域特点，又要进一步优化设定项目目标、支持机构发展、链接行政资源、评估项目效果等方面的制度与政策。

【关键词】 政府购买服务　城市低保工作　社会工作服务机构项目管理

政府购买服务是通过发挥市场机制作用，将政府直接提供的一部分公共服务事项以及政府履职所需服务事项，按照一定的方式和程序，交由具备条件的社会力量和事业单位承担，并由政府根据合同约定向其支付费用。

---

* 宋爽，民政部社会工作研究中心、北京社会管理职业学院社会工作系讲师。

政府购买服务有利于推进服务型政府建设，是我国公共服务供给领域的重要制度创新。社会救助是保障社会安全稳定的"最后一道防线"（孙光德、董克用，2004：29），政府购买服务可以充分激发社会参与，为弱势人群提供更加有效的基本公共服务，预防和化解社会矛盾。随着社会救助事业的发展，城市居民最低生活保障制度（简称"城市低保"）已成为政府购买服务的重要领域之一。城市低保工作具有政策性强、覆盖面广以及服务对象特殊、需求复杂等特点，因此，该领域政府购买服务的实施与管理难度大，需要采取针对性的管理策略。本文以京沪两地社会工作服务机构（简称"社工机构"）的项目管理实践为基础，试图发现城市低保工作领域政府购买服务（简称"政府购买低保服务"）中存在的问题，并提出相应的制度优化建议。

一　我国政府购买低保服务的研究
综述、政策梳理与实践回顾

（一）政府购买低保服务相关研究综述

目前，学界在政府购买服务领域的研究比较多，主要集中于购买模式选择、政府与机构关系建立、服务效果改进等方面。

在购买模式选择方面，陈小强依据竞争程度提出形式性购买、非竞争性购买和竞争性购买三种模式（刘君，2012）。蔡礼强认为可划分为政府直接提供的公办公营模式、政府间接提供的公办民营模式、政府间接提供的合同购买模式、政府间接提供的民办公助模式、社会自发提供的民办民营模式五种（王春婷，2012）。从实践出发，广为使用的是购买项目、购买岗位的模式分类，大多数学者倾向于前者，而有些城市已在尝试将二者有效结合，以购买岗位为主，同时实现项目化运作，以求取长补短。

在购买双方关系建立方面，郁建兴提出政府和社会组织建立合作伙伴关系有利于实现优势互补（刘君，2012）。唐斌认为，政府对社工机构表现为一种结构性的强嵌入，而社工机构对政府则是制度性和职能的弱嵌入，所以更强调政府的主导作用和财政支持（唐斌，2010）。

在服务效果改进方面，王浦劬建议运用绩效指标来监督服务效果（李

育，2014：4），啸华主张建立政府购买社工的财力投入机制、对社工组织筹资和运营的管理机制以及与社工互促互动合作的服务机制，罗观翠、王军芳提出机构要提高自身提供专业服务的能力（刘君，2012）。

以上研究多为制度性讨论，为政府购买服务实践路径选择提供了理论基础，为工作机制的建立提供了依据，但对不同领域政府购买服务工作存在的问题，缺少针对性解决方案的探究。

具体到城市低保领域政府购买服务研究，目前学界多是对低保服务购买环境的宏观分析。学者普遍认为，社工服务可以弥补传统救助工作中的不足。自《城市居民最低生活保障条例》颁布至今，政府行政部门作为执行主体，一直发挥着强大的物质救助作用，但救助过程存在救助理念消极、管理被动、救助内容界定过于死板等问题。相比而言，社工机构在提供服务时更加积极、主动，方式也更加多样、灵活。乔世东认为，专业社会工作介入城市低保工作的途径，是使低保管理与服务工作分离（乔世东，2009）。刘艳丽、胡旭昌（2013）认为，社工机构可以丰富城市低保工作机制"从起点到结果"的内涵，与政府在财物资源、专业服务、人才队伍、监督机制等方面进行合作治理。同时，政府购买低保服务也面临着挑战。董芸建议，政府在保证职能部门依然提供物质救助服务的基础上，应实现与社工机构在共同价值理念、相互认同、体制交叉、工作机制互补、工作方法互补等层面的融合（董芸，2012）。杨荣（2014）提出，与其他领域服务对象相比，低保对象需求呈现明显的个性化、复杂化特征，政府需健全政府购买服务制度，引导社工机构提供令人满意的服务。

总之，我国政府购买服务还处于起步阶段，低保工作的特殊性和复杂性决定了政府在该领域购买服务的操作难度较大，其实施策略和方法研究亟待深入。

（二） 当前我国政府购买低保服务工作的政策梳理

随着理论界的探讨与研究，政府购买服务的相关政策也从无到有，不断发展。2013 年，政府购买服务从地方探索上升为国家决策，进入了大提速的新阶段。2013 年 7 月 31 日，国务院总理李克强在国务院常务会议中提出"推进政府向社会力量购买公共服务"的明确要求。2013 年 9 月 26 日，国务院发布《关于政府向社会力量购买服务的指导意见》，对购买主体、承接主体、购买内容、购买机制、资金管理和绩效管理六个方面给予指导性规范。随后，全国各省、市、自治区政府陆续出台地方性实施细则①。2013年11月15日，中央公布《关于全面深化改革若干重大问题的决定》，提出推广政府购买服务，凡属事务性管理服务，原则上都要引入竞争机制，通过合同、委托等方式向社会购买。2014年4月14日，财政部发布《关于推进和完善服务项目政府采购有关问题的通知》，进一步规范了服务项目政府采购活动管理。2015年1月4日，财政部、民政部、国家工商总局联合发布《政府购买服务管理办法（暂行）》，全面规范了政府购买服务的基本原则、购买主体和承接主体、购买内容及指导目录、购买方式及程序、预算及财务管理、绩效和监督管理。总之，现行政策已对政府购买服务的全过程进行了规范，并将社会救助纳入政府购买服务指导性目录。

社会救助领域政府购买服务的主要承接主体是社工机构。2014年2月21日，国务院颁布《社会救助暂行办法》明确规定"县级以上地方人民政府应当发挥社会工作服务机构和社会工作者作用，为社会救助对象提供社会融入、能力提升、心理疏导等专业服务"，以政府购买服务的方式将社工机构引入社会救助领域。2014年12月24日，民政部发布《社会工作服务项目绩效评估指南》明确规定了政府购买社工服务项目的评估目标、原则、主体、内容、方法、程序等，为政府购买社工服务项目评估提供了实施依据。可见，社会救助领域政府购买社工服务项目相关政策中规定了社工机构的作用，规范了社工服务项目的评估，但尚未明确具体管理活动的实施准则。

（三）京沪政府购买低保服务工作的实践回顾

在我国内地，最早推行政府购买低保服务的是上海、北京等经济较发

---

① 截至2014年3月20日，仅半年的时间，已有上海、广东、江苏、安徽、吉林、山东、河北、湖北、广西、新疆、云南11个省、区、市出台了政府购买服务的有关实施意见，且除新疆、云南外，其余9个省、区、市均制定了政府向社会力量购买服务的指导性目录。数据来源：《政府购买服务：改革进入"破冰期"——全国31省市自治区政府购买服务工作梳理》，中国财经报网，2014年3月26日，http://www.mof.gov.cn/zhengwuxinxi/caijingshidian/zgcjb/201403/t20140326__1059935.html，最后访问日期：2015年5月31日。

达地区①，对京沪实践进行考察，有助于总结我国政府购买低保服务的相关经验，捕捉现存问题，探寻解决之道。

我国政府购买服务首次进入实践领域始于 2000 年的上海。当年，上海在改革社会管理体制过程中提出并推行政府购买公共服务。经过多年发展，上海市政府逐步将购买社会组织服务纳入创新社会管理和公共服务的总体布局中，较之其他地区，具有起步早、规划细、标准高、领域广的特点。据统计，2008～2010 年，上海市本级政府购买服务类项目投入资金超过 14 亿元。2010 年，上海政府购买服务在城市低保工作领域推行。2012 年，上海市民政局购买社会组织服务中，公益招投标中标项目 227 个，招标金额近 8600 万元（武静，2014：42）。2010 年，北京市开展"社会组织服务民生行动"，确定扶贫救助是政府购买服务的十大民生领域之一。2010～2013 年，北京市本级社会建设专项资金总计投入 2.53 亿元，共购买了 1544 个社会组织服务项目，参与社会组织多达 29870 个次，开展活动达 78917 场次，服务对象合计 789.21 万人次，提供专业服务累计 391 万小时②。

然而，在北京和上海，将低保家庭作为专门服务对象的社工机构屈指可数。其中，北京市朝阳区七彩昀社会工作事务所（简称"北京七彩昀"）和上海公益社工师事务所（简称"上海公益"）均为当地较早开展社会工作、介入低保家庭服务的机构之一，两家机构承接政府购买低保服务项目时间长、数量多，具有一定的代表性。北京七彩昀成立于 2011 年，主要服务领域是社会救助，承接的首个政府购买服务项目便是城市低保家庭服务。这一项目覆盖 5 个试点社区，共计 100 户低保家庭。2014 年该机构承接政府购买服务项目 11 个，其中低保服务项目 9 个，针对低保家庭的就业援助和陪伴成长是其两大品牌项目。上海公益成立于 2007 年，社会救助是其主要服务领域之一。在承接的十多个政府购买服务项目中，低保家庭服务项目覆盖浦东新区的 10 个街镇，涉及约 8000 户低保家庭，持续至今已 5 年

---

① 郭洪涛：《基层政府向社会组织购买服务财政政策探析——以豫东地区为例》，中国政府采购网，2015 年 1 月 7 日，http：//www.ccgp.gov.cn/gpsr/lltt/201501/t20150107 __ 4908787.htm，最后访问日期：2015 年 5 月 31 日。

② 王东亮：《2014 年政府购买服务项目 500 个》，《北京日报》2014 年 3 月 9 日，http：// www.bjrd.gov.cn/xwzx __ 1/xwkx/yfly/201403/t20140309 __ 128457.html，最后访问日期：2015 年 5 月 31 日。

多。因此，本文选取北京七彩昀和上海公益作为京沪具有代表性的社工机构，以其项目管理实践为基础，梳理和分析京沪政府购买低保服务项目管理现状。

二 京沪地区政府购买低保服务的项目管理实践

通常，政府购买服务的基本流程包括需求表达、项目申报、审核、购买、实施、评估和激励等环节（陈建国，2012），其主要管理内容是项目申报、项目实施前后的评审以及在项目实施过程中的管理与支持。笔者通过对京沪代表性机构的负责人、项目主管、社会工作者（以下简称"社工"）以及第三方评估机构——恩派公益组织发展中心的多个项目负责人的深度访谈，考察京沪政府购买低保服务的主要管理内容，并进行对比分析，以发现两地政府购买低保服务项目管理的个性特色和共性问题。

（一）北京地区政府购买低保服务项目管理实践

北京社工机构的周转资金多以所属城区的区级政府购买项目为主要来源，服务范围亦多辐射机构所属城区内的街道、社区居民。如北京七彩昀的项目来源包括北京市政府、朝阳区政府、朝阳区朝外街道办事处、北京市救助管理中心等，其中朝阳区政府购买项目占主体。北京地区政府购买低保服务的主要工作流程是：

1. 项目申报

每年年初区政府出台文件指导立项范围，依据是市政府指导目录范围、区政府问政调研（知忧、问忧、解忧）统计、历年项目集中体现的问题等。区政府每年发布项目申报指导文件，规定申报项目的资格条件、内容及文本要求，机构结合自身服务领域和经验进行项目申报。

2. 项目评审

政府一般委托第三方评估机构对政府购买服务项目组织开展评审工作，如朝阳区政府委托北京恩派公益组织发展中心（简称"恩派"）组织实施项目评审。恩派采用项目评估工作组（简称"恩派项目组"）形式开展评审工作，项目组以政府购买服务项目类型为划分依据，由恩派工作人员组成。项目评审类型主要包括立项评审、日常监测和节点评估。评估方式主要采用专家评估、文本评估、日常监测等。

3. 管理与支持

项目以年度为管理周期，政府一般每年3月份组织项目申报，6月份公示，第二年3月份结项评审。政府对机构的管理与支持包括：一是政府在审批项目经费数额方面严格把关，且其中不包含人工经费。二是政府要求机构不营利，机构要将经费全部用于项目推进。三是发挥机构与服务社区属地管理单位间的对接桥梁作用，特别是在机构入驻社区初始阶段。

（二）上海地区政府购买低保服务项目管理实践

上海政府购买服务的方式包括招投标、定向购买和公益创投（陈为雷，2014），资金来源包括政府财政预算支出、福利彩票公益金等，且市区两级政府均投入较大。如上海公益的经费来源以政府直接购买项目、政府招投标项目、基金会项目为主，督导、培训和研究经费为辅。上海市政府购买低保服务的工作流程为：

1. 项目申报

上海公益的城市低保工作领域的项目属政府定向购买项目，2010年区民政局与机构协商，确定3~5年合作期，合约一年一签，每年6月1日至次年的5月31日为年度合作期。截至2014年，已实现5年的购买期，且决定延长合作期。

2. 项目评审

上海公益承接项目的评审包括阶段性汇报、半年期自评和结项评估。自项目开始实施，机构每两个月向服务购买方和所服务的街镇发送一次项目简讯，内容包括项目进展情况总结、开展活动资料等。至项目实施半年期，机构向民政部门报送自评报告。项目结束后，民政部门委托第三方机构组织实施结项评估。第三方机构邀请相关专家组成评审专家组，以进行项目评估。评审专家组中多是审计专家，少有救助社工领域专家。评估的首要内容是资金预算，其次是项目团队实力和项目设计等。评估方式以文本评估为主，以随机挑选服务对象填写问卷或面谈为辅。

3. 管理与支持

政府与机构协商项目目标，明确职责分工，保持合作关系。首先，项目目标由双方协商确定，不以低保的脱保率作为衡量指标，而是以专业服务量为限定标准。以上海公益承接的首个低保服务项目为例，服务目标是建立至少 2000 户的"一人一档"，至少 70 个个案服务，10 个小组活动，5 个社区活动。其次，政府与机构职责分工互补。民政部门负责低保的审核、低保金的发放等行政性工作，难以关注到服务对象的个性需求，无法及时为其传递相关救助政策。社工机构开展家庭探访等专业服务，将社情民意上传，将惠民政策下达，起到桥梁作用。如上海公益为家中有自闭症儿童的服务对象提供"阳光宝贝卡"、免费医疗训练机构等资源信息，以满足他们的需求。

（三）京沪政府购买低保服务项目管理实践比较

从上述主要管理内容看出，京沪政府购买低保服务的管理风格各具特色：北京偏向保守和严格，上海较为开放和灵活，以下主要从服务内容要求与管理方式两方面进行比较分析。

1. 服务内容要求

北京七彩昀的主要服务内容是为服务对象建立摆脱困境的社会支持网络，上海公益主要服务内容是通过家庭探访协助政府建立和更新信息库，同时进行政策信息传递和精神性救助（如表 1 所示）。虽然政府对两家机构的具体服务内容要求不同，但机构所提供服务均以满足低保家庭的个性化需求为目标。

表 1　京沪政府购买低保服务的内容要求比较

比较指标		北京朝阳区七彩昀社工事务所	上海公益社工师事务所
承接项目第一年[①]	服务内容	综合性家庭服务	建立数据库，更新家庭动态
	服务思路	小范围解决服务对象家庭多种类型的困境	大范围摸清服务对象基本情况
	服务方法	个案方法为主，小组、社区方法为辅	家庭探访
承接项目第二年至今	服务内容	就业援助和学龄儿童陪伴成长服务	将服务对象细分为 11 个类型，主要关注家庭的脱贫、扶贫和远贫能力提升
	服务思路	集中力量提供两大领域的专业服务	服务对象分层次，服务目标分阶段，突出个性化特征
	服务方法	个案、小组、社区	个案、小组、社区

注：北京七彩昀 2011 年承接低保服务项目，上海公益 2010 年承接低保服务项目。两家机构承接项目的第二年均对服务内容作出了调整。

资料来源：对两家机构的访谈纪要。

可见，京沪政府与机构的职责分工明确且一致。政府主要负责低保金、专项救助的申请与发放等政策性、经济性的支持，注重群体性需求；机构的介入焦点集中于城市低保家庭的能力建设等服务性支持，注重个性化需求。

2. 管理方式

依据政府购买低保服务的主要管理内容，可在项目购买、过程管理与支持、项目评审三个方面，对京沪政府购买低保服务在管理方式进行比较（如表 2 所示）。

表 2　京沪政府购买低保服务的管理方式比较

比较指标		北京市朝阳区七彩昀社会工作事务所	上海公益社工师事务所
项目购买①	项目购买方	北京市朝阳区社工委	上海浦东新区民政局
	购买方式	招投标	定向购买
	目标设定方式	依据政府要求，将覆盖面扩大为原项目策划的 5 倍，即个案数量从 20 户调整为 100 户	由政府与机构协商
	项目时限	一年	五年
	项目延续性	之后每年承接城市低保领域的服务项目，但服务对象、服务内容各年不同	项目持续五年间继续开拓城市低保领域其他服务项目
过程管理与支持	管理理念	注重对机构的约束、监督	注重与机构的合作、协商
	项目执行过程控制	由于政府与机构的关注重点不同，政府有时会干预机构服务方案的具体实施	社工工作行政化明显
	资金支持	政府给予的资金支持十分有限，往往仅是机构申报额度的 60%~70%，且拨付较慢，有时甚至购买期过半时经费才到位，使机构不得不垫付服务费用	政府给予的资金支持不足以支持项目顺利进行
	人力资源支持	政府为机构配备的社工岗位数量不能满足项目需求，同时，社工介入低保项目对于社工的专业能力要求很高，客观来看，机构一线社工的专业能力有一定差距	有些社工离职，一方面原因在于经济收入，更重要的原因还是在于社会接纳度和自我价值感受低

比较指标		北京市朝阳区七彩昀社会工作事务所	上海公益社工师事务所
	服务资源共享	项目推进的资源支持，如办公场地、活动场地、服务对象信息等，很大程度上受到政府经办人员专业背景和领导意识影响，甚至有时会起到决定性作用	政府内部对社工的理解和认可氛围未完全形成，特别是街道、居委会配合难度较大
项目评审	评审专家组	专家组由政府主要负责人、五位社工领域专家、两位审计组成	专家组不一定是救助领域的专家，更多的是审计专家
	评审内容	注重服务领域的专业性	重视审计
	评审方式	关于评审的组织安排与第三方评估机构充分沟通。申报评审主要对申报单位的条件符合情况进行评估。中期评审和结项评审时，通过专家评审会、文本评估、日常监测进行综合评估。重视评审专家意见	一般以文本评估为主，随机挑选服务对象做问卷或面谈、机构自评、工作进展汇报等为辅

注：项目购买的各项二级指标内容以两家机构承接的首个低保服务项目为例。
资料来源：对两家机构的访谈。

从上述比较可以发现，京沪政府购买低保服务的项目目标设定方式、时限与延续性、管理理念、评审内容等方面均有差异。上海政府在服务时限要求、服务工作任务确定等方面的管理方式稍显灵活，如服务时限不局限于一年，注重了项目的延续性；项目目标由政府与机构协商确定，尊重机构的发言权等。北京在项目评审方面的经验值得借鉴，如尊重第三方评估机构和专家的意见，注重服务专业性的评审等。

京沪政府购买低保服务的项目评审方式、执行过程控制、给予支持情况基本相同。两地的项目评审均以文本评估为主，评审方式和内容仍有完善空间，如优化评估体系、关注服务对象、专家参与现场检测等。此外，虽京沪政府管理理念不同，但均存在对项目执行过程干预过多、对机构的资金和人力支持不足、服务资源共享困难等问题。

三 京沪政府购买低保服务工作存在的问题

通过对京沪政府购买低保服务项目管理现状的对比分析发现，政府对机构服务内容的要求相对统一，但在管理方式上存在对机构定位不准、对机构的资源支持不足、管理效率不高的问题。

（一）对机构定位不准

研究访谈发现，有些政府官员对机构的认识存在偏差，如认为目前政策难以解决的各种难题，社工均能予以解决；社工可以代替政府履行政府职责；社工服务可以立竿见影。事实上，低保家庭面临的困难多种多样，低保管理与服务中遇到的问题错综复杂，社工服务并不能解决所有问题。对机构的定位不准确会造成设定的项目目标不切实际，对社工作用的认识不到位会导致项目执行过程的过度干预，对社工服务过程的不理解会出现高估项目效果和急于求成。

因此，对机构准确定位是政府购买低保服务的前提条件。政府尤其需要注意以下两点：一是科学设定项目目标，不宜单纯地将"脱保"作为唯一目标；二是理性预期社工服务效果，不宜过度追求服务覆盖面的扩大。

（二）对机构的资源支持不足

1. 资金和人力支持缺乏

访谈中京沪代表性机构的负责人均提出，机构面临的最大问题是资金不足以及社工的质量难以达到项目需求。资金支持不足和人力资源缺乏直接影响已承接项目的推行质量，进而影响新项目的承接，最终使资金和人力缺口问题不断升级，阻碍机构发展（如图1所示）。

资金缺乏不仅直接影响项目执行，还会加剧人力资源不足。因此，解决京沪社工机构的发展问题可以政府加强资金支持为突破口，同时提供人力支持。

2. 项目执行过程中的资源链接与不到位

京沪代表性机构在提供服务过程中需要服务对象所属街道、居委会的配合，包括硬件设施配备、活动场地共用、服务对象资料共享、工作人员协助等。由于街镇工作人员对于社工的了解程度较低，认识不统一，街镇

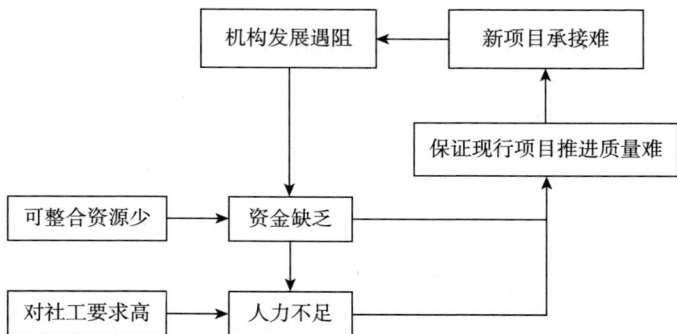

图 1   社工机构发展影响因子循环关系图

的配合程度因人而异，这在一定程度上影响着服务项目实施的过程和效果。在实践中，机构不断总结经验，尝试用多种方法克服这些阻碍和困难，取得了一些效果，但彻底解决这些问题并非仅仅依靠机构自身，更需要政府提供支持帮助。

（三）管理效率不高

1. 项目购买缺乏长期规划

访谈发现，政府发布的项目申报指导文件仅对申报项目的服务领域作了规定，并未对具体服务内容作出引导。很多机构根据自身的服务优势确定申报项目的服务内容，政府则根据项目的创新性进行选择。因此，机构每年申报的项目虽均在低保服务领域，但延续性项目比例较低。政府购买低保服务缺乏长期规划，购买服务项目的延续性不足，项目目标难以与政府低保工作发展目标清晰匹配，从而影响项目的实施效果和管理效率。

2. 项目实施过度干预

代表性机构的反馈表明，京沪两地政府不同程度地干涉机构服务过程、约束机构运营与管理。在这些干预中，有些是适当的，如资金使用的监督、项目的时空统筹等；有些是过度的，如单方确定项目目标、限定专业服务形式等。过度干预会使机构增加行政性工作并远离服务对象，降低服务的专业性程度，导致专业权力的空心化（朱健刚、陈安娜，2013），从而影响项目的执行过程和管理效率。

3. 项目评审不够全面

社工服务注重对服务对象的了解，但在政府购买低保服务的项目评审内容中缺少了对服务对象的评估。访谈发现，在政府购买低保服务的项目评审方面，申报评审、日常监测和节点评估的主要评审内容包括申报机构的资质、服务项目的可操作性、档案资料的完备程度、典型案例展示等，节点评估的数据性考核指标主要包括覆盖人数、活动次数、评价统计等。其中，服务评价只是通过问卷调查的方式了解低保家庭对服务过程的主观满意度，并没有针对服务给低保家庭带来的影响和改变进行客观评估。这样易造成机构过于注重服务形式，忽视服务效果从而影响项目的目标设定和管理效率。

四 进一步完善政府购买低保服务的制度化建议

针对政府购买低保服务中存在的问题，基于城市低保工作领域特点，政府可在设定项目目标、支持机构发展、链接行政资源、评估项目效果等方面采取如下应对措施：

（一）根据机构定位设定项目目标

王思斌（2014）教授认为，在社会救助领域社会工作可以发挥三方面作用：一是提供基础性、专业性服务，如物质救助、心理疏导等；二是倡导所有社会救助领域工作人员都以社工的理念作为开展工作的支撑，将政策法规的贯彻实施与人文关怀相结合；三是协助推动建立现代社会救助支持网络以提高救助对象的抗风险能力。（王勇，2014）具体到城市低保工作，一方面核查制度的完善、人文关怀理念的渗透使低保管理与服务的工作量不断加大；另一方面，政府部门受到编制和人力的限制，无力解决低保家庭的个性化需求问题。因此，政府需要委托社工完成核查家庭经济状况、调查与评估救助对象需求、依据个性化需求提供基础性和专业性服务、传递救助对象政策诉求等工作。

现阶段，在城市低保工作领域，政府仍然应该处于主导地位，提供经济性救助，以救助的广度为目标；社工机构可以处于辅助地位，收集与传递信息以协助政府贯彻和执行政策，同时提供基础性、专业性的个性化服务，以救助的深度为目标。

（二）双渠道支持机构发展

京沪承接政府购买低保服务的社工机构运营压力大，主要是因为：一是政府的项目资金下拨缓慢，难以在项目开始时间到位；二是机构大多成立时间不长，行业内知名度不高，可整合的资源不足；三是服务对象虽有贫困的共同特点，但涉及独居老人、未成年人、残疾人、单亲家庭等不同群体类型，对社工实践能力要求较高；四是不仅要提供群体服务、家庭服务，还要提供个案服务，对社工专业性要求较高。

因此，政府应当为机构提供资金和人力的双渠道支持。在资金支持方面，提高政府工作效率，对机构承接的优质项目给予持续性资金支持，鼓励机构实现造血功能。目前，有些地方政府已开始探索缓解机构资金压力的方法，如简化政府财政划拨资金手续、缩短周期；允许机构响应服务对象的部分有偿需求；减少机构运行的行政成本等。在人力支持方面，政策激励高素质社工加入低保服务领域，同时鼓励教育机构定向培养救助社工。

（三）协助机构链接行政资源

社工在提供服务的过程中有一个重要的角色，即资源链接者，通过联络政府部门、企事业单位和广大社会人员，向其筹集服务对象所需要的资源，并传递给服务对象，以保证服务的顺利开展（全国社会工作者职业水平考试教材编写组，2010：27）。

社工机构为低保对象提供服务时，链接社区资源、政府资源显得格外重要。这主要是因为：一是低保家庭的资料存档于社区，社区中有专人负责低保相关工作；二是社区工作者对低保家庭的真实状况较为熟悉，社工的主要服务地点在社区，很多活动的开展需要街道、居委会的配合；三是低保家庭的困境，如就学、就医、就业、生活困难等，多需街道、医保中心、劳动就业服务中心、残联、妇联、派出所等相关政府部门联合才能解决。

在目前的政府管理体制下，社工可以充分发挥能动性整合社会资源，但难以有效链接政府、社区的行政资源，需要政府予以支持和协助。政府需明确项目执行相关各方责权，提高工作人员认识，与机构共享资源，以保障项目顺畅执行，实现预期效果。

（四）制定低保服务购买工作的长期规划

低保服务对象的特殊性决定了持续服务的必要性。一方面，低保对象的受教育程度不高，社会融入性较低，这使社工与其沟通难度加大，与低保家庭建立专业的信任关系较难，需要漫长的过程。另一方面，大多低保家庭面临困境多年，并且脱离困境的制度性限制较大，社工需要花费大量的时间和精力整合资源、引领服务对象改变。

政府需依据低保工作发展目标制定购买低保服务的长期规划，以指导项目购买与管理。在长期规划的基础上，确定年度服务目标和计划，使政府购买低保服务项目更具系统性和针对性。

（五）加大项目实施过程中的机构自主权

政府购买服务的实践体现了政府在转变职能、深化社会治理方面的决心，但在此过程中，政府对机构发展表现出一种矛盾的心态：一方面，政府意识到应该让机构充分发挥作用，承担社会福利责任；另一方面，政府又担心机构在发展过程中失去控制（唐斌，2010）。同时，机构对政府高度依赖，这使其思维方式、行为方式、机构运作受政府影响较大，服务行政化趋势明显，独立性被压抑（吴月，2014）。

事实上，保持机构的相对独立性是对机构尊重和信任的表现。政府需在专业服务过程中给予机构更大的自主权，以提高政府购买低保服务项目的执行动力。政府可引导机构设定服务目标，与机构协商确定服务方案，在机构选择执行服务方案的路径时给予充分的自主空间，以便机构能够根据服务环境变化进行及时、合理的调整。

（六）加大服务对象状况改善程度的项目评估权重

2014 年 12 月 24 日民政部发布实施的《社会工作服务项目绩效评估指南》中明确规定了项目成效的评估指标和方法，可作为完善政府购买服务项目结项评审工作的依据。评估指标包括服务目标达成情况、服务数量完成情况、服务对象改善情况、服务组织及其专业团队的成长发展情况。目前在京沪实践中，政府购买低保服务的结项评审内容包括了前两项指标。关于评估方法，可与服务对象就服务满意度、服务成效以及对项目服务的具体意见进行访谈，以此作为项目评估依据。可见，政府已经意识到关注服务对象感受与改变是评审项目成效不可缺少的重要指标之一。

评估指标和方法的改变影响项目目标的设定，服务方法的选择影响项目目标的实现。小组工作、社区工作方法能满足服务覆盖面的要求，但弱化了专业服务的深度，个案工作方法则能保证每户低保家庭的个性化和复杂性需求的满足，后者更针对于服务对象的改变。因此，在效果评估中，政府应重视服务对象在项目实施过程中的感受及其状况的改善，引导机构关注服务对象需求，强化个案工作方法的使用，注重专业服务深度。

京沪政府购买低保服务的管理理念和方式有差异之处，但无高低之分，其实践的成功经验值得借鉴，其显现的共性问题值得思考。同时，我国各地低保制度的具体实施不同、政策环境不同、服务对象不同，完全照搬他地的管理方法不现实，因地制宜才是有效之举。

参考文献

陈建国（2012）：《政府购买公共服务过程管理研究——以北京市为例》，载《理论探索》，2012 年第 4 期。

陈为雷（2014）：《政府和非营利组织项目运作机制、策略和逻辑——对政府购买社会工作服务项目的社会学分析》，载《公共管理学报》，2014 年第 3 期。

董芸（2012）：《关于最低生活保障与社会工作融合的研究——以深圳市低保社会工作试点为例》，中国社会科学院研究生院硕士论文，第 28～32 页。

刘君（2012）：《政府购买社会工作服务文献综述》，载《山东行政学院学报》，2012 年第 6 期。

刘艳丽、胡旭昌（2013）：《网络治理视域下社会组织介入城市低保运作模式的路径研究》，载《山东社会科学》，2013 年第 11 期。

李育（2014）：《政府购买社会组织公共服务绩效管理研究——以厦门市为例》，硕士学位论文。

乔世东（2009）：《革新城市低保运作模式的必要性及思路——专业社会工作的介入》，载《山东大学学报（哲学社会科学版）》，2009 年第 4 期。

全国社会工作者职业水平考试教材编写组（2010）：《社会工作综合能力》，北京：中国社会出版社。

孙光德、董克用（2004）：《社会保障概论》，2004，北京：中国人民大学出版社。

唐斌（2010）：《社会工作机构与政府组织的相互嵌入及其影响》，载《社会工作》，2010 年第 7 期下。

王春婷（2012）：《政府购买公共服务研究综述》，载《社会主义研究》，2012 年第 2 期。

王思斌（2014）：《社会工作在创新社会治理体系中的地位和作用——一种基础—服务型社会治理》，载《社会工作》，2014 年第 1 期。

王勇（2014）：《社会工作介入社会救助的五点思考》，载《公益时报》，2014年4月16日。

武静（2014）：《政府购买社会组织服务的监管研究——以上海市 A 区为例》，华东师范大学硕士学位论文，2014年5月26日。

吴月（2014）：《政府购买公共服务的异化》，载《天府新论》，2014年第6期。

杨荣（2014）：《社会工作介入社会救助：策略与方法》，载《苏州大学学报（哲学社会科学版）》，2014年第4期。

朱健刚、陈安娜（2013）：《嵌入中的专业社会工作与街区权力关系——对一个政府购买服务项目的个案分析》，载《文化纵横》，2013年第3期。

Discussion and Analysis of Issues Related to Government Purchased Services in the Urban Minimum Subsistence Guarantee System —Based on Project Management Practices by Social Work Organizations in Beijing and Shanghai

Song Shuang

[**Abstract**] How to implement and manage government purchase of services in the urban minimum subsistence guarantee system has become increasingly difficult due to its policy nature, wide coverage, uniqueness of the people to be served and complexity of demand. This paper reviews the project management practices by the typical social work organizations in Beijing and Shanghai, streamlines and analyzes the current situation in the purchase of services in relation to the minimum subsistence guarantee system by the local governments in the two regions. To solve the issues such as inaccurate positioning of organizations, insufficient support in resources and unsatisfactory management efficiency etc. , this paper suggests that while purchasing these services, the government should pay enough attention to the special characteristics in the urban minimum subsistence guarantee system. At the same time, it should further optimize systems and policies with regard to setting project targets, supporting the development of organizations, collaborating in administrative resources and evaluating results of projects.

[**Keywords**] government purchased service, urban minimum subsistence work, project management in social work service organizations

（责任编辑：李长文）

行业国际非政府组织的公共影响力构建

——以能源类国际非政府组织为例

毕竞悦　张绍欣　何　涛[*]

【摘要】 行业国际非政府组织是全球化时代不可忽视的一类公共治理主体，它的发展与产业国际化以及当今世界协同治理密切相关。公共影响力是行业国际非政府组织实现行业治理、参与全球治理的重要影响因素。本文以能源类国际非政府组织为例，借助公共影响力指标体系，对行业国际非政府组织的公共影响力现状、面临的问题以及有效实现途径进行分析。提出应不断加强行业国际非政府组织的行业专业性，提高其公共行动能力。

【关键词】 行业国际非政府组织　公共影响力　产业国际化

在公共政策和公共治理研究中，有一类主体的作用不应忽视，那就是行业国际非政府组织。行业国际非政府组织代表某一行业的国际非政府组织同仁参与国际事务，其公共影响力的建构对内有利于组织的自我完善和本行业的健康发展，对外有利于增进全球治理、改善国际经济关系。因而，对行业国际非政府组织公共影响力进行研究具有重要意义。

---

* 毕竞悦，神华科学技术研究院研究人员；张绍欣，北京航空航天大学法学院博士研究生；何涛，中国青年政治学院讲师。

一 产业国际化与行业国际非政府组织

行业国际非政府组织的发展与产业国际化密切相关。1997 年，国际货币基金组织（IMF）提出："全球化是指跨国商品与服务交易的资本流动规模和形式的增加，以及技术的广泛迅速传播使世界各国经济的相互依赖性增强。"（国际货币基金组织，1997：45）由这个定义可以看出，全球化首先是经济的全球化，经济关系在国际关系中的比重大增。在冷战结束的大背景下，国际关系的主旋律由国际冲突转向国际合作，由以往的政府间关系主导走向多元化、多主体、多种类的新型国际关系。并且这种新型国际关系以经济关系为纽带，将各种政治、经济、文化与社会关系熔为一炉。这反映全球治理模式由以政治关系主导的国际公法治理模式走向弱化政治关系，并将国际公法治理融化于国际私法治理的协同治理模式。

产业国际化是当今世界经济发展的一个主要特征，是与企业国际化经营、大规模的对外直接投资紧密相连。产业国际化使得产业活动超出了国家边界，催生了对于统一的跨国经济规范的需求，推动了行业国际非政府组织的发展。

在国际公法治理与国际私法治理相融合的协同治理模式背景下，行业国际非政府组织具有国家主体所不具备的特征与作用。在政企分离、私法自治理念的国际主旋律下，政府不应过多干涉企业事务，同时也不应成为个别企业的代言人并维护企业的私利。行业国际非政府组织则可以在国际层面起到维护企业正当权益、构建行业秩序并促进行业良性发展的作用。另一方面，行业国际非政府组织的非营利性又使其区别于企业，行业国际非政府组织可以成为沟通企业与公众、敦促企业履行社会责任的桥梁。

就能源行业而言，其国际化程度更高，具有产品生产国际化、企业经营国际化、生产经营规模化和市场竞争格局国际化的特征。同时，与能源行业密切相关的资源、气候、环境问题又是国际舆论的焦点。这些使得能源类国际非政府组织的作用不可忽视。

欧佩克和国际能源署是两个极为典型的能源类国际组织，在其发展之初，政治因素起了关键性作用。欧佩克（Organization of Petroleum Exporting

Countries，OPEC），即石油输出国组织，成立于 1960 年 9 月 14 日，1962 年 11 月 6 日在联合国秘书处备案，成为正式的国际组织。其成立目的是联合起来共同对付西方石油公司，采取共同行动反对西方国家对产油国的剥削和掠夺，保护本国资源，维护自身利益。其成员主要为中东国家。国际能源署（International Energy Agency，IEA）主要是针对欧佩克而出现的，1974 年 11 月，号称"富国俱乐部"的经济合作与发展组织（OECD）为保证其成员能源安全而发起，旨在建立能源安全体系，其最初目标是在石油供应中断情况下采取共同行动和"分担成本"，减轻或降低石油危机造成的损失。

然而，随着时间的推移，这两大组织的政治性都在减弱。近期发生的经济危机又对世界权力版图产生了深远影响，能源类国际组织的经济功能凸显。后危机时代国际权力格局的变化导致国际公共影响力的来源从话语性向物质性转变。发达国家综合国力的下降使得国际社会对于主导性发展战略、发展模式（新自由主义模式）的认同度不断衰减。与此同时，人们开始觉得新兴经济体正在开辟一种全新的发展道路。美式发展模式、金融创新制度、大政府模式的新自由主义以及国际金融机构的作用等都受到广泛的质疑（Zakaria，2008：18～27）。这样一种对提升综合实力模式来源多样性的观念的传播，使得实际的效用（物质）开始超越话语逻辑（意识形态）而成为国际公共影响力的重要来源。在这种背景下，行业国际非政府组织更多地进行行业自治和维护企业的合法权益，规范和推动行业和企业的良性发展，在全球经济中发挥越来越大的作用。

欧佩克和国际能源署都属于政府间国际组织，此外，能源类的国际政府组织还包括世界能源理事会和国际原子能机构。由于涉及核问题，国际原子能机构是一个纯粹的国际政府组织，政治属性依然较强。世界能源理事会尽管被纳入联合国组织框架，并在主要方面具有国际政府组织的属性，但它打通了国际非政府组织与国际政府组织之间的壁垒，在组织机构上以灵活的方式将全球形形色色的公共组织、民间组织甚至政府机构纳入了自己的运作之中。而代表行业利益的国际非政府组织是能源类国际组织中的多数，如国际天然气联合会、世界煤炭协会等。这些行业国际非政府组织的活动大大丰富了国际关系的内涵，顺应了产业国际化的趋势。然而，行业国际非政府组织在推动产业在全球范围内的良性发展方面依然存在很多不足。扩大全球公共影响力有助于行业国际非政府组织推动产业的全球化发展。因此，提升国际行业组织的公共影响力是推动行业全球化发展的重要途径。

二 行业国际非政府组织公共影响力的内容

影响力（Influence），是一种控制能力，这种控制能力表现为影响力的发出者对接受者心理过程和行为过程的控制作用，是一个行为主体影响其他相关行为主体的能力。公共性的概念则与组织理论有紧密关联，其内涵可以从系统论、控制论、耗散结构论和协同论等多种角度进行定义，比较复杂；但其外延可以使用逻辑学上的集合来做出一个简明的定义。在社会分化的大背景下，存在多个层次、多种形态的公共集合，若以社会中的某一系统或结构为集合，该集合内的所有自然人和政府组织与非政府组织就构成一个公共事务领域的集合。而与此集合中所有元素或大部分元素的利益相关的事务，我们就可以认为其具有公共性。

在当今的全球化时代，我们可以默认全球化的视野和背景构成了最广义的一个公共集合，简言之，全球性就是最广义的公共性。需要注意的是，全球性这样一种构成公共集合的方式有其特性，即集合中的元素并不具有一定时间进程中的稳定性。简单举例来说，若设定这一集合中的元素总数为一万个，则今天在一件公共事务上的关联元素可能是五千个，而明天可能是八千个，后天可能是六千个。这样一种模型，实际是与全球化背景下的信息媒介的特点和耗散结构有着严密关联的。但无论如何，在某个时间点上，全球化背景中的元素总数总是确定的，并且这一总数能够持续一个特定时间段，因而在一件公共事务上的关联元素的集合是有定义域的。基于对全球化时代的信息媒介的数学理解，这样一种关联元素的集合上的模糊性是能够在统计模型上予以一定化解的。

基于对以上基本范畴的分析，我们认为，行业国际非政府组织的公共影响力的内涵是指：行业国际非政府组织在全球不特定层面为实现维护行业秩序、促进行业发展的目的，在行业中影响会员企业经营、决策活动的能力，以及在行业外代表成员参与各种相关秩序的建构，并影响利益相关者的能力。行业国际非政府组织的公共影响力是行业国际非政府组织综合能力的体现，在实质影响力的构成方式方面会出现系统论、控制论、耗散结构论和协同论乃至仿生学等多种研究和测算方法，但归根结底是由行业组织的内部和外部因素共同决定的。公共政策和公共治理研究本身所具有的问题导向，要求一个行业国际非政府组织的公共影响力能够直观体现为一个时段和一定层面中该组织的可统计的工作绩效，这本身就要求一种技术视角的可操作模型。

以往对于国际组织功能的研究多从规范主义、结构主义和功能主义等宏观定性的角度出发，而要真正提升行业国际非政府组织的公共影响力，还需要公共治理和公共政策科学中量化研究的技术视角，以计量化和模型化的统计手段来简化测算。当然这一简化是有代价的，会在模型化和计量化的过程中忽视原有系统和结构的某些要素。但是，一种好的统计模型的建构，可以将考察的焦点集中在我们所需的高度关联的要素上面，而忽略不相关或关联度非常低的要素。因而，在本研究中，我们尝试性地将统计手段的可操作性与公共治理和公共政策研究的科学性结合起来。

课题组设计了由3个一级指标、8个二级指标和28个三级指标构成的行业国际非政府组织公共影响力评价指标体系。在指标选择过程中，由于可以借鉴的文献资料较少（任浩、李峰，2006：11～13），主要采用了专家研讨和实地调查的方法来确定指标，通过召开焦点小组会议、专家研讨会、对行业国际非政府组织的有关人员进行调研，构建了行业国际非政府组织公共影响力评价指标体系。在具体指标的权重方面，采用了层次分析法（AHP法）加以确定。层次分析法数学原理严谨，且简便易行，通过这种方法，可以将复杂问题分解为若干层次和若干因素，在各因素之间进行简单的比较和计算，就可以得出不同因素重要性程度的权重。

运用层次分析法确定权重，首先需要构造比较判断矩阵，判断矩阵是根据邀请的多名专家回答的结果进行构造，对于指标的重要性赋予1～9的比例标度，由专家进行打分。借此，得到每位专家对指标给出的权重系数，再对专家群体的意见进行综合。对于指标权重的计算，经过了多次讨论，并对指标体系中的部分权重进行了重新平衡，得到了指标最终权重。最后修正出来的指标体系如表 1 所示。

表 1   行业国际非政府组织公共影响力评价指标体系

一级指标	二级指标	三级指标
基础指数（20）	人力（7）	专职人员数量（1.8）
		专职人员平均教育水平（1.2）
		会长知名度（2）
		秘书长综合能力（2）
	物力（5）	总资产（2.8）
		办公用房来源（2.2）
	财力（8）	会费收入（2.4）
		服务性收入（2）
		捐赠收入（2）
		其他收入（1.6）
能力指数（50）	管理能力（10）	组织架构（7）
		财务制度（3）
	协调能力（15）	制定和实施行业标准（7.5）
		行业管理和约束力（7.5）
	服务能力（25）	行业年度报告（5）
		刊物（5）
		展览和会议（5）
		教育培训（2.5）
		咨询服务（3.75）
		经验推广（3.75）
发展指数（30）	发展速度（12）	会员数量（4.8）
		会员数量增长率（3）
		会员营业额（4.2）
	公共关系（18）	政府沟通机制（7.2）
		国际组织关系（4.5）
		媒体报道（4.5）
		网站情况（1.8）

（一）基础指数

行业国际非政府组织的发展必须建立在拥有一定资源的基础之上，必须满足一定的物力、财力和人力要求。一定程度上，行业国际非政府组织拥有的资源越多，行业国际非政府组织才越有条件更好地发展。基础指数是为了评估行业国际非政府组织所具有的规模而设置的，包括组织的人力、物力、财力三个方面。

（1）人力：是对行业国际非政府组织拥有的人力资源进行评价，包括行业国际非政府组织专职人员数量、平均文化水平、会长知名度、秘书长综合能力等指标。其中，专职人员数量和平均文化水平反映行业国际非政府组织工作人员的基本情况，会长知名度和秘书长综合能力体现行业国际非政府组织高层管理人员的素质、能力及对外的影响力。

（2）物力：是对行业国际非政府组织所拥有的资产进行评价，包括总资产、办公用房来源和办公场所面积等指标。总资产和办公面积反映行业国际非政府组织工作的基本硬件条件，办公用房的来源体现行业国际非政府组织主要固定资产的拥有情况，即是自购、租赁还是由其他组织无偿提供。

（3）财力：是对行业国际非政府组织收入的评价。一般而言，行业国际非政府组织收入的来源主要有会费收入、服务性收入、捐赠收入等，收入数额的高低能够反映行业国际非政府组织自身积累资金的能力。

（二）能力指数

行业国际非政府组织发展的根本是行业国际非政府组织对外提供的功能和服务。能力指数是为了评估行业国际非政府组织目前具备的综合能力而设置的，包括管理能力、协调能力、服务能力三个方面。

（1）管理能力：是对行业国际非政府组织内部管理水平的评价，包括组织架构、财务制度等指标。组织架构是否完善决定着行业国际非政府组织的管理能力。财务制度反映行业国际非政府组织内部管理的规范性。

（2）协调能力：是对行业国际非政府组织在本行业内部的影响力方面的评价，包括制定和实施行业标准、行业管理和约束力等指标。

（3）服务能力：是对行业国际非政府组织为会员单位提供服务水平的评价，包括行业报告、刊物、展览和会议、教育培训、咨询服务、经验推广等指标。其中，行业报告反映行业国际非政府组织对本行业发展情况的总结和分析、对会员单位的指导及发展前景的预测，其权威性关系着行业国际非政府组织的公共影响力。刊物作为信息交流的载体，具体体现信息服务的水平。展览和会议则是为会员单位提供的交流平台和推介平台。教育培训和咨询服务体现为会员提供专项服务的能力。经验推广指标主要指行业国际非政府组织在不同层面推广本行业先进经验的次数。

（三）发展指数

发展指数是为了评价行业国际非政府组织所具有的成长性而设置的，包括发展速度、公共关系两个方面。行业国际非政府组织公共影响力内涵中一个很重要的方面是行业国际非政府组织的发展潜力，只有关注内部长期能力培养，具有成长性的行业国际非政府组织才能在未来更好发挥自身的功能和价值。而公共关系则体现的是行业国际非政府组织对外的发展能力，关系行业国际非政府组织的发展环境。

（1）发展速度：从会员数量的比重、会员数量的增长率、会员营业额的比重等方面反映行业国际非政府组织的发展速度。其中，会员数量的比重体现行业国际非政府组织在宏观层面上拥有会员的基本情况，会员数量的增长率体现行业国际非政府组织发展会员的能力，而会员营业额的比重体现行业国际非政府组织拥有会员的质量。

（2）公共关系：反映行业国际非政府组织的发展环境。包括政府沟通机制、与其他国际组织关系、媒体形象和官方网站访问量（体现行业国际非政府组织新媒体传播能力的指标）等方面。

三　能源类国际非政府组织公共影响力比较分析

（一）评价对象的选择

根据上述指标体系，我们选择五个能源类国际组织进行公共影响力评价，然后对其公共影响力进行比较分析。我们选择的组织包括：国际天然气联合会（International Gas Union，IGU）、国际钢铁协会（World Steel Association，Worldsteel）、世界能源理事会（World Energy Council，WEC）、国际原子能机构（International Atomic Energy Agency，IAEA）和世界煤炭协会（World Coal Association，WCA）。国际原子能机构、欧佩克和国际能源署三家都代表着以往的政治关系主导的国际公法治理模式，基于当今国际公法治理与国际私法治理相融合的协同治理模式的背景，在本研究已经不需要全面考察，因而我们从上述三家中只选择了国际原子能机构一个组织作为代表。世界能源理事会虽然是一个政府间组织，但它的形态最能体现国际公法治理与国际私法治理相融合的协同治理大趋势，所以也入选。其余所选的三个组织都是侧重于规范行业秩序和推动行业发展的国际组织，其中国际钢铁协会准确地讲属于资源类国际组织，但属于与能源高度关联的资源类国际组织，因此也作为一个参照比较的对象。

国际天然气联合会成立于 1931 年，它的注册地在瑞士城市韦威（Vevey），而秘书处设在挪威首都奥斯陆。

国际钢铁协会的前身是成立于 1967 年的国际钢铁联盟（International Iron and Steel Institute，IISI），秘书处设于比利时首都布鲁塞尔，2006 年在北京设立第二办事处，2008 年 10 月改称现名。

世界能源理事会的前身是 1924 年 7 月 11 日在伦敦成立的世界动力会议（World Power Conference，WPC），第二次世界大战期间中断活动，1950 年恢复活动，1968 年更名为世界能源会议（World Energy Conference），1992 年改为现名。

国际原子能机构是一个同联合国建立联系，推动各国政府在原子能领域合作的政府间国际组织。总部设在奥地利首都维也纳的维也纳国际中心。1954 年 12 月第九届联合国大会通过决议，要求成立一个专门致力于和平利用原子能的国际机构。1956 年 10 月，82 个国家参加的国际原子能机构规约会议通过了《规约》。1957 年 7 月《规约》生效，10 月国际原子能机构召开首次全体会议，机构正式成立。

世界煤炭协会原来是由欧美发达国家煤炭生产商于 1985 年发起成立的国际煤炭发展研究所，当时的功能是为有关各方交流信息及讨论煤炭行业发展提供一个平台。2010 年际煤炭发展研究所正式更名为世界煤炭协会。

（二）评价结果

根据上述评价指标体系以及对机构的调查，以上各家能源类国际组织的评分如表 2 所示。其中，世界能源理事会（WEC）得分最高，其次为国际钢铁协会（Worldsteel），国际原子能机构（IAEA）得分不太理想，国际天然气联合会（IGU）和世界煤炭协会（WCA）得分较低。

表 2　能源类国际非政府组织公共影响力评分

一级指标	二级指标	三级指标	World steel	IGU	WCA	WEC	IAEA
基础指数（20）	人力（7）	专职人员数量（1.8）	1.08	0.9	0.9	1.8	1.8
		专职人员平均教育水平（1.2）	1.2	1.2	1.2	1.2	1.2
		会长知名度（2）	0.8	0.07	1.9	1.9	0.7
		秘书长综合能力（2）	1.1	0.22	1.9	1.9	0.9
	物力（5）	总资产（2.8）	1.68	1.12	1.12	2.24	2.8
		办公场所情况（2.2）	2.1	1.4	1.4	2.0	2.2
	财力（8）	会费收入（2.4）	2.4	2.4	2.4	0	2.4
		服务性收入（2）	0.8	0	0	0	0
		捐赠收入（2）	0	0	0	2	0
		其他收入（1.6）	0.8	0.8	0.8	1.6	0
能力指数（50）	管理能力（10）	组织架构（7）	7	7	7	7	7
		财务制度（3）	3	3	3	3	3
	协调能力（15）	制定和实施行业标准（7.5）	6	6	4.5	6	7.5
		行业管理和约束力（7.5）	6	6	4.5	6	4.5
	服务能力（25）	行业年度报告（5）	5	5	5	5	5
		刊物（5）	5	0	5	5	5
		展览和会议（5）	5	3	3	5	5
		教育培训（2.5）	2.5	1.5	1.5	2.5	2.5
		咨询服务（3.75）	3.75	3	3	3.75	3.75
		经验推广（3.75）	3.75	2.5	2.5	3.75	3.75
发展指数（30）	发展速度（12）	会员数量（4.8）	4	4.3	2	4.8	4.3
		会员数量增长率（3）	1.2	0.6	-0.6	1.2	0.6
		会员营业额（4.2）	3.6	4	1.4	4	0
	公共关系（18）	政府沟通机制（7.2）	6.3	3.6	3.6	7.2	6.3
		国际组织关系（4.5）	4	3.6	3.6	4.5	4.5
		媒体报道（4.5）	4.5	3.2	3.9	4.2	1.4
		网站情况（1.8）	1.8	1.3	1.3	1.3	1.4
总分：100			84.3	65.7	65.8	88.8	77.5

1. 基础状况方面

就专职人员的受教育水平而言，五个能源类国际组织的官员和工作人员都有博士或者硕士学位，相互间差异不大。就专职人员的数量和组织本身的资产而言，三个非政府间国际组织与两个政府间国际组织难以相比。两个政府间国际组织因为纳入了联合国组织框架，并且有各个大国政府的推动和参与，可以雇佣较多专职人员、拥有较多必备资产。而三个非政府间国际组织出于经济原则和行业自治原则，没有庞大的专职机构，在人财物方面都是能省则省。只不过国际钢铁协会的组织机构和人员资产等，比国际天然气联合会和世界煤炭协会庞大一些。

就办公场所而言，国际原子能机构所使用的维也纳国际中心是奥地利政府提供给联合国的办公场所，只收取象征性租金。国际天然气联合会秘书处所使用的办公场所固定由挪威国家石油公司提供，其主席办公机构由主席所在公司提供办公场所。世界煤炭协会秘书处在伦敦租用办公室，其主席办公机构由主席所在公司提供办公场所。国际钢铁协会秘书处在布鲁塞尔租用办公场所，其第二办事处在北京租用办公室，其会长办公机构由主席所在公司提供办公场所。世界能源理事会总部在伦敦租用办公场所。

就组织的领导人而言，三个国际非政府组织的领导人全部由成员公司的领导人兼任。两个国际政府组织则有自己的专职领导人。

就领导人的个人影响力而言，五个国际组织情况各异。总的来说，领导人的个人影响力与其自身的履历背景和活跃程度关系更大，与组织的公共影响力之间不存在直接必然关系。

就财力而言，三个国际非政府组织的经费主要来自会费，少部分项目经费通过与会员合作研发获得，国际钢铁协会还通过向特定会员提供有偿服务获得收入。两个政府间组织的经费收入情况正好相反，国际原子能机构完全依赖成员国的会费；而世界能源理事会没有会费，其经费全部来自企业捐赠和项目合作。财力在这里是一个综合性指标，虽然有的组织没有某方面的财政来源，但是并不影响综合财力评估的结果。

2. 治理能力方面

国际钢铁协会各项工作由会员单位组成的理事会监管，理事会由会员企业的董事长或首席执行官组成。每年10月份理事会选举产生一个执行委员会，由其监管国际钢铁协会的日常工作。执行委员会由部分理事会成员及国际钢铁协会的总干事组成。国际钢铁协会会长由理事会选举产生，每年一届。

国际天然气联合会的最高组织是每三年举行一次的世界天然气大会（World Gas Conference）。它的主席、副主席由世界天然气大会推选产生，每三年一届。在主席和副主席之外，国际天然气联合会的组织机构包括秘书处和合作委员会两部分——秘书处负责组织的基本运作，而合作委员会负责掌管具体的工作组、项目组和任务组。

世界煤炭协会的最高组织是全体会员单位代表参加的理事会，理事会选举产生执委会和协会主席，主席每届任期两年，理事会下设数个执行委员会。世界煤炭协会的常设机构是秘书处。

世界能源理事会的组织机构包括官方理事会、常任委员会和执行大会三个系统。官方理事会由秘书处和世界能源理事会官员组成，官员中最重要的是世界能源理事会主席，主席人选每三年选举一次。秘书处起协调功能，设在伦敦，秘书长向官方理事会（Officers Council）负责。世界能源理事会的主要功能由其下属的按照行业领域划分的三个常任委员会（Standing Committees）负责。世界能源理事会成员国每年召开一次执行大会（Executive Assembly）。世界能源理事会的一项主要活动是每三年举办一次的世界能源大会（World Energy Congress），参加者包括企业、非政府组织、研究机构和各国政府以及每半年举行一次的世界能源领袖峰会。

世界能源理事会是在成立后的发展过程中被吸收进联合国组织的，而国际原子能机构一开始就是由联合国发起并创设的。国际原子能机构的组织机构包括大会、理事会和秘书处，理事会为该组织最高执行机构。国际原子能机构的总干事由理事会的 35 个成员国选举产生。

综上所述，五个能源类国际组织的组织机构虽然复杂程度不同，但是就每个组织的设立宗旨而言，制度都足够完善。五个组织的财务状况不尽相同，每个组织的财务运作规模决定了该组织在行业内的影响力和影响范围；不过在财务公开透明、账目制度完善等方面都达到了高标准。五个组织之间的差异出现在协调能力和服务能力方面。

就协调能力而言，世界煤炭协会因为会员的市场占有份额太低，制定和实施行业标准有难度，导致行业管理和约束力不足。这里有个很重要的原因是世界煤炭协会2010年才由世界煤炭研究所改组而来，作为煤炭行业国际非政府组织的历史积累还不够。国际原子能机构因为是联合国框架下的政府间组织，制定和实施行业标准的能力很强，但是在涉及复杂的军事和政治问题上，显示出了管理能力和约束力的不足，这些严重损害了其公信力。

就服务能力而言，五个组织的行业报告都非常完善，有的组织甚至每年出版多个分项目的年度报告。国际天然气联合会没有刊物，而其他四个组织都有刊物。在展览与会议、教育与培训、咨询服务和经验推广等方面，国际原子能机构、世界能源理事会、国际钢铁协会三者的成熟度很高，而世界煤炭协会与国际天然气联合会在这些领域活动不多，不够成熟。

3. 发展前景方面

国际钢铁协会的会员有三类：常规会员必须是粗钢年产量200万吨以上并独立经营的钢铁生产企业；还未达到常规会员标准的钢铁生产企业可以作为准会员加入协会；区域性钢铁行业协会、联合会和研究机构可以作为附属会员加入协会。国际钢铁协会会员覆盖将近170个钢铁企业（包括全球10大钢铁公司中的9个）、国家和地区级的钢铁行业组织，以及钢铁研究机构。国际钢铁协会会员的粗钢产量占全球粗钢总产量的85%左右。

国际天然气联合会的会员分正式会员（charter members）和联系会员（associated members）两类，正式会员是一个国家或地区的天然气行业组织，联系会员是正式会员所在国家或地区中的天然气企业、协会或者分部。国际天然气联合会总共有83个正式会员和42个联系会员，它的会员企业控制着全球天然气市场份额的95%。

世界煤炭协会的会员分两类，公司型会员（corporate members）和协会型会员（associate members），后者是各个国家或地区的煤炭行业协会或煤炭研究机构。2011年以来，世界煤炭协会经历了一波退会潮，原有的21家公司型会员中有8家退会，原因是不想继续负担会费；不过世界煤炭协会又吸收了6家新的公司型会员。所以协会现（2014年）有19个公司型会员，20个协会型会员。它的会员煤产量占全球煤炭产量的28%，会员煤炭出口量占全球煤炭出口量的36%。

世界能源理事会的会员结构和组织机构结合在一起，比较复杂。它的会员构成分为两个层级，首先是以国家为单位而设立的成员国委员会（Member Committees），这是一级会员，有 97 个；在成员国委员会之下，是分布于这 97 个国家内的二级会员，二级会员包括三千多个各种公共组织和民间组织。

国际政府组织的国际原子能机构现有 162 个成员国。

就会员状况而言，世界煤炭协会的会员明显少于其他四个组织。在三个国际非政府组织内部比较，国际天然气联合会的会员数量在行业内部几乎饱和，会员产品的市场占有份额最高；国际钢铁协会会员产品的市场占有份额也很高，但是还有吸纳一部分会员的空间；世界煤炭协会的公司会员数量不多，会员产品的市场占有份额也不高，理论上吸纳新会员的空间很大，但是最近几年却出现会员退会的情况，严重影响其发展指数。

就公共关系领域的发展指数而言，两个国际政府组织的沟通机制和国际组织关系明显好于三个国际非政府组织，但在媒体报道中出现的频率却是各有千秋。网站建设方面，国际钢铁协会的网站全部内容有中文和英文两个版本，其他四个组织只有英文版。

（三）能源类国际组织公共影响力的特征分析

以上主要是事实方面的分析，具体到运作方面，可以发现上述能源类国际组织在公共影响力方面具有以下几方面特征，这些方面也大体可以反映行业国际非政府组织公共影响力的现状与问题。

1. 制度较完善、专业性较强

作为行业国际非政府组织，上述机构在制度完善和财务透明度等自身建设方面都可圈可点。各行业国际非政府组织均在本行业领域具有相当的专业性，具有引领本行业标准制定和实施的能力。总之，在能力指数方面，这些机构得分均较高。但是这些组织也存在着内部规则较为模糊、实施机制缺失的问题。

2. 行业国际非政府组织与行业国际政府组织的公共影响力差别较大

经过以上分析可以看出，总体上，行业国际非政府组织与行业国际政府组织的公共影响力差别较大。目前在全球化治理中，国家与地区政府仍然是最有硬性影响力的主体，行业国际政府组织可以凭借政治力量对国际公共政策产生直接影响。而行业国际非政府组织的公共影响力一般比较柔性，在国际公共政策和国际关系建构中的直接影响力有限。

3. 行业国际非政府组织在全球公共治理中的行动能力有待提高

行业国际非政府组织属于新兴的公共治理组织，体现着全球范围内的行业自治和行业外参与。但是通过上述比较却可看出，行业国际非政府组织的领导人员一般来自于企业会员，物质资源和财政收入均依赖于会员单位，行业服务主要针对企业会员。一方面这是其专业性的表现，另一方面也说明这类组织的活动空间主要限于行业内部，在行业外参与全球公共治理的行动能力有限，削弱了其在行业外不特定公共层面的公共影响力。行业性社团是会员的自愿结盟，每一个会员都面临着全球化时代的经济、政治和社会关系的挑战。作为行业国际政府组织的世界能源理事会参与全球公共政策构建积极，并且参与各种国际事务的方式灵活，在能源行业外获得了较好的公共影响力。所以行业国际非政府组织也应该倡导公益性外溢，倡导主动参与行业外但是与本行业相关的国际事务，承担全球治理责任。

四 参与全球治理与行业专业性：行业国际
非政府组织增强公共影响力的路径

（一）行业国际非政府组织应成为引领行业发展的主角

就产业国际化的趋势而言，行业国际非政府组织应该成为主角。在经济全球化的发展过程中，各类国际政府组织在一定程度上保障了世界经济在统一制度和规则的基础上健康有序地发展。但是作为主权国家的派生物，一些国际政府组织对各国经济主权的渗透性也越来越强，逐渐成为对世界各国进行强有力经济干预的机构，如国际货币基金组织、世界贸易组织等。

从主权国家方面来讲，随着全球化发展的深入，国家的行动能力受到较大限制。如弗里德曼所言，在经济全球化的背景下，每一个国家都将穿上"黄金紧身衣"。（弗里德曼，2006：19）主权国家行动能力的削弱导致与其他行为体间的关系也发生了变化，其中与跨国公司间关系的变化尤为明显：国家已无力完全控制跨国公司，跨国公司利用"用脚投票"的战略就可以限制国家。而行业国际非政府组织则可以借助其行业自律等手段对跨国公司起到一定的制约作用。

与国际政府组织不同，行业国际非政府组织不是主权国家的派生物，该行为体主要凭借的是塑造国际共同价值及规范的能力，更有利于促进全球范围内本产业的良性发展，维护企业经营的自主性和良好国际秩序的形成。非国家行为体在国际政治中的大量存在及其活动能力增强，突破了国家主体在国际政治中的垄断中心地位，趋于形成国家主体与非国家主体共生的结构体系（星野昭吉，1999：402）。在信息化时代，国际非政府组织更是可能成为一个"全球监视者"，掌握对于全球信息的主动权（Shkabatur，2011：45~46）。

（二）公共影响力构建的两个维度：行业专业性与公共行动能力

行业国际非政府组织的公共影响力建构主要包括两个维度，即行业专业性与公共行动能力。其中公共行动能力是重中之重。专业性有助于提升行业国际非政府组织在行业内部的权威性，以更好地发挥其在推动国际制度、规范建设方面的作用，而公共行动能力则是公共影响力的具体体现和落脚点，有助于树立行业国际非政府组织的公信力。

行业国际非政府组织大多已经具备了相当的专业性，但仍有进一步的提升空间，具体可着眼于加强与利益相关者的规则和标准整合。主要包括三个方面：

一是加强与相关行业规则和标准的整合。在经济全球化的背景下，上下游行业之间相互依存、渗透与合作已成为一种发展趋势，规则和标准的整合有利于行业的良性发展。

二是加强与各级政府部门规则和标准的整合。这既可以使行业国际非政府组织成为本行业内各企业与各政府监管部门间的协调者，又可以改善行业国际非政府组织与各政府部门的沟通。

三是加强与各种国际组织规则和标准的整合。这有利于为产业国际化的发展营造更好的国际环境。

在行动能力方面，行业国际非政府组织的国际形象和影响力与更具公益性的国际环境组织存在较大差距。比如在应对国际环境气候议题上，能源类国际组织的积极努力却遭到诟病。2013 年 11 月，世界气候大会（COP19）在波兰华沙召开，与此同时，世界煤炭协会和波兰政府共同主办了"世界煤炭和气候变化峰会"，探讨煤炭行业的清洁、高效、可持续发展问题。然而，此举却引来了抗议，环保组织甚至给联合国气候变化框架大会的秘书处主席克里斯蒂娜·菲格罗斯写信，要求她不要参加"世界煤炭和气候变化峰会"。与之形成鲜明对照，国际环境组织活跃于世界舞台上，取得了众多进展。由于环境类的国际非政府组织本身就定位于全球环境问题的治理，使其可以自主灵活地围绕全球化时代的环保治理问题开展活动。比如在 1989 年《濒危野生动植物种国际贸易公约》第七届成员国大会关于提高非洲象的保护等级争论时，世界野生动物基金等国际非政府组织向大会和各成员国提交了一份批驳公约秘书处主张的"独立法律意见"，并利用 NGOs 观察员身份将此问题列入成员国大会的议程，对成员国产生了较大的影响。最后大会决定将非洲象从附录二提升到附录一。国际非政府组织通过主动参加国际会议、国际谈判，主动召集非政府组织论坛、拟订环境条约等各种方式来推动国际机制的形成。

行业国际非政府组织主要来源于企业的自愿结社，必然会受到企业利益的影响。但是行业国际非政府组织作为一个法律上独立的非政府组织，当它成立后就应具有超出企业眼光看问题的能力，方能主动迎接全球化时代的挑战，并提升自身的公共影响力。在主动参与全球治理、增强公共行动能力方面，行业国际非政府组织可以着眼于以下方面：

首先，应秉持"共赢"型理念。所谓共赢是指合作的各方能够共同获得利益，它要求在处理双边或多边关系、内部系统与外部环境关系时，在不损害公共利益、不以牺牲生态环境为代价的前提下，使各方均获得较满意的结果。当今世界发展模式的多样性使得利益的分化非常明显，在这种情形下如果坚持传统的单边受益理念将会面临多方面的困境，应最大程度上实现利益的共享。若在某些情况下不能实现利益共享，至少也应形成一个较为固定的利益格局，使各方获得相应比例的利益。

其次，应秉持利益型和道义型兼重的原则。所谓利益型是指行为体以追逐和实现利益作为其行动的根本动因；而道义型则指行为体所采取的行动是以实现某种道德或公益理念为目标。利益型原则是行业国际非政府组织所必须要坚持的原则，这与行业组织的属性紧密相关。只有敢理直气壮地宣称自身的利益属性，行业国际非政府组织才能得到其他行为体的信任。行业国际非政府组织的形象应与协调世界各地本行业内部企业间的关系，促进信息沟通、资源共享，实现行业利益的可持续性等内涵联系在一起。

否则，只会增加其他行为体的不信任感。

在坚持利益型原则的同时，行业国际非政府组织还需倡导公益性外溢，注重自身道义型形象的构建。这就要求行业国际非政府组织以公益性外溢的观念和模式，主动实现利益型和道义型原则的平衡。以能源类国际组织为例，随着全球环保意识的发展，能源行业正承受着巨大的环保舆论压力，面对这种压力一味地选择沉默并非首善之举，只有将自身与某种国际道义相联系（例如全球治理）并积极主动寻求平衡点，才能真正与环保舆论压力相抗衡并求得良好的全球治理。

最后，应以积极承担社会责任为重要突破口。社会责任的种类非常众多，例如联合国全球契约中就有四个方面的十条原则。在我们看来，可持续发展可以成为行业国际非政府组织承担社会责任的重心。行业国际非政府组织应该在推动企业承担社会责任、设定相关行业标准方面发挥作用。

行业国际非政府组织作为国际舞台上的一支力量，丰富了国际关系的内涵，有利于产业国际化的良性发展。而公共影响力的建构则关系着行业国际非政府组织是否能够真正担负起行业守望者的责任。为此，在巩固其行业专业性的基础上，应努力增强行业国际非政府组织参与全球治理的主动意识，扩大其行业国际事务的参与度，构建有效扩大行业国际非政府组织公共影响力的有效路径。

参考文献

〔美〕弗里德曼（2006）：《世界是平的："凌志汽车"和"橄榄树"的视角》，黄其祥、赵绍棣译，北京：东方出版社。

国际货币基金组织（1997）：《世界经济展望》，北京：中国金融出版社。

任浩、李峰（2006）：《行业协会影响力评价指标体系的实证研究》，《现代管理科学》，（4）：第 11～13 页。

〔日〕星野昭吉：《变动中的世界政治》，刘小林、王乐理等译，北京：新华出版社。

Shkabatur (2011), "A Global Panopticon? The Changing Role of International Organizations in the Information Age," June 7, 2011, No. 11 – 26 Working Paper, Boston University School of Law.

Zakaria (2008), "The Rise of The Rest", 2008, May 12, *Newsweek*, pp. 18 – 27.

Public Influence Building of Industry International NGOs —Taking International NGOs in the Energy Sector as an Example

Bi Jingyue Zhang Shaoxin He Tao

[**Abstract**] As an important force in public governance in the age of globalization, industry international non-governmental organizations (NGOs) are closely related to industrial globalization and collaborative governance in the world. Public influence is an essential element for the industry international NGOs to exercise governance within the industry and to participate in global governance. With the help of a public influence indicator system and by taking international NGOs in the energy sector as an example, this paper analyzes the current status of industry international NGOs, the problems they are facing, and the approaches to effectively exerting public influence. It concludes that industry international NGOs should constantly build up their industry professionalism to enhance their ability in public actions.

[**Keywords**] industry international non-governmental organization, public influence, industrial globalization

（责任编辑：李长文）

行业国际非政府组织的公共影响力构建

169

社会服务参与中社会资本
形成机制的个案研究

——以服务学习为视角

王　杨*

【摘要】 社会资本的研究中关于其产生过程和形成机制的关注
较少。本文以服务学习理论作为分析视角，从社会服务参与中社
会资本形成的现象入手，对一个专业社会服务项目——"成长向
导"计划的社会资本生成过程进行了实证研究。通过对个案的研
究发现，基于服务学习互惠与反思的要求和具体设计，通过卷入
与联结、制度化互动及内化机制，社会服务参与促进了社会资本
的形成。

【关键词】 社会服务参与　社会资本　形成机制　服务学习

一　问题的提出

20 世纪 90 年代以来，"社会资本"被广泛运用于社会科学领域的研究，
成为多学科交叉研究的交汇点。一般认为，"社会资本"这一概念是由法国
社会学家布迪厄首先提出的，随后，伯特、科尔曼、福山、帕特南等众多

---

　　*　王杨，清华大学公共管理学院博士后，助理研究员。

学者对这一概念进行过定义和理论研究。按照布朗微观、中观、宏观三个分析层面的定义，微观层面的社会资本概念为嵌入自我的社会资本观点。以布迪厄为代表认为，社会资本是嵌入社会关系网络中的个人的实际或潜在的资源。中观层次的社会资本分析为社会资本的结构观点，如科尔曼认为，社会资本的定义由其功能而来；它不是某种单独的实体，而是具有各种形式的不同实体；其共同特征有两个：它们由构成社会结构的各个要素所组成；它们为结构内部的个人行动提供便利（科尔曼，2008：333）宏观层面的社会资本概念是指嵌入到较大政治、经济、文化系统的社会资本网络观点。如帕特南首先将社会资本概念应用于政治学和公共管理的研究中，他将社会资本与制度绩效和民主治理联系起来，指出：社会资本是指社会组织的特征，诸如信任、规范以及网络，它们能够通过促进合作行为来提高社会的效率（罗伯特，2001：195）。经济学、社会学和政治学领域都对社会资本的研究给予了一定的关注。社会资本由经济学的"资本"概念衍生，在经济学领域，主要用来解释传统资本要素外文化和社会因素对经济发展的贡献。社会学家则运用"社会资本"的概念来分析个人、组织与社会，并尝试用它来弥合社会学传统理论中的宏微观之间的分裂状况，在社会行动、社会流动、社会组织、社会制度、社会发展等具体的研究领域都取得了突破性进展（田凯，2001：90）。政治学领域的社会资本研究则主要关注了公民参与、社会组织、社会信任、社会规范等对社会治理和政府绩效之间的互动关系。本文主要从社会学的视角出发，认为社会资本是个体或群体基于社会互动而产生的信任、关系网络、互惠规范、社会共识等资源。

关于社会资本的生成，布迪厄认为是通过个人和家庭有目的地建立社会关系，借助与他人之间的联系而获得，并因此带来收益的增加。社区参与是建立社会关系及与他人联系的重要方式。科尔曼提出导致社会资本出现的因素是个人决策的结果，这些因素包括一定程度上社会网络的封闭、社会结构的稳定和强调利他的意识形态等等。社会网络及社会结构的参与是这些因素的前提。林南在科尔曼及其他学者研究的基础上，阐述了社会资本的产生是个人或集体行动者，在与其他行动者进行互动的过程中得以从社会结构中获得的。帕特南在发现社会资本积累和制度绩效与经济发展的关系时，分析了在公民积极参与、富有横向交织的网络和拥有规范制度的社会，基于普遍互惠基础之上的合作体系得以培育。可见，社区参与、公民参与和社会资本之间有着密切的互相强化关系，社会资本的产生和扩展在参与中实现，社会资本也体现在广泛而有效的参与之中。虽然，现有文献中对于社会参与与社会资本相互作用关系的研究中关注社会资本存量对社会参与的影响的视角更多一些，然而一些学者也论证了社区参与对于社会资本培育的促进作用。夏建中在对不同类型社区进行调查的基础上，提出社区参与是实现社区治理和培育社会资本的重要途径（夏建中，2011：278~322）。约翰·布雷姆、温迪·拉恩在《美国政治学杂志》1997年第3期发表的文章《社会资本的成因及后果在个人层面的证据》中，在参与共同体与对他人的信任之间互反关系理解的基础上，通过对汇集的1972~1994年的综合社会调查数据进行分析得到的结论认为，公民参与和人际信任处在紧密的互反关系中，在这种关系中，从参与到人际信任这一向度比起从人际信任到参与这一向度来，其关联性更强（布雷姆、拉恩，2012：79）。也就是说不仅是社会资本有助于参与，社区参与和公民参与更有利于社会资本的生成，其因果作用关系正如蛋鸡关系无关前后。

然而，在现有的研究中，关于社区参与和公民参与产生社会资本的过程和机制的关注并不多见。即使在社会资本理论学家的著述里，这也是一个并未被充分关注和论证的问题。但是，对建构社会资本制度化、行动化的尝试来说，社会资本生成的具体机制的研究是有着直接参考价值的。社区参与、公民参与表现为很多具体的行动，为什么某些参与行动形成了社会资本而其他的没有或不明显？在这些行动过程中，哪些因素利于社会资本的生成，生成的过程是怎样的？是一个值得讨论的问题。当然，社区参与、公民参与的模式多种多样，有不同的分法。政治参与、公共事务参与和社会服务参与，抗争性参与、体制性参与和公共型参与，不同领域、不同形式的参与将有着不同的社会资本生成机制。本文试图通过对一个专业社会服务项目的个案研究，探讨社会服务参与中的社会资本的形成机制，重点分析社会服务参与中促使社会资本生成的关键因素和作用机制。服务学习理论是在杜威经验哲学理论基础之上形成的社区服务与学习相结合的教育理论。服务学习在一定程度上也是公民参与运动向教育领域的拓展，或是一种置于教育中的公民参与，与社会服务参与有着同源性。社会资本是用来弥合个人与社会之间的分裂关系的纽带，是社会互动的结果。服务学习是建立在个人与社会共生互动关系基础上、探讨学习目标达成的理论。在这里，服务学习的理论可以为分析社会资本的生成机制提供一些思路，因此本文试图从服务学习的视角来分析社会服务参与中社会资本的创造。

二 分析视角与框架

（一）服务学习理论及其要素

服务学习建立于美国的社会服务传统之上，1967 年由美国南部地区教育董事会（Southern Regional Educational Board）首先提出，随后逐渐扩展到美国各州。服务学习有很多种定义和不同层面的解释。Kendall 在她的《合并服务与学习》一书中提到服务学习的概念有 147 种。比较广泛被认同的定义是 1990 年美国《国家和社区服务法案》中定义的：学生或参与者通过主动参与精心组织的服务进行学习并得到发展，这种服务在社区中发生并满足社的需要；与小学、中学、高等教育机构或者社区服务计划以及社区相协调；有助于形成公民责任，与学生的学术性课程或参与者参与的社区服务计划的教育因素相整合，并发挥促进作用；为学生或参与者规定时间对服务经验进行反思（周加仙，2004：14）。一般认为，服务学习最核心的要素是反思与互惠，它是使服务学习区别于一些其他社区服务和志愿者项目的基本要素，一些社区服务和志愿者项目包含反思和互惠，一些则没有。服务学习有着这样的教育原则作为基础：学习和发展并不必然地作为经验本身的一种结果出现，而是一种为了形成学习和发展而明确设计的反思的结果。关于学习的理论家和研究者的作品都表明了：我们通过思考和行动、反思和实践、理论和应用的结合而学习（Kendal，1988），反思可以被设计来提升参与者对服务需要背后更大社会问题的理解。反思应当包括给参与者提供机会去接受他们的服务对象以及与共同参与者和项目领导人的反馈意见。反思可以采取多种形式：个体的、群体的，口头的和书面的，如日志、论坛、小组讨论、研讨会等等。互惠是服务学习另一个根本要素。互惠是指提供服务者与被服务者或团体之间的互惠。服务学习中所有参与者都是学习者，并且都帮助决定学什么，服务者和被服务者都教、也都学（Kendal，1988：22）。服务学习避免仅仅基于学习者需要的学习结果而将学习者置于社区的环境中，也避免不满足社区实际需要或者置社区需要长期存在于不顾的做法，即应关注于寻求和探讨这些需要产生的原因。互惠使服务学习意味着一种从慈善到正义的变化，抛弃服务提供者与服务接受者的强弱关系，而是从服务到共同尝试消除服务需要的努力。除了反思和互惠之外，学者们还提出了服务学习多元、以学习为基础和协同合作等基本性质和要素。本文认为，反思、互惠是服务学习的基本要素，多元、协同合作、以学习为基础等因素分别嵌入这两个基本要素中。

虽然，服务学习会很容易被理解为是一种学习活动计划或是一种教育法，但实际上它更是一种思想体系，一种人类发展和目标，一种社会视野，一种通入社区的途径和一种认知方式（Kendal，1988：23）的哲学体系。服务学习的互惠要素认为学习者是社区的资源及资产，认为所有民主社会的人民都是能够为社会做出贡献的公民。而通入社区也是学习者学习和公民参与的重要途径。服务学习将教育与社会相联结，是一种服务他人的价值表达，社区发展和自主决定目标的相互学习，学习者和被服务者之间的社会和教育的互换的本质和过程（Stanton，1990：67）。正是因为服务学习的社会性教育逻辑使以服务学习为视角的社会资本生成机制研究成为可能。

（二）分析框架

上文提到，社会资本是个体或群体基于社会互动而产生的信任、关系网络、互惠规范、社会共识等资源，可见，社会资本的生成过程是个体或群体的社会互动过程。而服务学习的过程也正是一种以学习成果为目标的个体与社会的互动过程，在服务学习中，学生或参与者、学校、社区都从互动中获益。服务学习的研究者从各方面考察了服务学习中各方主体的获益，贾尔斯和艾勒通过考查服务学习对个体特征及个性方面发展的影响后发现，学生通过多次参与服务学习可以深入了解人与人之间的区别与差异，并进而学会与人合作和长时期的融洽相处。华德斯坦娜厄和莱赫通过对爱荷华州等3个州共6所公立高中801名学生进行长时期跟踪研究发现：在社会参与方面，多次参与服务学习的学生更加了解社会，尊重他人，并能很好的融入社会生活当中（郝运，2009：101～105）。同时，服务学习使参与其中的学校的教学氛围、师生关系改善，教学资源拓展并提高了教学效果。服务学习也提高了社区居民参与的积极性，促进了社区文化的形成，增加了服务资源、提高了管理水平。可见，在服务学习的体验中，学习者与社区之间的互动产生了成果，这种成果不只体现在学习者的发展上，也体现在学习者与环境之间的关系上，即学习者与环境关系的改变的结果。这一学习结果反映在个人、学校、社区、社会等多个层面，体现在合作中的互相信任和关系紧密，社会化程度加强，新的支持系统，公民责任和公民意识增强等等，在各个服务学习计划中类似的结果都得到体现和验证。这些学习成果与信任、关系网络、互惠规范和社会共识等资源相对应，是使个人、团体、社区乃至社会获得资源并受益的社会资本。可以假设在一种服务学习中，参与者的社会互动使信任、关系网络、互惠规范和社会共识以学习成果的形式得以获得。因此，本文将社会服务参与理解为一种体验式学习，将社会服务参与中生成的社会资本作为一种服务学习的结果，以此来分析社会服务参与中社会资本生成的过程与机制。

在服务学习这种社会服务参与中，社会资本是怎样形成的呢？如图1所示，一种社会服务参与如果具备了反思、互惠的特征，其可以被视为是一种服务学习。而服务学习通常会对个体、群体、社区、社会发生作用，产生信任、关系网络、互惠规范和社会共识等社会资本。那么这其中，以反思和互惠为特征的服务学习的过程是怎样产生这些资源的？我们认为，服务学习的要素是反思与互惠，反思和互惠在服务学习过程中又蕴含或形成一些要素，这些要素创造了社会资本。具备这类要素的社会服务参与

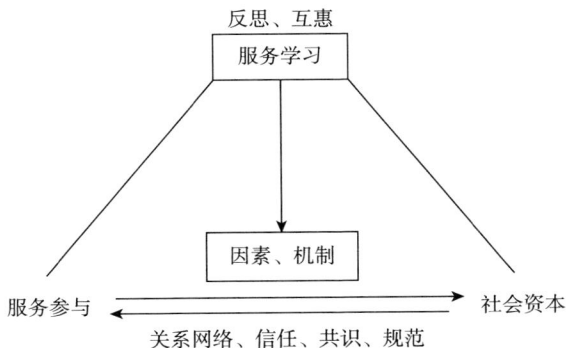

图1　服务学习视角下服务参与中社会资本形成机制研究框架图

可以有效地形成社会资本，部分或完全缺失这些要素，社会资本的形成将变得困难。这些要素在社会资本过程中发挥作用的过程便是社会资本的形成机制，也是我们要通过案例探讨的问题。

三　基于"成长向导"计划的案例分析

本文主要采用案例研究的个案研究方法，对一个服务学习性质的社会服务参与行动"成长向导"计划做个案研究。"成长向导"计划是一个高校大学生一对一服务外来务工人员子女的服务学习项目。论文中的资料来自笔者对项目中部分向导、受导者、督导的访谈记录，笔者作为督导的参与式观察，向导、督导日志和总结、项目执行中的文件材料以及部分媒体的宣传报道等。

（一）案例背景及情况介绍

1. 案例基本情况

"成长向导"计划缘起于香港理工大学社会工作团队在香港开展的服务贫困儿童的"师友计划"。2008年，在香港青年发展基金会资助下，北京青少年生命教育基地将"成长向导"项目引入北京，作为外来务工人员子女健康发展研发项目的重要组成部分。中国青年政治学院、首都师范大学、首都经济贸易大学、中华女子学院、中国劳动关系学院五所学校合作开展"成长向导"计划，服务对象为北京的外来务工子女即流动儿童，由各高校的大学生作为向导提供一对一"陪伴"服务，每期服务期为一年，自2008年9月至2012年6月，共进行了三期服务。该项目旨在搭建平台，让高校的大学生与外来务工人员子女间通过项目实施建立一个健康且有意义的跨代关系，通过多方协作建立关怀外来务工人员子女的关系网络，促进其健康成长，同时增加大学生对于社会的认识，促进大学生的发展与成长。

2. "成长向导"计划中的服务参与主体

"成长向导"计划中的服务参与主体主要包括：①成长向导（mentor）：来自五所高校的大学生，他们承诺付出1年时间和精力，每月与受导者个别接触三到四次，并参加每月的团体活动。通过服务拓展受导者视野与兴趣，优化社交能力和情绪发展，协助他们了解和发挥本身的潜能，促进其身份定位及启发他们对未来的规划（秦毓梅，2012）。②督导：来自五所高校的社会工作专业教师、学生指导教师及部分社会工作专业研究生，主要提供服务中的专业指导、信息提供、向导评价和精神支持。③高校：各高校师生组成，推进项目执行，进行本校向导招募，与服务对象所在学校对接，为向导及受导者配对，组织各项督导活动和组织参与项目办集体活动等。④技能发展暨专才优化团队（社区精英）：每期由 30 名具备 5 年以上工作经验、拥有一定社区资源的爱心人士组成。专才优化团队与高校服务团队相互配合，组织活动，提供资源和机会，拓宽受导者视野，与成长向导分享人生经验，帮助向导成长。

3. "成长向导"计划中的服务接受主体

"成长向导"计划中的服务接受主体主要包括：①受导者（mentee）：北京外来务工人员子女，接受成长向导指导的参与者，12～16 岁低收入（处于弱势背景的）家庭儿童。②打工子弟学校：接受高校团队和向导为本学校提供教育资源，对接提供服务的高校团队，协助招募受导者，帮助完成配对和保证项目执行中的时间、联络和安全。③受导者及打工子弟学校所在社区：接受参与服务各主体为社区在流动人口服务与管理方面提供的资源及潜在社区发展收益。

4. 成长向导中的服务参与过程

"成长向导"计划按照服务学习的理念设计实施过程，对应服务学习的准备、行动、反思、总结四个阶段，将服务过程分为招募期、培训期、配对期、服务期、总结期。招募期、培训期、配对期主要进行的是服务学习的准备并包含以培训为形式的反思；服务期进行的是服务学习的行动以及服务参与过程中的反思；总结期进行的是服务学习的反思和总结的阶段。具体见表 1。

5. 成长向导中的互惠与反思

上文提到服务学习的基本要素是在社会服务参与中的互惠与反思，成长向导中这两方面要素体现在：①互惠方面，项目一直坚持在所有服务参与者和服务接受者之间建立一种基于各自需求的合作关系。包括发展高校与打工子弟学校及所在社区的合作伙伴关系；建立大学生向导与外来务工子女之间的陪伴同行、共同成长的相互关系；服务内容由向导与受导者

表 1　成长向导项目实施过程、内容及服务学习阶段对照

实施过程	内容	服务学习阶段
招募期	资料准备 各学校服务团队督导名单 项目办与全体督导会议 沟通活动设想 校园宣传活动 向导甄选面试和提交名单 技能发展暨专才优化名单提交 进行项目启动	准备、反思
培训期	向导及督导培训 督导、向导和专才配对	
配对期	确定服务学校名单 服务学校与高校团队配对 大学生向导与受导者配对	
服务期	活动发布会 充电培训暨交流分享会每月一次 1 对 1 配对服务每周一次、家访、辅导功课等形式 督导、专才、向导与受助学生的 12 人团队服务活动，每月一次，讲座、分享会、参观、外出游玩、体育运动等 6 名督导、6 名专才、30 名向导、30 名学生组成的各高校团队服务活动，每年两次，进行联欢、出游、写生、运动会 由项目办组织的由全体成员、家长、校方代表参加的约 500 人团体活动，每年两次，以联欢形式进行	行动、反思
总结期	学生向导、受助学生、督导教师分别提交总结报告，填写活动效果调查问卷 项目办完成整体活动总结报告，召开总结分享会 制作向导志愿服务证书和青少年工作证书 推选优秀向导和优秀督导代表 召开联欢活动，为优秀参加者颁奖，全体庆祝联欢等活动	反思、总结

及其家长共同确定；建立包含高校团队、专才团队、社区、向导、受导者
的互动支持网络等等。②反思方面，在项目中通过设置培训、督导、计划、
日志、征文、总结报告等加强大学生向导对服务过程中个人观察和经验的
思考；通过分小组之间的交流和项目组举办的各次分享会，实现向导与服
务对象、社区精英之间的互动反思；通过督导的定期督导，交流，实现与
师友之间的互动反思。

（二）服务学习过程中社会资本的生成及机制分析

1. 服务学习的服务参与过程安排

"成长向导"项目按照服务学习的实施过程设计社会服务参与过程，在过程中充分体现其反思与互惠的要素，在其项目实施过程中进行了如下的安排。

（1）全面需求评估与共同设计方案

"成长向导"项目每期的服务周期之前都有一个很长的准备阶段，在第一期项目中这一阶段长达近半年的时间。在这一准备阶段，除了招募相关参与者之外，项目组的主要工作在于完成对合作各方的需求评估，并通过合作方共同设计服务方案使相关主体建立合作关系。为保证服务学习使各方参与者受惠，项目组对大学生向导、受导者、高校团队、专才团队、打工子弟学校进行了全面的需求评估；为确保各方参与，项目组组织参与各方多次讨论，共同设计并完善了服务方案，以使各方参与主体对服务方案认同和满意，并积极参与；多方主体在详细分析和评估配对的合理性、伦理风险、有效性的基础上，将大学生向导、受导者、专才进行了分组和配对，通过破冰、历奇、团体活动等建立参与者之间的合作关系。例如，项目是一个为期一年的向导陪伴受导者的项目，项目在多方参与主体多次讨论的基础上确定了"向导男——受导男、向导女——受导女、向导女——受导男"的配对结构，避免了伦理上的风险，以保证项目效果。为保证小组活动的便利，同时兼顾专才和督导对向导、受导者支持的效果，经多方讨论确定 5 对"向导—受导者"配备 1 名督导和 1 名专才形成 12 人团队的分组方案。对于让向导及受导者频繁填答问卷涉及的专业伦理问题，打工子弟学校和高校团队也对项目办公室提出质疑，经过多次讨论和修改，项目办减少了问卷填答次数。

> 和我们之前带学生参与的一些项目相比，这个项目在前期进行了很长时间的开会、沟通的阶段，对我们来说在时间上确实是个负担。当然在每一次的开会、沟通后我们倒觉得这是非常有必要的，大家的讨论非常激烈，包括对于服务对象的受助疲劳问题、参与服务主体的安全与利益问题、频繁问卷调查的专业伦理问题等等，大家在这些讨

论中形成了互相觉得对自己有利无害的计划行动方式。在后来的计划开展中，这些共识起到了重要的协调作用，尽管在开展过程中问题和讨论仍在不断出现。（C 高校团队负责人 a 访谈）

（2） 基于服务与学习的效果周期设定 1 年服务期限

在项目办组织的参与方讨论中，针对项目"建立一个健康及具有意义的跨代关系，建立关怀外来务工人员子女的关系网络，促进大学生的发展与成长"的目标，根据服务学习互惠的要求，项目参与各方认为，由于"成长向导"项目是一个"一生中一年，陪伴青少年"的项目，社会照顾与社会支持目标的达成需要社会工作服务一定的持久性和稳定性；同时"成长向导"项目也注重通过反思使大学生向导受益，获得成长，学习的过程与学习目标的达成同样需要一个持续性的周期。为使各方参与主体受惠，保证"服务"及"学习"的效果，项目办借鉴香港"师友计划"的经验，将项目周期设定为：每期服务期 1 年，加上服务前的准备和服务后的总结，每期项目周期 1 ~ 1.5 年的时间，共持续 3 期，每期受导者不同，向导在自愿的基础上可以连续参与多期。一般的社会服务项目也有短期和长期之分，一期服务持续一年或一个项目持续多期的情况也常有见到。但是通常长期项目仅要求服务内容的执行周期的持续性，而不要求具体服务提供者、被服务对象、监督者、参与单位的稳定性。在涉及多方、大量参与主体的情况下，保证服务中参与主体持续一年不变、服务关系持续一年不变的项目并不多见。

（3） 全程专业培训与督导

"成长向导"项目将有针对性的全程培训和督导作为服务学习反思的形式，给予了高度的重视。在项目开始之前，利用一个月八个周末休息日的时间，由香港青年发展基金会、香港理工大学社会工作系、中国青年政治学院社会工作系的理论和项目专家对大学生向导进行了比较系统的服务培训，从项目宗旨、服务伦理、服务方法、服务体验等方面进行了培训和示范。在项目过程中，针对大学生向导服务过程中的困惑和思考，服务过程中项目办每月举办一次充电培训及交流分享会。为保证反思的效果，项目办制度化设计了督导、日志和总结制度。每两周，每个 12 人团队中督导老师对 5 名大学生向导进行一次督导，提供专业辅导、情感支持及任务管理。同时，社工对每次的服务需要提交日志，每月要提交月度总结，项目中期和后期提供中期和终期总结。

> 这个项目给我们的培训比较成体系，特别是在服务前的培训，香港的老师带来了很多专业的理念，每个月分享会的时候也会有香港的老师来带我们做分享，这些我们参加其他的项目很难得到，可能这也是我愿意一直坚持的原因吧。（A 高校大学生向导 a 访谈）

（4）团队与整体定期活动及仪式聚集

在关于项目服务期内容设计方面，有部分高校团队提出了"项目分组就是为了减轻管理压力与成本，应当适当使管理下沉，给予各高校团队自主权，减少项目办统一活动的次数"（B 高校项目负责人 b）的建议。但经反复讨论，项目办认为，各个高校团队的分兵行动虽然减少了项目的管理成本提高了效率，但是缺乏全面充分的交流和过程中的专业支持不利于反思的效果，也难以保证服务的统一性。于是，在一年的服务期内，项目对服务进行了整体的规划，设定了每周一次的 1 对 1 家访、辅导功课；每月一次的督导、专才、向导与受助学生的 12 人团队活动和交流分享；每月一次的全体督导、专才、向导参与的充电培训与交流分享；每年两次的 6 名督导、6 名专才、30 名向导、30 名学生组成的各高校团队联欢活动；每年两次的全体项目参与成员及邀请家长、校方代表参加的约 500 人团体联欢活动。在项目前期和后期并安排了全体参加的启动会和总结会，作为活动中的特定仪式，邀请全部参与主体参加。这些辅导、培训、活动作为一种项目的制度安排在项目执行期内长期坚持，未有中断。

2. 服务学习中社会资本的生成与表现

"成长向导"项目以为农民工子女提供支持网络、促进大学生学习与成长为目标，在这些目标达成的过程中，也伴随着丰富的社会资本的生成，并进一步促进了项目目标的达成。通过笔者的参与式观察和访谈，可以认为这一服务学习项目生成了关系网络、信任与合作及共享价值等社会资本要素。

（1）相对开放的关系网络

帕特南认为，横向的互动、合作和作为参与者团结纽带的参与网络是社会资本的基本组成部分。正是横向的公民参与网络促进了公民参与规范的形成和信任的产生，促进了社会资本的产生和维持。福山认为，一些开放型的社会网络，把具有不同经济、社会甚至政治背景的人联系在一起，这样的网络为共通性的社会网络，会促进治理绩效。成长向导项目致力于为农民工子女搭建一个支持网络，因此在项目中招募了陪伴受导者的向导、支持向导及受导者的督导和提供资源的专才等不同背景的参与主体，1对1小组、12人团队、高校团队、项目团队等网络的组建，为所有参与者搭建了多个横向关系网络。在前期讨论、宣传、招募、培训、配对的各个阶段，参与服务的大学生向导、督导、专才、学校各主体都在不断地主动或被动地进入一个或多个新的关系网络。这些关系网络有大有小，但并不封闭，通过团队和集体的行动安排，这些关系网络实际上不断地互动和交叉。虽然参与项目的向导和受导者是固定的，并不随意接受中途外来者的加入，但向导与受导者的1对1关系并不是受到局限的关系。由于常常参加集体活动，有多对向导与受导者会选择1对1陪伴和多对一起行动相结合，乃至交叉服务和交流。督导与专才也在多次团体合作后有了一个不局限于12人团队或是高校团队的整体的互动网络，会在一个整体的范围寻求讨论、支持与互动。于是对于所有服务学习的参与者而言，进入和参与的不是一个狭窄封闭的关系网络，而是一个相对开放的网络，包含着众多的横向交织。这些网络是社会资本的重要载体和构成要素，促进了社会资本的生成与增值。

> 我觉得一个很大的收获是很多和我一样的朋友，对口同一个打工子弟学校的我们几十个同学一起分享、聊天，发现不少一致的想法和问题，我们有时会经常几个人都带上自己辅导的孩子一起活动，孩子们也很高兴，我们也觉得这样更有意思，大家也能互相支持一下。（A高校大学生向导c访谈）

由于项目对服务期限一年的制度安排，在服务中所形成的关系网络持续的时间较长。同时，非常值得注意的是，成长向导项目中所形成的关系网络随着项目结束自然衰亡的比例也相对较低。成长向导项目结束后，向导、督导和专才的二次项目参与率超过30%，其中督导和专才的比例更高，部分向导虽由于临近毕业或毕业的原因，未能参与二期项目，但是其仍然继续着与受导者、督导和专才的联系。据新京报报道，计划结束后，部分向导和受导者的联系仍在继续，"近一年的'成长向导'活动结束了，但我一直在关注着小桐的成长，他已经不会再在网吧过夜了，也很少逃课。虽然目前，小桐的学习成绩并没明显提高，但听他说，对某些科目开始感兴趣了。小桐的同学告诉我，上学期期末考试，小桐的生物课成绩提高不少。想对小桐说，看到你变了，我真的很开心"。[①] 因此，通过关系网络的持续存在和参与主体的长期联结，服务学习中产生的社会资本又进入了新的重建通道。

（2）普遍的信任

福山认为，在主观维度上，共通性社会资本主要包括人们之间"无区别的"、包容性的社会信任，这一社会信任不以彼此是否认识或有相同的背景为基础。"成长向导"项目的顺利执行和成功是以信任为基础的，陪伴成长的项目本身就是一个营造关系的项目，而关系建立的基础是相关主体之间的信任。这种信任首先在向导与受导者群体之间形成，经过持续定期交往和共同活动，受导者感受到了向导真诚持久地与自己建立伙伴关系的意愿，愿意信任向导，与之建立合作关系。向导对受导者也通过主动接触和长期互动从刚参与时一种单纯的志愿精神逐步发展为对受导者的实际信任。在日志、访谈及观察中可以明显看出，这种信任与合作关系并不限于向导与受导者两两之间，而是对对方所代表的群体、两个群体之间形成了跨越阶层的包容性的合作关系。

> 她会经常给我发短信和打电话，给我讲数学题，我们还一起去了紫竹院公园和中青院参加活动，她送我了我喜欢的CD，我慢慢觉得她是一个可信任的姐姐。（X打工子弟学校受导者c访谈）

[①] 新京报（2012）：《"成长向导"一对一陪伴流动儿童》，2012年1月6日，参见"新京报网"，http：//www.bjnews.com.cn/news/2012/01/06/176104.html。

　　说实话，参与这个项目改变了我对农民工群体的很多看法。我是北京人，我的家庭和亲戚对外地人特别是农民工看法都不太高，所以我也多少会有点觉得农民工脏且爱占小便宜，但接触了我辅导的孩子和其他同学的受导者之后，我觉得我之前的想法确实太片面了，他们其实和我们没什么不同，很多都很努力，自尊心也挺强的，他们现在的状况其实主要原因还是因为社会的原因，他们需要帮助，需要平等的政策去帮助他们。

　　《新京报》的采访报道中提到，"一年的向导经历，让夏晓丽体会到，流动儿童最需要的，不是怜悯或施舍，而是平等的交流和陪伴。'我们向导和孩子们可支配的资金，一般是每人 10 块钱，我们会和结对的小孩讨论，这钱该怎么花。'夏晓丽说"。[①]

其次，随着项目的持续进行，在不断地互动、交流中，各个关系网络内部产生了跨越群体的相互信任和相互支持的习惯。同时，按照项目的安排，各种小的关系网络会周期性地汇集到大的关系网络中，也使得各个关系网络之间逐渐产生了基于相互分享和信任基础之上的合作。

　　这个项目让我认识更多的朋友，参加集体活动，增强人际交往能力。我也学会了许多的东西，比如相互信任，比如团队合作。（D 校大学生向导 f 日志）

　　原以为社区精英不会参与我们的集体活动，没想到他来参与活动还带我们和孩子们一起喝茶，给孩子们分享了不少新鲜事，也给我们了一些建议，我开始意识到大家一起合作对孩子们的帮助会更大。（E 校大学生向导 b 在督导会上的分享）

（3）团体共享价值
福山认为，社会资本的内涵集中在群体的价值和社会的规范，表现为

---

① 新京报（2012）：《"成长向导"一对一陪伴流动儿童》，2012 年 1 月 6 日，参见"新京报网"，http://www.bjnews.com.cn/news/2012/01/06/176104.html。

群体在行动上及道德层面的共识，是促进社会经济繁荣和社会发展的价值规范。在"成长向导"项目中，随着在关系网络中参与者之间的信任与合作，在团体中逐渐形成了助人、平等、接纳、合作的共享价值。项目服务期前，向导、督导和专才参与项目更多是出于专业实践或人道主义的志愿精神，通过服务前的集中培训，开始接受了一种助人自助的理念和平等、接纳的价值观。在服务的一定周期和各个阶段都设计了反思的内容，通过充电培训、督导、计划、日志、征文、总结报告、分享会等多种形式开展，贯穿整个计划的始终。这种反思有的是参与服务计划的固定要求，以外力的形式进行强化，有的是参与服务者思考、交流的需要，以内力的形式予以体现。在各种形式的反思中，参与者不断发掘自身在参与中的思考和价值形成，以记录的形式强化这种思考，并在互动交流中更深入地思考、分享和交流这些理念和价值。通过这些学习、分享、交流，参与者在持续的服务过程中逐渐接纳这种意识，作为自己的一种价值意识，并流动在整个关系网络之中，成为共享的价值。笔者参与中观察发现，在最初面试通过成为向导时，不少大学生向导在与督导私下沟通中并不认为自己服务整1年的承诺会实际兑现，在签订服务承诺书的时候也有不少人有一定的犹豫，但是随着服务的开展和定期的培训、督导，大学生向导均表示自己会坚持自己的承诺，保证服务1年。如果说在项目之初，很多参与者是由于一时热情选择参与项目，在项目中期以后，参与者更是基于助人的使命感和价值观坚持服务。许多督导在交流向导们发生的变化时都感受到了这个项目对大学生向导在价值方面带来的变化，而这种变化比一般的志愿服务中志愿者的变化要更强，其中很关键的一点在于长时间不断地互动分享和反思。同时，刻意搭建的关系网络与参与者之间的共识意识也在不断发生着相互加强的关系。

> 这一段时间的服务给我带来的最重要的感受是它让我的责任心和耐力又经过了一次锻炼。未预料到的学习任务和压力给活动的开展带来了很大的困难，我也经常烦躁不已，但是我告诉自己无论怎么样，我绝对不能半途而废，这对我自己和受导者都将是一个很大的打击，也会成为我们很不美好的一段记忆。（B高校大学生向导d

总结）

在一次小组督导中，督导老师说的"参与一个生命的一段历程，用生命影响生命"这句话对我的影响非常大，作为一个志愿者，要求自己不去索取地付出，是对自己心灵的一次净化，作为世界的一员，我们不能仅仅去索取，也要懂得付出，这样这个世界才会更和谐、更美好。（A高校大学生向导 a 总结）

3. 服务学习中社会资本的生成机制分析

基于服务学习互惠与反思的要素，通过对"成长向导"项目实施与社会资本生成的过程研究，我们试图将社会服务参与中支持社会资本形成的机制归纳为卷入与联结、制度化互动与价值内化机制。通过服务学习的一种制度设计，服务学习将参与主体卷入到关系网络中，与其他主体广泛联结；通过持续性联系的服务安排，参与主体之间进行制度化互动，形成信任与合作；通过培训、督导等安排将价值聚合于关系网络之中，使之在合作与分享的基础上逐渐内化为每个参与者的共识。

（1）卷入及联结

服务学习通过参与者共同设计服务方案和设计制度，使各个参与主体被动或主动地卷入到整个关系网络和服务情境中来，成为关系网络中的相关者。为了实现服务与学习的效果，项目规定了1年的服务周期，并通过服务方案和服务承诺进行制度性安排，设置了各种大大小小、相互嵌套的关系网络，并为各个网络及参与主体之间的联结做出安排。这种制度性的安排，保证了参与者的参与及相互建立关系，有力避免了搭便车的行为，通过不断的参与，参与者从被动卷入关系网络到主动参与关系网络，乃至自主建立新的关系网络。通过服务学习的制度设计和安排，形成参与者卷入与联结机制，关系网络不断交织，成为信任、共识得以形成和维持的基础，网络不断延续和重组，社会资本得以生成和维持。

（2）制度化互动

互动对社会资本的生成来说至关重要，服务学习中的持续性联系使互动制度化、持续化，促进了社会资本的生成。布迪厄曾经在作品中提到互动是紧密社会资本发展和维持的前提条件（Bourdieu，1985：195～220）。可以看出，在服务学习的各个阶段中，互动都对社会资本的生成和维持起到了至关重要的作用，然而互动并不必然地发生和发挥作用，使其作用能够发生和显现的关键因素在于服务学习过程中对互动的一种制度化的安排。"成长向导"计划中，计划在准备阶段对于整体计划的运行进行了框架性的设计，这些设计中即包含服务参与中多方参与者之间的互动环节的设定，这种设定通过服务方案和服务承诺形成一种制度性的安排。"成长向导"计划长达 1 年的服务期对这一社会服务参与行动是一大挑战，同时也是这一行动得以成功并生产社会资本的关键原因。在社会服务参与这一情境中，持续性联系、经常性对话是支持社会资本中各资源要素得以维持的基础。持续性的联系在社会资本生成中的作用是搭建参与网络的内部结构，持续稳定的结构支持了参与者之间的互动，使信任可以传递和扩散，对每一个参与者合作行为的预测变得可证，使参与网络的联系更加紧密。因此，通过持续性联系的安排使互动制度化，促成社会服务参与的行动产生了社会资本形成的网状结构。

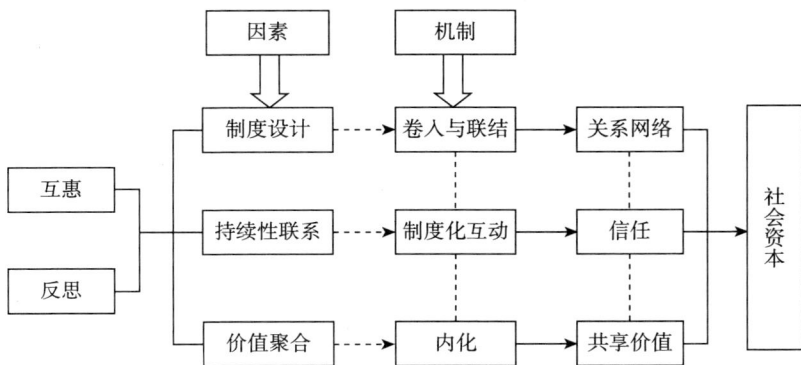

图 2　服务学习中社会资本生成机制图示

（3）内化

服务学习的过程中通过强化的反思，将共识和价值内聚于社会服务的过程和网络中，促成了团体共享价值的生成，浸润了社会资本的增长。从"成长向导"计划过程的分析中可以看到，培训、督导不断地将一种价值理念聚集于关系网络之中，分享、交流使内聚的价值在网络中不断流动，逐渐内化为参与者的思想和价值，并在参与主体中间相互作用和相互强化，逐渐成为一种共识意识。价值的内化与共享使参与网络的紧密性不断加强，共识不断维系。价值聚合下的内化机制使服务学习区别于一般的服务活动，在社会资本形成上贡献了更大的价值。信任与合作的基础是所有合作参与者都能够切身感受到极其真实的共同价值观念，违背规范的风险和服务质量的不确定性被聚合的价值降到了最低点，不断的横向互动与合作容易实现。价值流动使价值对个体参与者的作用又再次作用于参与网络和社会关系之中，正是价值的内化和流动使关系网络跨越了社会分层，滋养了更为广阔的合作以及不同参与个体之间的理解和合作，使共识得以强化，社会资本得以生成。

四 思考与讨论

服务学习的互惠与反思要素通过制度设计、持续联系、价值聚合等安排形成了卷入与联结、制度化互动和价值内化等机制，促进了社会资本的生成，这对通过社会服务促进社会资本生成的制度和行动设计具有一定的借鉴意义。

（一）对社会服务参与需要进行一定的制度性引导和情境设置。从我国的政治和社会体制出发，社会治理中自上而下的推动成为一种历史的选择。当前，社会资本的累积成为社会治理的重要逻辑起点，为培育社会资本，引导社会服务参与应当在其生成机制上多下功夫。作为制度化互动和持续性联系带来社会资本的积累和延续的启发，对社会服务参与需要进行一定的制度性引导和情境设置。政府对于社会服务参与需要给予一定的政策上的保障和引导，并通过各种资源的投入设置一种引导社会成员持续积极参与的情境。通过搭建平台、引导持续性互动参与，培育社会资本，发挥社会资本与社会参与的互动效应，从引导参与到自主参与，形成社会资本的良性循环。

（二）在社会服务参与的动员中应注重对参与主体利益的适度满足。服务学习的基本要素为互惠，且互惠建立在服务学习过程中，互惠是保证一种稳定互动和持续对话的基础。在社会服务参与的动员中应注重对参与主体利益的适度满足，按照"经济人"假设，社会服务主体参与服务是建立在寻求个人利益基础上的理性选择，只有参与可以实现参与者利益预期的可能性足够时，参与者才能够被有效激励，选择参与社会服务，这种利益上的满足也是合作得以实现、网络得以紧密的基础。因此那种完全利他的价值难以助于参与的持续，而在互惠价值基础上对参与主体利益的关注是动员社会成员积极参与社会服务、实现协同治理的关键。

参考文献

约翰·布雷姆、温迪·拉恩（2012）：《社会资本的成因及后果》，陈路、和军译，《国外理论动态》，第 12 期。

郝运（2009）：《美国高校服务学习研究》，长春：东北师范大学。

科尔曼（2008）：《社会理论的基础》，邓方译，北京：社会科学文献出版社。

罗伯特·D. 帕特南（2001）：《使民主运转起来》，王列、赖海榕译，南昌：江西人民出版社。

秦毓梅（2012）：《服务学习与社会工作实习的异同辨析》，北京：中国青年政治学院。

田凯（2001）：《科尔曼的社会资本理论及其局限》，《社会科学研究》，第 1 期。

夏建中（2011）：《中国城市社区治理结构研究》，北京：中国人民大学出版社。

周加仙（2004）：《美国服务学习理论概述》，《外国教育研究》，第 4 期。

Bourdieu，P.（1985），"The Social Space and the Genesis of Groups"，Vol24 *Social Science*，*Information*.

Kendal，J. C.（1988），"From Youth Service to Service-Learning"，*Facts and Faith：A Status Report on Youth Service*.

—— （1990），*Combining Service and Learning：An introduction. In J. G. Kendall*（*ed.*），*Combining Service and Learning：A Resource Book for Community and Public Service*，Vol. 1. Raleigh，N. G：National Society for Experiential Education.

Stanton，T.（1990），"*Service-Learning：Groping Toward a Definition.* "，*In J. G. Kendall*（*ed.*），*Combining Service and Learning：A Resource Book for Community and Public Service*，Vol. 1. Raleigh，N. G. ：National Society for Experiential Education.

中国非营利评论
China Nonprofit Review

Case Study: Social Capital Formation Mechanism in Social Service Participation —From a Service-Learning Perspective

Wang Yang

[**Abstract**] In social capital researches, little attention has been paid to the way social capital is created and the mechanism it is formed. This paper conducts an empirical research on how social capital is formed in a professional social service program— "mentoring program" by analyzing the social capital formation phenomena in social service participation from a service-learning perspective. A study of individual cases reveals that, based on the requirements and specific design in service-learning reciprocity and reflection, and through involvement, links, institutionalized interaction, and internalized mechanism, social service participation has facilitated the formation of social capital.

[**Keywords**] social service participation, social capital, formation mechanism, service learning

（责任编辑：李长文）

社区服务中心的项目化运营：
基于深圳经验的探讨

徐宇珊*

【摘要】 项目化运营被认为是提升社区服务中心运作专业性和效率的重要路径，但实践中对项目化运营的理解往往存在偏差。本文以深圳的实践为例，探讨了对社区服务中心项目化运营的本质及实现路径。本文提出，社区服务中心的项目化运营是指在资源有限的条件下，社区服务中心的运营者以解决社会问题为目标，通过开发和实施公益项目的形式来提供专业社工服务、促进社区发展的管理与运营方式。社区服务中心项目化运营的路径选择可以分为三个阶段：第一阶段由活动到项目，是单个社区服务中心自主进行项目研发和实施阶段；第二阶段由项目到组织，探讨社区服务中心的项目如何扎根社区；第三阶段是项目的品牌化拓展，即如何将一个中心的项目变成机构品牌并拓展到多个中心。

【关键词】 社区服务中心　项目化　社工服务

* 徐宇珊，深圳市社会科学院副研究员。本文系中共广东省委宣传部打造"理论粤军"2013 年"重大现实问题研究课题"青年项目课题《融入、服务与孵化：社区综合服务中心参与基层社会管理的路径与模式研究》（项目编号：LLYJ1316）的阶段性成果。感谢上海映绿公益事业发展中心的庄爱玲博士以及深圳鹏星社工服务社的徐秋菊、王弋痕等对本研究观点的贡献；感谢本文匿名评审人提出重要修改建议。

一　引言

社区服务中心是广东省各地正在大力推行的基层服务平台，广州、深圳和东莞在"十二五"期间均提出了发展目标。在社区社会服务的提供模式中，珠三角的这几个城市倾向于全市设定基本统一的标准，以政府购买社工服务的方式，在街道/社区开展综合性的基层公共服务，只是在具体的服务种类、地域范围和社工人数方面有所差异。上海市则由各街道根据自身情况，以购买服务的方式引入社会组织开展社区公共服务，同时上海市民政局通过"社区公益创投大赛"和"社区公益项目招投标"两个项目开展基层社区服务。北京市在朝阳区将台地区委托支持性社工机构以项目合作方式开展社区、社会组织、社工"三社联动"的试点。

可以看出，全国各地的社区基层公共服务均朝着以项目化方式购买社会组织服务的模式推进。究竟什么是社区服务的"项目化"运作呢？例如，深圳市政府在招投标时，是将一个社区服务中心作为一个独立的"项目包"来看待的，但此"项目包"是针对政府购买服务招投标而言，[①] 非社会服务的彼"项目化"运作，在社区服务中心的日常服务中难以充分体现项目化运营和管理。由于深圳市在购买社区服务领域的探索较早，且经历过运作模式的变迁，本文以深圳实践为例，探讨社区服务中心的项目化运营路径。

二　项目化的概念与理论基础

（一）项目化运营的概念阐述

"项目"一词运用广泛，项目管理在过去仅限于工程项目等少数领域，现在随着社会转型和知识发展，许多企业或组织开始重视项目管理并运用到实际工作中。美国项目管理协会（PMl）对项目做出的定义是：为完成某一独特的产品或服务所做的一次性努力（Project Management Institute，2000）。项目的几个核心特征包括：第一，项目的复杂性和一次性；第二，

[①] 深圳首个"社区综合服务中心"公益项目启动，http://www.oeeee.com/a/20101208/953769.html。

项目受到预算、时间和资源的限制；第三，项目开发是为了实现一个或一系列特定的目标；第四，项目是以客户为中心的（宾图，2007：3~4）。社会工作领域的项目还具有自身特点，即社会工作项目是有望对项目参与者（即服务对象）产生某些类型影响的干预或者服务（罗伊斯等，2007：5）。

项目化运营是以项目管理为核心的一种组织管理运营方式。周瑛等将项目化运营定义为一种被各类组织广泛运用的管理方法，是指管理者在有限的资源约束下，运用系统的观点、方法和理论，对项目涉及的全部工作进行科学有效的管理，核心思想是以"项目"作为独立的组织单元，通过项目的形式来保证组织的灵活性和管理责任分散，以目标为导向解决问题（周瑛等，2011）。崔雪宁的定义是，社工机构项目化运作是一种组织管理方式，即把专业社会工作以项目的形式进行设计，通过建立项目的策划、实施、评估等制度体系，使社会工作机构在项目中进行组织管理和制度建设并实现内外各项资源的最大优化配置，按时保质地达成目标，进而促使机构自身的可持续发展（崔雪宁，2012）。

（二） 社会服务项目化的优势

目前，各地开展的社会服务项目的出发点都是为了满足社会需求、解决社会问题，具体方式是政府通过购买社会组织服务来统筹资源，由接受委托的社会组织在规定的时间、预算和资源范围内，根据协议规范，专业化地实施社会服务（裴旋，2012）。

相比单一购买社会服务岗位或是直接设立社会服务机构，以项目化方式提供社会公共服务具有不可比拟的优势。一是更有针对性地满足社会需求，解决社会问题，这是设计社会服务项目的基础，也是将社会服务项目化的意义所在。无论运作何种公益项目，都必须以解决社区居民面临的问题、以满足社区居民的迫切需求为根本目的，这是衡量社会服务效果的主要指标。

二是通过项目发展社会组织的专业性和自主性，进而提高社会组织的整体水平。社会服务项目的实施过程中，要体现社会组织的专业性，通过项目化运作让社会组织的专业性得以拓展和增强。政府与社会组织签订的协议给出了项目实施的大致框架，在这一框架内，社会组织拥有较大的自主权，可以实现自主决策，自主管理，自主服务。

三是签订具体的合作协议，增强了结果的可衡量性。以政府购买服务的方式实施社会服务项目，通常政府与社会组织会事前签署协议，明确规定社会组织的服务效果、服务内容等；在事中和事后进行评估，考察服务产出和成果。这比起购买岗位和设立机构更能够体现出服务成效。

（三）本文所讨论的社区服务中心的"项目化运营"

本文的社区服务中心的项目化运营是指在资源有限的条件下，社区服务中心的运营者以解决社会问题为目标，通过开发和实施公益项目的形式来提供专业社工服务、促进社区发展的管理与运营方式。深圳的社区服务中心是一个非实体性的基层服务平台，本身不具备独立的法人地位，由中标的社工机构派驻社工进行运营、管理和提供服务。社区服务中心如何把协议中的服务指标转化为公益项目，如何让项目在社区落地，如何打造社工机构的品牌项目等，是本文所探讨的社区服务中心项目化运营的核心问题。

三 社区服务中心项目化运营的深圳实践

（一）深圳社会工作发展历程：岗位—项目—社区服务中心

2007 年，深圳市委市政府颁布了《关于加强社会工作人才队伍建设推进社会工作发展的意见》以及与之配套的七个文件（简称"1+7"文件），对深圳市社会工作的具体操作、社工薪酬、社工管理等方面作了制度性规定，由此拉开了深圳社会工作发展的序幕。

第一阶段，从 2007 年开始发展岗位社工。根据《深圳市社会工作专业岗位设置方案（试行）》，设置两类社会工作专业岗位，一类是在市、区、街道的民政、教育、文化、卫生、劳动、信访、人口计生、公安、司法、监狱、禁毒、工会、团委、妇联、残联等部门，另一类是针对特定的服务对象，按一定的比例，在社会福利与社会救助机构、学校、医院、社区等设置社工岗位。岗位社工的设置，让社会工作这一专业迅速扩展到各个部门，有利于社工与政府相关部门建立服务关系并挖掘潜在的服务需求。但其弊端也是显而易见的，社工本人受到社工机构与用人单位的双重管理，人事关系在社工机构，但日常工作却在用人单位，一个人或几个人在用人单位孤军作战，很难系统性地开展社工专业服务，容易出现行政化倾向，成为用人单位的"临聘人员"。

第二阶段，在继续发展岗位社工的同时，从 2009 年开始，深圳市探索福彩公益金资助社会公益项目。社工机构跟其他类型的社会组织一样，从社会需求和自身特长出发，开发设计公益项目。在实施福彩公益金资助项目时，项目社工可以几乎不受用人单位的影响，独立自主地开展服务，较好地发挥了社工的专业技能，并提升了项目管理水平。福彩公益金资助的深圳鹏星社会工作服务社的"深圳市反家暴社工援助计划"、深圳铭晨社会工作服务中心的"宝安人民法院非深户籍留深缓刑未成年人社工帮教工作站"等项目已经成为社工机构的服务特色和品牌项目。鹏星依托"反家暴"项目成立了深圳第一个民间的家庭暴力防护中心，这是福彩公益金项目支持孵化出的第一个由项目转变而来的专业服务机构。总体而言，中标机构通过福彩公益金资助项目积累了项目运作经验，培养了一批具有项目管理经验的一线社工。但是这一阶段在探索项目化开展社工服务的同时，依然是岗位社工占主导地位。项目社工与岗位社工相比，在薪酬水平、培训机会、晋升空间、职业稳定感等方面均存在较大差距，在一定程度上影响了项目社工的工作状态，进而影响到项目的实施。同时，项目资助周期过短，阻碍项目深入开展，不利于社工专业服务的可持续发展。更为遗憾的是，福彩金资助公益项目仅进行了五批，到 2011 年就结束了。社工在项目化运作方面刚刚积累起来的一点经验也未能提升和推广。

第三阶段，自 2011 年起，深圳市开始以运营社区服务中心的方式来购买社工服务。根据《深圳市社区服务中心运营与评估标准》（深民函〔2013〕121 号），社区服务中心是社区公共服务的重要提供主体之一，但系非社会实体单位，应将其打造为向全体社区居民提供多样化社区服务、满足其不同层次需求、提高其生活质量的平台。根据《深圳市社区服务"十二五"规划》，2015 年全市将建成约 700 家社区服务中心，覆盖所有社区。截至 2014 年 9 月，深圳市已建成 391 家社区服务中心。① 社工机构通过招投标方式取得运营和管理社区服务中心的资格，在区民政部门、社工机构与

---

① 2014 年第三季度深圳民政事业统计数据，http://www.sz.gov.cn/szmz/xxgk/tjsj/tjjb/201411/t20141117__2680175.htm，最后访问日期：2015 年 5 月 31 日。

街道办事处或社区工作站签订协议后，社工机构派驻社工到社区提供服务。社区服务中心提供的社区公共服务包括老人、残疾人、妇女儿童及家庭、青少年、优抚对象等基础人群服务，药物滥用者、社区矫正人员、失业及特困人员等特定人群服务，以及居民自助互助服务。社区服务中心开展的各类服务项目所涉及服务大项应不少于 12 个，服务细项应不少于 30 个。事前签订的协议及事后的评估中均要求社区服务中心在提供服务时运用项目化的运营和管理手段。社区服务中心的项目化运营和管理比第二阶段的社会公益项目实施起来难度更大。这是因为第二阶段所申请的社会公益项目一开始就是机构从某一特定群体的特定需要出发而设计的，后续只需考虑如何实施、管理和评估该项目。而目前要求社区服务中心提供的服务是多元化的，它并非天然就是一个公益项目，需要首先研究如何在多元化的服务要求中形成特定项目。

从岗位到项目，再到社区服务中心，基本勾画出了深圳社会工作发展的三个主要阶段。但这三个阶段并非依次进行，只是开始时间不同。目前，岗位、项目与社区服务中心的发展情况是，岗位社工数量缩减，但依然保留；福彩公益金项目基本暂停，但各区根据不同的政策有一些小额资金资助公益项目①，社工机构可以自行申请；社区服务中心则正处于大力扩张阶段。本文后面的论述主要围绕着第三阶段，即社区服务中心如何进行项目化运营。

（二） 深圳社区服务中心项目化运营的现状及制约因素

从 2011 年起发展至 2014 年底近 400 家，社区服务中心的迅速扩张带来了对社工专业人才的大量需求，来自全国各地的社工专业应届毕业生涌向社区服务中心成为一线社工。缺乏实践经验的社工在面对同样是新生事物的社区服务中心时，只能慢慢摸索。

忙于策划活动、完成指标、应对评估，这是新的社区服务中心以及新的一线社工的普遍工作状态。在第一年工作中，社工头脑中仅有各种协议规定的指标，不断地策划各种活动来完成十几个大项几十个小项的服务指标。待第一年结束评估时，就临时性地把若干零散的活动以合并同类项的

---

① 例如，深圳市罗湖区有"社会建设和民生创新项目专项资金"，社会组织可以申报项目，龙岗区进行社会组织优秀项目评选，优秀项目可以获得资助。

方式来"包装"为项目,以应对评估。此时的所谓项目有"拉郎配"之嫌,凡是受益人群为儿童的活动,就称之为"儿童项目";凡是面向劳务工的活动,就称之为"劳务工项目"。运营第二年,接受了上一年的教训,社工们年初就开始有策划项目的思维,但往往只是把上一年的思路反向完成,即把服务大类变为项目,无非还是老年项目、青少年项目等等,项目之下有若干活动。这一阶段,比较可喜的是,社工们已经开始具备项目的思维并开始注重把零散的活动以一个系列化的方式呈现出来。但这时候的项目依然仅仅是形式上的项目,未能体现出项目的实质。

目前,尽管个别社区服务中心开始有实质性的公益项目设计,但根据调研结果,总体上看,社区服务中心在实际服务中并没有真正做到项目化运营,这固然与年轻社工经验不足有关,但政策层面的制约因素也是不容忽视的。

一是社区需求调研流于形式,难以形成问题意识。理论上,应当先调研社区需求再设计社区服务指标。但实际情况是,往往是一家社工机构先中标获得运营某一社区服务中心的资格,然后与民政部门和街道办事处签订协议,确定服务指标,之后进驻提供服务。在进驻之后,才开始进行社区需求调查。而此时社区需求调查的形式意义大于实质意义,在某种程度上只是为了完成调研而不得不进行的工作,调研结论与实际服务内容几乎没有关联。实际所开展的服务源于协议所规定的"指标",而不是根据社区需求调研中所发现的问题而设计的。而设计项目的首要工作是具有问题意识,如果未能深入了解社区需求,那么设计并实施公益项目也就无从谈起。

二是社区服务指标规定过多过细,难以聚焦。服务指标是协议的核心内容,通常包括两个维度的指标,一个是服务群体或类型,如老年人、妇女儿童、残障人士等;另一个维度是指标数量,如服务建档、个案咨询、个案辅导、个案治疗、小组服务、大中小型活动等(如下表所示)。面对这样一张详细的指标图,一线社工们显然容易陷入具体的孤立的指标量之中,于是用各种活动来填充完成一个个指标成了他们的理性选择。同时,这种大而全的服务模糊了不同群体之间的需求差异,迫使社工服务在所有方面平均用力,难以根据社区特点开展差异化服务。因此,过多过细的指标量增大了以项目化方式运营社区服务中心的困难。

表1 深圳市某社区服务中心三方协议中规定的服务指标

指标	老人服务	家庭服务	青少年服务	残疾人服务	居民自助互助服务	优抚及特定人群	青年干警服务	备注
辅导/治疗个案	3个	4个	4个	2个	/	1个	2个	≥5节
咨询个案/探访/电话	30人次	120人次	70人次	10人次	20人次	20人	30人次	1~2次完成
小组服务	3个	7个	8个	/	/	/	/	人数≥8人，节数≥5节，小组成员出勤率≥60%
中小型活动	3节	12节	10节	1节	2节	1节	1节	人数≥50人
大型活动	1节	2节	5节	/	/	/	/	人数≥100人
讲座	2节	7节	10节	1节		1节	4节	人数≥20人，时间≥40分钟
委托帮助	20人次							受老年人委托帮助办理
康复服务				50小时				为有需要的残疾人提供康复服务或提供资源
志愿者队伍			20人		30人			50人以上，有组织规范

四 社区服务中心项目化运营的路径选择

从深圳市社工发展历程以及社区服务中心开展项目化运营的实际情况，可以看出项目化一直是贯穿深圳社工服务发展过程中的重要理念之一，政府在顶层设计时也注重了从项目化的角度入手，但遗憾的是，福彩公益金资助公益项目未能持续，而社区服务中心在运营过程中又难以充分贯彻项目的思维，仅有项目化的外壳。有必要借鉴已有的公益项目运作的经验，并结合社区服务中心自身的特色，提出深圳社区服务中心项目化运营的路径选择。

王瑞鸿从自身多年对一线社会工作督导的实务工作中，总结出了社会工作项目化管理的四大策略，即"四化"建设——理念活动化、活动项目化、项目品牌化、品牌社会化（王瑞鸿，2010：14）。借鉴上述王瑞鸿对社会工作项目化管理的四个策略并结合社区服务中心的自身特点，笔者在社区服务中心的项目化运营中增加了"项目组织化"，并将其概括为三个阶段。

第一阶段是单个社区服务中心自主进行项目研发和实施阶段，这一阶段主要体现了"理念活动化"和"活动项目化"；第二阶段是探讨社区服务中心的项目如何扎根社区，成为社区居民自己的项目，是"项目组织化"；第三阶段是基于几个社区服务中心由一家社工服务机构运营的事实，提出如何将一个中心的项目变为一个机构的项目，体现了"项目品牌化"和"品牌社会化"。

（一）第一阶段：从活动到项目

这一阶段，社区服务中心的项目设计、管理和评估，与一般的公益项目类似。对于社区服务中心而言，重点是如何将活动变为项目，即如何设计项目。

项目设计过程，将社区需求调研做实。零散活动与系统项目的区别在于，前者以完成指标为导向，后者以社区需求为导向，以解决社区问题为目的。要想将活动上升为项目，必须充分重视社区需求调研，并将社区需求调研的结论应用于服务项目的开发中。社区调研的一个方面是对服务对象的调研，要注意区分老人、儿童、青少年、妇女、劳务工、残疾人等不同群体的个性化需求，挖掘每一类服务对象的具体需求以及亟待解决的问题，并确定备选的服务方式。另一方面是对社区资源的调研，挖掘本社区各利益相关者所拥有的资源以及当前为上述目标群体提供服务的情况，以此找到留给社区服务中心的社会需求空白以及未来开展项目时可以整合的潜在资源。一个优秀的项目应当是社会需求与机构能力的交集，社会公众需要同时又是机构最有能力实施的部分，就是社区服务中心最应当开发的项目。以劳务工群体的服务为例，在设计项目之前应当首先了解本社区劳务工群体的年龄、性别、婚姻等基本情况。年轻的、刚刚来城市打工的未婚的劳务工与务工多年已经成家的劳务工所面临的问题和服务需求一定有显著差异。前者最迫切的需求往往包括婚恋交友、融入城市、技能指导等；后者的需求则会转到家庭关系、子女教育、职业规划等。因此开发一个劳务工服务项目要根据本社区的实际情况，尽量聚焦到某一个年龄段劳务工群体的某一类需求。当被服务群体有多种需求时，就结合本机构所长来设计项目。一个以解决社区问题为出发点而设计的项目自然会包含协议中已有的服务指标。设计项目时，项目的受益者必然会聚焦到某一服务群体，项目的实施方案必然要包含预期开展多少场活动，服务多少个个案，以何种方式开展服务等。因此，一个完整的项目策划必然包含了服务群体和服务数量两个维度的指标，而若干个项目就可以涵盖整个服务协议的各项指标了。

项目实施过程，将社工专业手法贯穿始终。同一个公益项目，由专业社工运营和由居委会工作人员运营的差别就在于服务手法。在社会工作方法分类中，学界有一种共识是分为微观实践（个人、家庭、小组及个案管理）和宏观实践（组织、社区和政策）两大类（王思斌，2011：203）。笔者认为，宏观与微观并非完全割裂，在进行社区社会工作的时候，离不开微观社会工作的方法。项目化的思维是宏观和微观社会工作有机结合的桥梁，在实施项目的过程中，一定要注意运用各种社会工作理念、方法和技巧，体现出社工的专业优势。

项目评估过程，注重对成果的评估。在项目化运营模式下，因为项目设计的缘由是为了解决问题，那么评估应侧重项目是否达成了最初目标，项目受益人群的需求是否在这一过程中得到满足，原来存在的社会问题是否在项目实施中有所解决或改变。一个公益项目的成果应当是参与者在参加项目活动期间或之后的收益，往往体现在受益者知识、能力、地位等方面的改变。而社会组织的价值也正是在于这些改变。"非营利组织是改造人类的机构，因此其结果不外是引起人类的改变——行为、环境、见识、健康、希望的改变，当然最重要的是能力和潜能的改变。"（德鲁克，2012：84）这些改变就是公益项目的成果。社会组织及其实施的公益项目要"有注重成果的心态"（陈迎炜，2013）。

（二）第二阶段，从项目到组织

这一阶段体现了"地区发展模式"下社区社会工作的理念。"地区发展模式"强调鼓励社区居民通过自助和互助解决社区问题，特别重视居民的参与。社区工作最重要的不是社区工作者如何运用专业能力改善社区，而是如何推动社区居民的参与，建立居民组织，培育居民骨干。从项目到组织，是中国很多公益组织的成长路径。公益项目的特征之一是有具体的时间计划，有一个开始时间和实现目标的到期时间（邓国胜，2003：3）。那么，一个公益项目结束后，如何让它的效果沉淀下来，持续性地发挥作用呢？从公益项目到公益组织可以有效地帮助项目长期、持续、规范地运作，并将项目受益面扩大到更多的受益群体。

对于社区服务中心来说，让一个公益项目扎根社区的最佳方式就是通过一个项目培养一个社区社会组织，每一个社区社会组织里面都会有社区领袖和社区志愿者，他们会长期扎根社区并让项目持续地发挥作用。在政策层面，关于社区社会组织的登记及备案政策正在逐步放宽。从项目出发，把优秀项目变为组织是社工培育社区社会组织的可行性路径。

在这一思路下，要求社工在实施项目时，不仅仅要直接提供服务，还要在开展活动的过程中鼓励居民参与，相信社区居民有能力解决影响其生活的各种问题，注意发现和鼓励居民骨干，掌握培养居民骨干的技巧，引导居民在活动中自我管理。例如，深圳市龙岗区坂田街道第五园社区开设了一个丝网花编织小组，目的是让社区家庭主妇和退休女性通过编织活动走出家门，构建社区交流平台。这一项目目标就超越了编织的技巧本身，编织只是妇女交流的载体。因此在项目实施过程中，该社区服务中心的社工们除了传授编织方法外，更注重培养参与者的自我管理和服务能力。在第一期项目结束后，成立了首个集手工制作学习与公益服务于一体的社区社团——纤手互助会。该互助会由之前参与项目的 15 名社区女性组成，通过手工制作学习、手工作品爱心义卖、义卖经费开展公益服务这三个方面运作。该社区的社工欣喜地发现，成立互助会后，这些妇女的参与热情比以前更加高涨了，几个骨干几乎天天在社区服务中心策划下一步如何把活动开展得更好。①

---

① 2013 年 12 月对第五园社区工作站的调研以及参考《坂田纤手互助会挂牌》，《新快报（广州）》，2013 年 10 月 25 日，http://money.163.com/13/1025/00/9C081OC200253B0H.html。

从项目到组织的过程中，项目就像一粒粒的种子播撒到社区中，如果给予这些种子适当的养分，会开出五彩斑斓的社区社会组织之花，构建社区自治的大花园。这些社区社会组织的参与者一方面会自己组织起来开展活动，增强社区凝聚力，活跃社区气氛；另一方面他们可以成为社区某一领域的专业志愿者，为社区居民构建"社工＋义工"的服务模式，服务更多的社区居民。当然，并不是所有的项目最终都会成为一个社区社会组织，要根据项目的特性以及服务对象的特点来确定。

（三）第三阶段：从社区服务中心的项目到社工机构的项目

社区服务中心项目化运营的前两个阶段是在一个社区服务中心完成的，按照目前深圳市的发展现状，往往一家社工机构同时运行几家社区服务中心，几家社区服务中心既有共性又有个性。项目的推广与拓展是实现不同社区服务中心之间资源共享与突出特色相结合的重要手段之一。在对社工机构的评估中，有一项指标是关于机构的"品牌项目"，很多社工机构难以从社区服务中心的服务中找到品牌。这是因为一方面社区服务中心开展的是大而全的服务，同质性程度较高，无法形成本中心、本机构的特色；另一方面一个社工机构所运营的社区服务中心之间缺少项目共享机制，单个中心的特色项目无法上升为机构的品牌项目。项目化的前两个阶段解决的是单个中心缺少特色服务的问题，那么项目化的第三阶段要解决的是项目品牌化以及品牌社会化的问题。

根据项目设计的核心原则——社会需求导向，单个中心的项目要想推广到其他社区，必然是这些社区居民有相似或相近的社区需求。换句话说，当社区有共性需求的时候，就有了复制项目的可能。具体地说，项目的复制和推广有几种路径。第一，从一个中心到多个中心再到机构层面。当一个社区服务中心开发了一个项目后，可以通过社工机构的内部分享机制，复制到其他同类型的社区。其他社区在采用该项目时，要注意根据本社区的具体情况进行加工和改进。当有若干个社区同时实施一个类似项目时，社工机构可以将几个社区的项目经验总结提炼，上升为本社工机构的品牌项目。第二，多个中心共同开发后再上升到机构层面。几个社区针对共同的社区需求一起设计项目。例如，暑假期间针对流动人口子女无人照看的问题，可以一起设计暑期主题夏令营项目，几个社区的项目内容可以是类似的，但在具体的活动实施中突出各自特色。待到暑期夏令营项目结束后，地域临近的社区可以组织一场共同的活动作为总结。第三，社工机构原有的特色项目在社区服务中心推广，让社区服务中心成为项目实施地。例如鹏星社工服务社的反家暴项目、至诚社工服务社的企业社工项目、彩虹社工服务社的养老项目等等，都已经成为机构的特色社工服务，那么这些服务都可以在社区服务中心落地。

五　结语与建议

从活动到项目，从项目到组织，从一个中心的项目到社工机构的项目，是笔者提出的社区服务中心项目化运作的成长路径。这几个阶段既可以成为一个连续的过程，也可以相对独立，待条件成熟时逐步向前推进。社区服务中心的项目化运作不仅仅是管理好一个公益项目，更是一种提供社区服务的理念和运营方法，要求社工运用"项目"的思维去开展社工实务工作，去看待社区发展，把社工专业方法与项目管理理念有机结合起来。项目化运营的这一路径选择需要政府部门、社工机构以及社区服务中心共同努力。

建议政府部门以项目化思路重新调整三方协议。一是政府部门在社区服务中心入驻第一年的协议中，更加重视社区需求调研，适当减少其他具体的服务指标。将第一年社区需求调研结果作为之后开展服务的依据，各社区服务中心减少整齐划一的规定动作，而增加符合本社区需求的特色项目。二是在协议中，对具体指标的描述宜粗不宜细，政府减少直接、具体地让社区服务中心"做什么"和"怎么做"的规定，同时加强对服务效果的要求。

建议社工机构以项目化思路形成本机构的优势和特色。在社区服务中心发展到一定程度的时候，社工机构应该从追求中标数量向提高管理质量过渡，将社区服务中心的公益项目上升为能够凸显机构特色的公益品牌项目，进而通过品牌项目形成各机构之间的差异化。同时，研究表明，项目化运作是社会组织从政府部门、企事业单位及其他非政府组织处获取经费支持的前提（刘庆元，2009），社工机构可以依托品牌项目申请各种社会资源，改变社区服务中心资金来源单一的现状，优化资金结构。

建议社区服务中心的一线社工在项目化的思路下看待服务指标。跳出服务指标，在管理思维和方法上进行调整，从完成指标导向到解决社会问题导向，从零散的、孤立的个案和活动到统筹推动社区综合发展，从仅仅盯着直接服务对象到整合各种社区资源。同时，循序渐进，切勿为了项目而项目，在条件不成熟的情况下把社区服务中心的所有服务简单地项目化。

参考文献

宾图，杰弗里·K.（2007）:《项目管理》，鲁耀斌、董圆圆、赵玲等译，北京：北京机械工业出版社。

崔雪宁（2012）:《社工机构项目化运作面临的挑战及对策研究——以上海市X机构未成年子女关爱行动为例》，华东理工大学硕士学位论文。

陈迎炜（2013年）:《中国社会创业案例集》北京：北京大学出版社。

邓国胜（2003）:《公益项目评估——以"幸福工程"为案例》，北京：社会科学文献出版社。

戴维·罗伊斯等（2007）:《公共项目评估导论》，王军霞等译，北京：中国人民大学出版社。

德鲁克，彼得（2012）:《非营利组织的管理》北京：机械工业出版社，第42～84页。

刘庆元（2009）:《社会工作机构项目化运作的探索与思考》，《社会工作》，2009年第8期。

裘旋（2012）:《社会服务项目化运作对基层社区社会工作发展的意义探究——以上海市Z区为例》，《社会工作》，2012年第5期。

王瑞鸿（2010）:《社会工作项目精选》，上海：华东理工大学出版社，第14～15页。

王思斌（2011）:《社会工作导论》，北京：北京大学出版社，第203页。

周瑛等（2011）:《民政工作项目化运作研究》，《中国民政》，2011年第9期。

Project Management Institute（2000），*A Guide to the Project Management Body of Knowledge*，Newtown Square，PA：PMI.

Operating Community Service Centers by Projects: a Discussion based on Shenzhen's Experience

Xu Yushan

[**Abstract**] Although it is viewed as an important approach to enhancing the professionalism and efficiency of community service center operation, in practice, unanimity has not been reached with regards to the understanding of how to operate community service centers by projects. This paper takes the practice in Shenzhen as an example and discusses the essence of and the approach to operating community service centers by projects. It points out that operating community service centers by projects refers to the mode of management and operation where community service center operators, with limited resources, provide professional social services and promote community development by developing and implementing not-for-profit projects aimed at solving social problems. It can be carried out in three stages: first, from activities to projects where individual community service centers independently develop and implement the projects; second, from projects to organizations where efforts are made to enable projects organized by community service centers to take root in the communities; third, promote the projects as brands, namely to turn the projects in one community service center into institutional brands and promote them to other community centers.

[**Keywords**] community service center, by projects, social worker service

（责任编辑：蓝煜昕）

社区服务中心的项目化运营：基于深圳经验的探讨

增量变革的社会治理创新与实践

——兼评《增量共治的杭州实践》

辛　华*

　　改革开放三十多年，中国经济取得瞩目成就，人民生活水平不断提高。与此同时，经济的高速发展引发了社会转型，促使社会问题日益突出。在传统农业文明的熟人社会向工业文明的陌生人社会、信息文明的后工业社会的转型中，一方面是人们生活水平的提升和需求的多样化，科技发展的日新月异、互联网技术引发社会交互网络发生改变和个体的自主性增强；另一方面是社会结构分化显著、贫富差距不断扩大，群体事件层出不穷、环境恶化日益加剧、旧有的社会资本和网络在经济和社会转型过程中功能日益弱化，整个社会面临诚信危机。以此为背景，中国政府不断进行经济和社会体制改革，试图从体制层面寻找解决问题的路径。改革探索取得了初步成效，如民主和公民参与理念日益深入人心、社会组织发展势如破竹且在社会生活的各个方面彰显了其优势和功能，等等。然而，这些改革在观念上仍然是以管理和管制为主，一定程度上将政府与社会、政府与市场放在了对立面，因此无法真正解决覆盖在国家和社会表层问题之下的深层矛盾。

　　鉴于此，党的十八届三中全会中明确提出全面深化改革的总目标，是完善和发展中国特色社会主义制度，推进国家治理体系和治理能力现代化。

---

　　*　辛华，清华大学公共管理学院博士后研究人员。

"治理"取代了"管理"，改革的方式也将发生质的变化。国家治理和社会治理的共同目标是排除一切不适应生产力发展要求的体制机制，创新释放生产力和社会活力的体制机制（王浦劬，2014）。与此同时，社会治理作为国家治理的有机组成部分，其创新和发展具有重要的积极作用。2014 年 3 月，李克强总理在《政府工作报告》中再次明确要"推进社会治理创新"，并提出了"注重运用法治方式，实行多元主体共同治理"。其中，社会治理创新和共同治理面临破题困境。社会治理离不开对社会问题的回应，对社会发展阶段的思考，对社会结构的认知以及社会分化和利益集团的固化等社会问题的有效回应。

早在 2000 年，俞可平教授就通过对中国经济改革增量变革的路径研究得到启发，提出了中国的政治改革和社会改革应遵循增量变革的路径，并提出了增量民主的概念。俞可平指出，增量变革的实施需要满足三个前提条件：一是增量变革的产生依赖于足够的经济和政治的存量，符合现存的政治框架，具有法学意义的合法性；二是增量变革的机制是促使形成新的增长，因而具有社会进步和公共利益的正当性，即政治学合法性；三是增量变革的实质是对原有体制的突破而非突变，过程呈现出渐进性和缓慢的特点，符合社会发展规律（俞可平，2000），具有社会学合法性。

此后，学界也对增量变革进行了探讨，认为增量变革能够在一定程度实现变革成本最小化、收益最大化的目标，与中国现实国情、社会发展阶段相吻合。2014 年 11 月，社会科学文献出版社出版了刘国翰的专著《增量共治的杭州实践》，为增量变革下的社会治理创新在地区的实践提供了一个鲜活的案例。作为一个新杭州人，作者既对杭州城市、社会、文化、历史等情况非常熟悉，又具有"他者"对杭州文化敏锐的眼光，具备开展中国社会治理和市民社会领域深厚的理论功底。作者熟练运用质性研究的案例研究方法，采用了文化人类学在田野调查中使用的"自我"与"他者"之间的视角转换的方式，对正处于改革发展的快速转型和变迁阶段的杭州治理实践进行了探讨分析。其中，将自己对杭州政治经济文化社会的观察和体会等直观感受，与公共管理服务的理论思考进行了理性结合。通过对杭州地区的社会治理实践的学理探讨和案例分析，作者提出了增量共治的社会治理范式，该范式对我国政府与社会层面的治理创新、能力提升具有重要的理论价值和现实意义。

一

《增量共治的杭州实践》着眼于杭州地区的社会治理实践，以增量共治的时代和社会背景为切入点，在经验研究的基础上，结合案例分析与增量变革和社会治理理论梳理，探讨了增量变革下社会治理实践的途径与机制。该书主题明确、脉络清晰、布局精巧，围绕治理如何实现、增量共治的理论基础、治理案例分析的组织框架，全书内容由实践篇、理论篇和案例篇三篇十章和九个案例组成。

实践篇重点呈现了杭州社会治理实践从被动到主动的发展过程，体现了社会治理应与社会发展潮流相吻合的特征。因此，根据当地经济、社会、文化、历史等现状，作者将现代治理理念与中国传统文化智慧融合，把杭州的社会治理实践归纳为"仁、义、理、智、能、信"的六字主线。"仁"指民主民生的治理目标，融合了西方社会的治理理论与我国传统文化在治理一致性，尤其在杭州社会治理实践中的治理历程、治理项目重点领域，体现了杭州社会治理实践的策略以及治理突破点。"义"指共建共享的治理主体，书中比较了传统治理主体和新型社会治理主体的差异性，针对组织形态各异、结构多样、主体多元、运行独特、法人性质模糊等特征提出社会复合主体及其运作机制和逻辑。"理"指同心同意的治理理念，包括了城市治理的精神特质和理念、中国传统文化和我国社会独特的社会主义核心价值观，形成了符合当地政治、经济、文化、社会发展的，以居民为主体、围绕百姓生活品质的社会治理理念和价值信念。"智"指协商执行的治理机制，"智"的治理需要智慧，治理功能的发挥需要治理结构的调整。体现了杭州治理中调整治理结构、设立治理平台和使用治理工具，进行智慧治理的过程。提升"能"的治理能力是现代化的治理目标之一，通过国家、企业、社会组织的治理能力提升，探讨社会共治的可能性和可行性。"信"作为信任互助的地方文化浓缩，通过对杭州志愿服务的大量实证调查，反映了杭州居民的社会参与、社会资本和社会信任程度，体现了增量变革下的城市综合实力和社会软环境。

理论篇以治理到共治的理论梳理和发展背景为出发点，以杭州社会治理实践的理论思考为回应，进行了增量共治的理论阐释。作者分析了社会共治的理论源流、阐述了多元主体的社会共治模型，借鉴了国际社会的共治经验，对增量共治的实践和理论进行反思。通过对社会治理主体、治理结构、治理机制、治理关系、治理过程等方面的研究和分析，提出社会共治的概念，拓展了社会治理的内涵和外延。正如作者所说，由于科技创新和时代发展，使得当今中国社会面临的公共问题更加复杂多样，因此来自不同领域的主体之间的共治已呈现出势不可挡的趋势。具体来说，在已有的存量中，由于社会利益格局固化，撬动任何一方利益，都会面临层层阻力。然而，现代科技的突飞猛进，为解决新的社会问题提供了技术手段，为增量共治，日益高涨的民众参与热情为化解社会旧矛盾、解决社会新问题提供了资源，使得增量变革的实施成为可能。

案例篇重点剖析杭州增量共治实践的案例和实施过程。如，对西泠印社、运河综合保护、杭州城市品牌网群、湖滨晴雨工作室、我们的圆桌会、杭州的市民体验日、杭州丝绸女装产业联盟、绿色浙江、西湖国际博览会等九个具体案例进行翔实的描述，从社会组织转制、环境保护、城市品牌塑造、市民参与等多领域、多角度进行细致分析，有助于读者理解杭州实践的环境因素，理解实践背后的制度选择。

作为一本地方社会治理创新的著作，作者并没有将视角局限在国内，而是尽可能从国外学者关于善治、治理的理念分析入手，比较共治与合作治理的异同，对治理领域、治理关系、治理工具进行分类，借鉴其国际视野和理论要素，从而与我国增量变革的治理实践进行对话。同时，作者还介绍了美国、欧盟、日本等发达国家、地区进行社会共治及应对社会问题的案例。从社会共治的理论源流，从行政国家论到社会系统论、社会沟通论、社会权力论（权力来源、权力形态），提出了增量共治是社会治理的新型范式。通过对不同区域社会治理的分析，总结了社会共治具有与不同地区的政治、经济、文化和社会等因素相吻合的因时、因地制宜的特性。

总的来说，该书具有三大亮点：

第一，提出了基于杭州地区社会治理实践的理论范式。体现了作者对社会现实的强烈关怀，以及回应社会问题的研究意识。书中首次对"社会共治"的定义进行分析，"来自政府、市场、社会等不同领域的主体，在尊重各自意愿和利益的基础上，通过可持续的机制来解决公共问题或提供公共服务，形成了主体之间可持续发展的互动机制。共治的各方是平等的"（刘国翰，2014：5）。提出了杭州地区的共治作用机制是增量共治，即在倒逼机制的推力和示范效应的拉力的合力作用下，影响和带动现有存量的变革。对增量共治的分析采用了治理目标、治理途径、治理理念、治理结构以及治理资源与环境互动的实践与理论相结合的研究路径。同时，书中对治理和善治的概念、时代背景、目标功效、适用范围等进行分析比较，明确了社会共治具有的多中心治理、跨领域治理等特征。关于社会共治的理论梳理，本书从治理背景、治理变革等多角度出发引出了社会共治的理论源流，从治理主体、结构、机制、关系、过程等角度对社会主体多元共治展开分析。概言之，本书的特色是以实践与理论相结合方式论证了社会治理的增量共治范式。

第二，多案例的比较分析方法，对治理规律的认识和现实社会的治理实践具有启示意义。王富伟认为理论发挥效应的关键在于情境适宜性，理论建构的任务不是追求普适性，而是界定情境性的个案分析原则（王富伟，2012）。《增量共治的杭州实践》总结不同主体的组织特点和运行方式，分析新型社会组织的特征、杭州的城市特色和杭州共治实践，以及各自的运作局限与资源互补优势。通过对不同领域的治理案例的详细分析，使得读者可在杭州的实践中找到社会治理中增量共治的普遍性，发现社会治理的因地制宜、因势利导的特殊性。在全球发展一体化的今天，对杭州的增量共治的多案例分析在实践层面回应了俞可平提出的增量变革的理论，即以最小的政治和社会代价，取得最大的治理和民主效益的社会可行性。

第三，中西思想的融会贯通和篇章设计的"浅入深出"使得本书兼具理论性、实践性与趣味性。该书中的每一章的导入故事生动有趣，通过中国传统文化的思想与西方治理理论相融合的方式，逐步引导读者"浅入"杭州的社会治理实践中来。比如，第一章的善治评价标准从洛伦泽蒂的著名壁画入手，既生动形象，又确切传意。再如，作者巧妙将杭州治理实践提炼为"仁、义、理、智、能、信"的六字主线，体现了杭州的治理特色，明确了社会治理的共性，即社会共治是由主体要素、目标要素和互动机制三者组成，体现了来自政府、市场、社会等不同领域的各种主体，在相互尊重各自的意愿和利益的基础上，通过某种可持续的机制来解决公共问题或者提供公共服务。其中，各主体之间可持续的互动机制、治理的理论的探讨就是对增量共治研究的"深出"。

二

治理的提出源于对社会问题的应对和挑战。王名教授在为该书撰写的序言中指出，社会共治是中国传统文化与马克思经典理论的结合，在中国社会的本土化实践中形成。通过增量变革途径实现社会共治是杭州在社会治理创新实践中的突出特点。增量共治的核心路径为，在社会管理领域找增量，在增量的部分实施社会共治，通过增量的积累实现存量的变化，最后达到实现社会共治的目的。其中，增量变革对存量的影响通过示范作用、熔炉效应和倒逼机制三种途径实现（刘国翰，2014：170）。作者总结杭州进行增量共治并取得成功的原因，与市场经济、社会资本和历史文化传统等因素密不可分，并提取了三个变量：经济发展程度、社会活跃程度和民众对政府的信任程度，验证了增量共治的三个现实条件（刘国翰，2014：175）。

第一，发达的市场经济是基础。在从计划经济向市场经济变革的过程中，杭州同样遵循增量变革的规律，即采用的发展策略是先发展民营企业和集体企业，然后通过产业聚集的方式获取优势，最后进行国企改革和市场经济体制对接。这一基础为增量变革的社会治理创新提供了路径选择。

第二，充足的社会资本是存量。除了发达的市场经济之外，杭州地区悠久的历史和文化传统保障了增量变革的实施。正如普特南在《让民主运转起来》一书提到那样，民间组织的活跃和社会力量的发达，密切的社会网络，以及互惠、信任规范的社会资本对当地政治制度的绩效发挥着重要的作用。在杭州地区发生的增量变革下的社会治理创新，从政策实践的角度验证了该理论。

第三，多元主体的合作程度是前提。作者将社会共治分成吸纳性社会共治、协商性社会共治和权力共享性社会共治，从而提出了"三增"和

"三共"的实施方式。"三增"指的是，一是增主体，要培育发展新型社会治理主体；二是增领域，要触及传统社会管理领域的边缘领域、交叉领域和社会问题集中领域；三是增结构，要将现有的社会治理主体聚合成新的治理结构。"三共"是指共价值、共空间和共评价，强调社会治理主体之间共享的价值理念，共同开拓和生存的公共治理空间，共同探索的跨域评价机制。总之，增量共治既要包含多元主体的治理框架，还要体现主体之间的互动机制。

实践模式上，杭州经验的增量共治经历了从共治制度设计到机制形成再到理念深化的全过程。从实践到理念的转变体现为四个方面：首先，增量共治为全国各地开展地方性社会治理创新提供了组织、思想和理论范式的支持。其次，共治案例体现了增量变革下的社会主体多元，共治可行、有效、成本低的特点。再次，在我国公民参与普遍比较低的当下，增量共治的杭州经验在实践层面验证了自上而下的政策实施需要自下而上的参与渠道和治理创新。通过这种自下而上的倒逼机制，打通国家与社会之间的障碍和区隔。最后，基于理念设计和地区实践的增量共治，也可能面临着来自基层政府和社会组织传统权威的挑战。概言之，只有政府改变传统治理理念和治理方式，社会组织不断加强自身能力建设，创新治理体制和机制，才能成功应对各种挑战。

好的治理增进公民参与，好的共治需要配套制度措施。十八届四中全会的报告中重点提到了社会治理需要法制保障，兼顾了硬性法律和软性规范等制度措施对社会治理的作用。如，"推进多层次多领域依法治理，深化基层组织和部门、行业依法治理，支持各类社会主体自我约束、自我管理。发挥市民公约，乡规民约、行业规章、团体章程等社会规范在社会治理中的积极作用"就涉及了共治与自治的关系，无论是增量共治的途径还是社会共治范式，都需要一定程度上的自治。其中，共治需要以自治为前提，自治是共治的基础，共治通过各种渠道，促进居民对公共社会事务的参与。举例来说，尽管中国历史上有"皇权不下县，县下唯宗族，宗族皆自治，自治靠伦理，伦理造乡绅"的乡村自治秩序和乡绅治理的传统，地区自治包括了调动各界积极性一起承担社会公共事务，但其中各方的参与并没有制度保障，所以说乡绅自治不属于现代意义上的社会治理。简言之，作为社会治理过程中的过渡途径，增量共治的作用是：通过增量变化推动存量变化，通过增量共治实现社会共治，通过建立健全相应法律制度保障社会自治和社会共治。

三

《增量共治的杭州实践》作为一部关于社会共治范式理论研究与实践探索紧密结合的著作，对读者理解中国社会治理创新的路径、社会治理制度背后的现实选择，以及增进对制度的理解和实践多样性的认知具有积极的意义。

诚然，该书的特色是对杭州治理实践描述得细致入微，实践、理论、案例之间的现实呼应和三角验证。然而，在实践、理论、案例三足鼎立共同支撑杭州实践的增量共治经验探索的同时，该书也面临在实践与理论、理论与案例、实践与案例三者之间的互动、对话与衔接的挑战和不足。第一，对杭州的社会治理案例总结和归纳如何能够超越案例和经验，或者总结一般性共治原则？尽管作者已经提出了增量共治的实践范式，但是，在对增量共治的理论探索并带来更具启发性和操作意义的普遍性原则上还略显不足。第二，增量共治的杭州经验作为一项制度实践，该书呈现更多的是成功经验。然而，任何改革都会面临挑战和困难，即使对变革成本最低和受益成本最高的增量变革也一样。遗憾的是，尽管该书也谈到了增量共治可能遇到的问题是达成共治过程比较漫长，新旧体制的不兼容和摩擦，以及复合治理主体的资金来源和社会支持性，但还缺乏深入的经验分析。如果作者对杭州实践兼从经验和教训两个维度进行分析，显现增量变革的动力和阻力、支持和阻碍之间的摩擦和张力，相信中立、反思、批判的思想定会使共治的案例与理论结合更加浑然天成。

纵览全书，瑕不掩瑜。《增量共治的杭州实践》构思巧妙、脉络清晰，既有社会治理的实证案例，又有治理理论的论述和提炼，不失为一本案例丰富、视角独特、兼具理论价值和实践意义的著作。

参考文献

刘国翰（2014）：《增量共治的杭州实践》，社会科学文献出版社。

王富伟（2012）：《个案研究的意义和限度——基于知识的增长》，载《社会学研究》，第 5 期。

王浦劬（2014）：《国家治理、政府治理和社会治理的含义及其相互关系》，载《国家行政学院学报》，第 7 期。

俞可平（2000）：《增量民主："三轮两票"制镇长选举的政治学意义》，载《马克思主义与现实》，第 3 期。

（责任编辑：朱晓红）

朝向合作社会的三大转变

——兼评《合作的社会及其治理》

近年来，随着全球化、后工业化运动的深入发展，人类迈向合作社会的步伐不断加快，随着"新社会运动""社团革命"以及各种跨国行动的广泛出现，国与国之间、政府与社会之间、不同组织之间以及人与人之间的各种形式的合作方兴未艾，让当代社会呈现出了与以往极为不同的特征。然而，受限于近代以来所形成的根深蒂固的认识范式与思维习惯，当代主流理论研究对于合作社会的生成则似乎有些无动于衷，至少是反应迟缓，非但不能助力于合作社会的到来，反而成为我们通向合作社会的障碍。在其新著《合作的社会及其治理》（上海人民出版社，2014）中，张康之教授对近代以来的认识传统发起了挑战，从以下三个方面指出了我们通向合作社会所必须完成的思维转变与实践转向，从而为关于合作社会的理论大厦铺设了一块厚重的砖石。

一 从自我中心主义到人的共生共在

人与人的关系是所有社会的基本构成要素，也是所有社会理论的共同

张乾友，南京大学政府管理学院副教授，南京大学服务型政府研究所研究员。基金项目：中央高校基本科研业务费专项资金资助（2062014278），国家留学基金（201406195020），江苏服务型政府建设研究基地（南京理工大学）开放基金项目资助。

出发点。如何看待这种关系，如何基于这种认识来阐述特定的社会建构原则，如何基于这些原则来规范相应的社会实践，所有这些就构成了一种社会理论的基本内容，而对这种理论的实践就构成了一个个具体的社会过程，进而，所有这些过程的总和就构成了特定的社会。根据滕尼斯的著名分类，农业社会属于"共同体"类型的社会形态，而不属于"社会"类型的社会形态，在这个社会中，所有主流学说都蕴含了一种共同体的视角，都是从共同体的角度来看待人与人之间的关系的，在社会建构原则上，主张共同体之于个体的优先性。结果，基于这一原则建构起来的社会就以牺牲个体的自由为代价而实现了共同体的团结。这种团结是如此诱人，以至于滕尼斯（1999：52–53）在"共同体"（农业社会）被"社会"（工业社会）取代之后写下了如此的语句："一种亲密的、秘密的、单纯的共同生活，（我们这样认为）被理解为在共同体里的生活。社会是公众性的，是世界。人们在共同体里与同伙一起，从出生之时起，就休戚与共，同甘共苦。人们走进社会就如同走进他乡异国。青年人被告诫别上坏的社会的当；但是，说坏的共同体却是违背语言的含义的。"

是什么让"社会"成为了"坏"的代名词？显然，在滕尼斯的描述中，原因在于共同体的失落，结果则是一种埃利亚斯所说的"个体的社会"的生成。在这个社会中，以自我为中心的个体获得了之于任何他人以及共同体的优先性，并将自我的利益作为衡量一切社会关系与行为的标准，结果就将社会变成了"一切人反对一切人"的利益战场。这种转变既是一场社会革命，也是一场思想革命，它既确立起了个人利益为先的"个体的社会"，也将利益分析变成了现代人的一种根深蒂固的思维方式。不仅在经济生活中每一个现代人都锱铢必较，而且在政治生活中他们也撕掉了一切共同善的伪装，而从每一个人自己的利益出发建构出了一种民主政治。这就是张康之（2014a：17）教授所说的，"民主制度的设计是建立在'人人为我'的出发点上的，这一制度要求每一个人从自我的利益出发去开展活动和表达自我的利益诉求，然后在共同的规则（如法律）的规范下形成多元化的社会力量，再展开竞争，从而使社会的公平正义都不再由某种单一的集权力量来加以提供。就这一设计方案而言，是包含着某种类似于牛顿力学的理想条件的，其一，社会是相对静止的舞台或框架，以至于人们可以从容地规划自我利益实现的方案；其二，人的共生共在不会受到人的利益争夺的冲击，反而会在人的利益争夺中变得更加有序和和谐。"也就是说，"个体的社会"虽然否定了共同体的优先性，却无法否认个体总是处于与其他个体共在共生关系中的事实，而在存在这种共在共生关系的前提下，如果每一个个体都从自我中心主义出发去追求绝对的自我利益，结果将是社会本身的瓦解，进而，任何自我利益也都失去了存在的依托。为此，自我中心主义的个体们设计出了民主制度，这一制度使他们的利益冲突得到了规范化与合法化，并为他们提供了一种制度化的妥协方案，通过投票等程序，以自我利益为圭臬的个体之间达成了一种制度性的妥协，在这一妥协所设定的制度框架之下，无论他们发生了多么激烈的利益冲突，都不会导致社会的瓦解，从而保证了每一个体都能在社会正常运转因而个体追逐自我利益所需的资源能够获得稳定供给的前提下去实现个体利益的最大化。可以说，民主制度在自我中心主义的个体之间建立起了一种共同的生活样态，在这种生活样态中，通过妥协，他们也能开展某种共同行动，但这种共同行动的目的则是为了实现各自的利益。

正因其根源于"人人为我"的利益诉求，如杨（2013：26）所说，"民主政治仅仅是各种私人利益与偏好之间的竞争。"虽然在制度设计上民主似乎蕴含了某种公共利益，"一人一票"本身似乎就为公共性提供了充分的证明，但"在现实世界中，某些群体与个人拥有显著的更加强大的能力来运用民主过程服务于他们自己的目的，而其他人则被排斥在外或者被边缘化。我们所进行的各种民主的政策讨论并不是发生在没有强制与威胁的状态中，也不是发生在不存在扭曲性影响的状态中——这种状态是由不平等的权力与资源控制导致的。在实际存在的民主政治中，在社会与经济方面的不平等和政治不平等之间倾向于存在着一种不断增强的循环，从而让那些有权有势者运用形式上的民主过程来使不公正永远存在或者继续维持其特权"。（杨，2013：21）结果，民主政治蜕变为了"多数人的统治"（Christiano，1996：2），变成了一种"对抗式民主"（Mansbridge，1981），在这种民主中，所有社会群体彼此对抗，以争夺政治生活中的多数地位，并通过成为多数来实现对少数的统治。而随着对抗的普遍化，民主就使我们陷入了风险社会的处境。在张康之（2014a：120）教授看来，这意味着，"认识社会是不能够仅仅从原子化个人的视角出发的，特别是在从原子化个人出发认识社会而形成的社会问题解决方案已经陷入困境的时候，特别是在基于原子化个人而作出的制度安排已经把人类社会引入风险社会的时候，还继续从个人的原点出发去寻求共同行动的方案，即便是寄托于对诸如正义原则的重新解读，也不可能使人类社会从当前的困境中走出来，至多也只是赢得了某些具体方面的改善。所以，在社会建构方面，是需要改变思路的，首先要做的就是，需要改变认识社会的视角，即从共同体的角度去认识社会，以人的共生共在为出发点去形成相应的制度和社会问题解决方案。"

　　事实上，20 世纪后期以来，西方学者已经认识到了自我中心主义的社会建构原则的缺陷，因而开始将共同体重新纳入理论叙述之中。这就是以罗尔斯为代表的"新契约论"的兴起。张康之教授（2014a：85）认为，"如果说经典的社会契约论提出'社会契约'这一社会建构原则的时候仅仅意识到了社会差异化的事实，是出于在差异性个体之间寻找共同体普遍性规定的目的而提出了社会契约的假定，那么，在'新社会契约论'进行理论思考的时候，个体的人的差异已经游离出了思想主题的中心，所要回答的则是迅速分化的人群如何共处和共同行动的问题。"与经典契约论通过假定个体差异的可通约性而设计出了民主制度这一通约机制，进而走向了非合作的方向不同，"新社会契约论则需要在无法从差异个体间抽象出普遍性的情况下去发现共同行动的方式和方法，因而，走向了阐述社会合作的方向。"（张康之，2014a：85）其理论上的典型表现就是罗尔斯用"社会合作体系"的概念对制度进行了重新定义，并试图以此赋予民主制度以合作的内涵。不过，在张康之教授看来，新契约论还是没能超越个人主义的出发点，因为它没能摆脱理性主义的思维定式。"理性让人以自我为中心去对待一切人和一切事，完全根据自我利益实现的需求去决定与他人协作，理性决不允许人去为了社会整体的利益而与他人开展合作。"（张康之，2014a：86）罗尔斯认识到了这一点，所以用"无知之幕"来遮蔽人的理性意识，"但是，这只能是暂时的，一旦走出'原初状态'，也就必须为理性揭幕了，因而，也就无法避免重归经典社会契约论的窠臼。至多，只能说新社会契约论对立约者作出了重新定义，即把经典社会契约论的'原子化个人'转化成了'人群'这样一种个人的集合形态，从而使'自然状态'中如狼似虎的个人转化成'原初状态'中有着制造'代表'之天性的人群"（张康之，2014a：86 – 87）。

新契约论对社会合作体系的探索是合作社会即将来临的重要标志，但其对理性自我的迷恋则注定了它无法为我们指出通向合作社会的路途。合作社会的建构首先需要实现理论出发点的转变，即从自我中心主义的个体转向人的共生共在。这是共同体的回归，但又不完全是共同体的回归。它要求我们在个体与群体的关系中突出群体的优先性，但另一方面，又拒绝承认群体在行动中的决定论地位，而是把群体看作一种建构物。事实上，这就是 20 世纪后期以来非营利组织的兴起向我们呈现出来的画面：一方面，非营利组织的广泛出现意味着人们从原子式的存在重新走向了共同体式的存在；另一方面，这些非营利组织所具有的高度的自发性又表明任何的决定论原则在其中都是不适用的。可以认为，正在走向成熟的非营利组织向我们提供了一种现实的共在共生的形式。由此，共生共在的人们通过合作行动而建构出了彼此的共同体，又在对共同体的维护中不断再生产着合作的行动。因而，合作社会的到来不仅要求社会建构的理论出发点从自我中心主义转向人的共生共在，而且要求社会建构的行动逻辑从决定论向建构论转变。

二　从决定论的行动逻辑到建构论的行动逻辑

民主是以"人人为我"为出发点而建构起来的制度化的共同行动模式，但在这一模式中，个体行动者却并不能实现"人人为我"的目的，而只能通过与他人的妥协去开展制度所允许的行动。换句话说，在民主制度中，个体行动者并不能实现充分的自主，相反，他的行动在很大程度上是由外在的制度所决定的。在波斯特看来，这是民主转入管理领域的结果。波斯特（2012：12）认为，"管理、共同体和民主都具有各不相同的人的意象。在管理中，人被客体化。他们只是作为实现国家目标而被加以安排的客观事实才有意义。在共同体下，人被规范化。他们被设想为深深嵌在社会规范复杂的构成结构当中，这些规范同时界定着他们的认同，赋予其尊严。"

在民主中，人表现为自主的存在。"他们被设想为寻求决定自身命运的生命，因而能够超越恰好界定他们的构成性规范与约束他们的管理目标。"波斯特对管理、共同体与民主的划分是空间性的，认为它们构成了工业社会中的三个不同领域，其中，共同体是非政治性的，它是特定群体文化自主的一种形式，这种形式构成了政治民主的基本背景，甚至划定了政治民主的边界，"这表明民主总是预设着共同体，而共同体自身即可以用能够赋予自主价值内容的认同塑造人。"（波斯特，2012：17）如果民主仅仅是基于文化自主的政治自主，那民主也许真的可以成为一种集体自主。但在现实中，"民主显然会预设管理，因为没有管理，根本就不能组织民主政府以实现自决过程所选择的具体目标。然而民主在管理领域中遭到了限制，因为管理会压制自主主体并将其客体化。管理在民主领域内同样也是不可能的，因为管理需要将目标视作给定的，而自决要求建构社会领域从而可以质疑所有的目标。结果无论民主还是管理的健康发展都要求法律确定与维持二者的适当界限。"（波斯特，2012：15）也就是说，民主的实践过程实际上是一个管理过程，而管理是否定自主的，所以，如果说在投票等民主的输入阶段个体行动者还是"人人为我"的话，在进入管理这一民主的输出阶段之后，他们则都被客体化而只能由各种管理制度——在波斯特看来就是法律——所决定了。所以，作为一种制度化的共同行动模式，民主是决定论的，而不是建构论的，而这种决定论的行动逻辑又决定了民主制度下的共同行动只是一种协作，而不是合作。

从"人人为我"到彼此协作的转变其实是从民主向法治的转变，当然，在理论上，如果认为法治是从民主转化而来，就等于将法治变成了民主的一种下位价值，而这显然是所有法学家都不愿承认的，所以，波斯特在这里将民主的输出阶段称作管理，而不是法治，以突出法治至少与民主平等的价值地位。但实际上，在原初的社会契约已经达成之后，民主的治理过程就是一个法治的过程，也正是法治将所有社会治理行动定型为一个协作行动的体系。张康之（2014a：5）教授认为，"协作是可控制和可操纵的。协作的可操作性取决于协作发生框架的强制同一性。协作框架的同一性程度越高，对协作过程的操纵和控制也就越有效，反之，开展协作各方的个人谋算就会破坏协作进程的延续。所以，每一个协作行动系统都需要求助于严格的行为标准和规则，通过外在的标准或规则而抹平协作者之间的差异，让他们在获得同一性的基础上开展协作，而不是让人们间的差异对协作产生消极影响。"可见，自我中心主义的个体从自我利益出发提出了民主的政治诉求，并在主张民主权利的过程中走向了彼此对抗，为了规范这种对抗，他们又发明了法治，用法律来限定对抗的内容与方式，并最终用法律框定了所有共同行动的内容与方式，把自我中心主义的个体间的共同行动变成了一种结构化的、由制度所决定的协作。

张康之（2014a：4）教授认为，"协作应当被理解为过程，是为了达到某一目标的过程，协作各方都不可能为了协作的愿望而开展协作，而是把协作当作工具和实现某个目标的手段。其结果虽然是协作行动者希望达到的共同目标，而这个目标则是可以分解的，利益得失甚至可以在事先就作出规定，即规定每一个人应当承担多少，从而对利益得失进行分配。"显然，协作成败的关键在于利益分配是否合理，如果协作的每一位参与者都能获得他所应得的利益，那么协作就可以成为"正和"博弈，甚至可以带来经济学意义上的帕累托最优的结果。但如 20 世纪后期的分配正义理论所揭示的，这样的分配在现实中并不存在，或即使它曾经存在，也由于协作环境的急剧变化而失去了合理性，从而在协作系统内造成了不正义的结果，使协作濒于解体，甚至重新蜕变为对抗。所以，试图根据分配与再分配的手段来维护一种协作式的共同行动，结果往往适得其反。这是因为，"从思维取向来看，再分配的方式反映的是一种实体性思维，是在静态的环境下将已经取得的经济发展成果进行分配的做法。这虽然在作出制度安排后会在时间的绵延中持续发挥作用，即呈现出一种动态适应性，而在思维取向上，我们说它是一种产生于静态环境中的实体性思维。"（张康之，2014a：53）这种实体性思维总是试图通过结构来把握所有社会现象，用结构来决定人们的共同行动。在理想条件也就是社会本身处于静态运行的状态时，它可以使人们的共同行动获得一种结构化的秩序，而一旦社会的运行呈现出了更多的动态性，这种秩序就可能与人们的行动产生剧烈的冲突，从而威胁到协作系统自身的存续，而这恰是风险社会的形成对协作系统提出的挑战。

风险社会的形成宣告了结构化的秩序供给方式的失败，也宣告了决定论的共同行动逻辑的失败，在具有高度复杂性与高度不确定性的风险社会中，我们需要树立起一种建构论的行动逻辑，用建构性的行动去化解风险与增进合作。关于建构论的行动逻辑，张康之（2014a：93）教授是这样描述的："在合作的社会中，合作者不再完全听命于他人的定义，而是首先由自我加以定义。合作者定义自我，也参与相关对象的定义，并最终实现了对合作制组织以及这一组织所处的整个合作社会的定义。所以，决定论的原则被建构性的行动所否定。由组织及其组织中的职位、岗位去定义组织成员个体的历史，在合作制组织出现的时候就走向了终结。合作制组织以组织成员个体对自我的定义为起点，以与以往相反的路径去从微观到宏观地展开定义相关的世界的活动。"这意味着，合作需要改变结构与行动的关系，它不仅反对用结构去框定行动，而且反对用行动去建构结构，相反，行动要成为建构性的，就必须实现彻底的去结构化。它不再预设一种得到共同认可的目的，也不再以一种事先定好的分配方案为前提，而是从完成任务的紧迫性出发而在不断变化的环境中寻求解决任务的最佳行动方案。在这个过程中，处于共在共生关系中的行动者拒绝了一切外在的定义，而完全根据他对任务与行动的理解来定义自我、他人以及他们在合作行动中的关系。只有这样，他才能超越一切利益考量与制度限制，而从与他人共在共生的现实出发去建构性地开展合作。

无疑，与决定论逻辑下的协作行动相比，这种建构性的行动会使社会在形式上呈现出某种无序的状态，并且，在理性主义的认知观念看来，这种无序为理性人提供了浑水摸鱼的绝佳机会，因而，它蕴含了巨大的道德风险，而在这样的道德风险面前，合作将是不可持续甚至根本就无法存在的。这意味着，从决定论转向建构论的行动逻辑并不是合作社会的充分条件，建构性的行动要能助益于合作，还需要我们认知观念的根本转变，即从理性之知转向德性之知。

三　从理性之知到德性之知

近代启蒙是一场理性的启蒙，这种启蒙使人摆脱了愚昧的状态，因而得以从各种不合理的束缚中挣脱出来，但同时，也确立起了自我中心主义的价值取向，使人拒绝合作，而总是在与他人的交往中寻求最有利于自我利益最大化的妥协方案。换句话说，近代启蒙使人从无知走向了知，而这种知乃是一种理性之知，它给每一个人注入了一种根深蒂固的理性主义的思维方式，让他们出于实现自我利益的需要而积极地寻求与他人交往，同时又在这种交往中互相猜忌、勾心斗角，使这种交往始终无法呈现出合作的状态，而只能通过协作制度的设计得以维系。

关于理性之知的描述贯穿于整个现代思想，而这种描述往往又是与分配联系在一起的。比如，在《大洋国》中，哈灵顿（1986：23）为我们描述了两个人间的经典分配情形，这就是：如果两个人要分享一张饼，那么最公平的安排将是由其中一个人负责切分，另一个人负责选择。这是因为，在每个人都拥有理性的前提下，切饼的人如果做出了不均匀的切分，那么另一个人一定会选择较大的半张饼，因而，出于利益最大化的考虑，他只能做出尽可能平均的切分，这样，无论对方怎么选择，他都可以得到他能够得到的最大份额，同时，另一个人也得到了他能够得到的最大份额。在这里，由于社会环境的极端简单性，理性之知成为了公平的前提，因为只有作为理性的人他们才会同意这样的分配方式，也只有作为理性人，他们才会得出平均分配的方案。而如果我们给这一情形增加一些具体的社会背景，情况就大为不同了。比如，其中一个人本来就有很多饼，另一个人则没有，甚至已经饿了好几天肚子，那这样一种理性分配还能被认为是公平的吗？当然，我们也可以设想这样一种情景，即本来就有很多饼的人故意做出了不平均的切分，而本来就没有饼的人也故意选择了较大的份额。在这一情形中，分饼的人做出了一种非理性的选择，这种选择让他失去了他本应得的份额，而让另一个人得到了他本不应得的份额，因而使分配变成了不公平的，但从社会的角度来看，这种不公平的分配却让他们之间的社会关系变得更加合理了。这意味着，分配需要以社会关系为前提，如果社会关系本身是不合理的，那么公平分配将没有任何意义，只有当社会关系本身具有合理性时，公平分配才能成为一种社会价值。那么，如何保证社会关系本身的合理性呢？对此，罗尔斯提出了"无知之幕"的理论构想与制度原则。

罗尔斯假定，通过设置一道"无知之幕"，所有社会成员都处在了一种

"原初状态"之中，他们有着不同的现实处境，却无从知晓这种现实处境，进而，当他们需要共同决定基本社会权利的分配时，他们就无法做出一定能够实现自身利益最大化的决策，而只能选择符合"最小受惠者的最大利益"的方案，因为即便他不幸成为了这一方案的最小受惠者，也将能够获得最大化的利益保障。显然，"无知之幕"通过屏蔽每一个人关于自身现实处境的理性认知而使他们处在了一种虚构的合理关系之中，他们间的关系在现实中可能是不合理的，但在通过"无知之幕"而虚构出来的"原初状态"里，他们的关系则是合理的，就像哈灵顿笔下准备分苹果的两个人一样。进而，在这种合理关系的基础上，他们通过理性的选择而做出了公平的分配，实现了"作为公平的正义"。由此，罗尔斯为复杂社会中的公平分配提供了一种解决思路，让人们能够通过特定的制度设置而在复杂的、不合理的甚至严重不平等的现实关系中仍然获得公平的分配，从而保障社会关系与社会交往的再生产。然而，这种不断得到再生产的社会关系与社会交往可以被视为合作吗？答案是否定的。

森（2012：117）认为，"即使罗尔斯的'无知之幕'可以有效地消除焦点人群中不同个人的既得利益与喜好倾向的影响，它依旧未能动用'其他人的眼睛'（the eyes of the rest of mankind）来审视（用斯密的话来说）。要解决这个问题，所需要的就不仅仅是在地方的焦点群体中的'身份罩幕'（identity blackout）。在这一点上，'作为公平的正义'中封闭的中立性的程序设置可以被看作'偏狭的'。"也就是说，"无知之幕"实际上是要求人们从一种中立的身份出发进行选择，他越中立，他的选择就越公正。而这无疑对"无知之幕"也就是中立性的制度设置提出了很高的要求，它必须保证每一个人的中立性，以此来保证他们行动的公正性，否则，这一制度本身就是偏狭的，这一制度中人们的行动也就不可能是公正的。显然，在现实中，这样的制度经常都是不存在的。在笔者参加的亚利桑那大学哲学系"正义与企业社会责任"研讨课上，耶鲁大学法学院马科维茨（Daniel Markovits）教授提了这样一个问题，"为什么奥巴马上台后的第一件事就是任命那些一手造成了金融危机的人来应对金融危机？"原因很简单，因为他没有别的选择。他也许可以在美国最顶尖的经济系里找出 10 位经济学家来组成一个新的经济顾问委员会，却没有办法找出几千甚至几万人来换掉美国的整个金融体系。事实上，在马科维茨看来，在当代世界中，最顶层的金融从业者已经构成了一个拥有超级知识与超级技能的职业群体，这种超级知识与超级技能让他们获得了对自身劳动的定价权，而让市场机制失去了效力，从而造成了畸形的工资结构，让收入资源在不同职业群体间形成了严重不公的分配。当他们进入政府后，一切中立性的制度设置在他们的超级知识与超级技能面前都黯然失色，因而只能眼看着他们将最优质的公共资源注入最符合他们利益的领域，而在这样的分配造成了危机之后，又只能眼看着他们堂而皇之地将政府救济金源源不断地输入与他们有着千丝万缕利益联系的公司（Markovits，2015）。悖谬的是，造成这些后果的所有决策都是合理的，都是基于理性之知而作出的，如果我们承认这些决策的制定过程是一个商谈过程的话，那么，它们甚至还是符合哈贝马斯所说的商谈理性的。结果，这些决策的受害者就陷入了反抗无门的境地，因为他们的反抗反而变成了不合理。这表明，现有的制度设置在屏蔽当权者的理性之知上是无效的，而在这种理性之知的驱使下，当权者们的治理活动不仅没能带来普遍的社会合作，甚至使既有的协作体系也濒于瓦解。

如张康之（2014a：243）教授所说，"职业专家不仅控制了政策过程，还自以为是地把政策过程看作一项纯粹的技术性活动，无视社会问题的真正实质性方面，而且也在用整个技术主义的形式合理性去测度一切，努力把整个世界都纳入机械运行的模式中来。职业专家乐意于用量表的形式提出报告，让政治家和公众在强烈地感受到职业专家的错误和荒谬的时候哑口无言。"事实上，深受这种形式合理性之害的不仅是政治家与公众，在今天，科学家群体以及科学本身都变成了它的受害者。1955 年，"三大索引"之父尤金·加菲尔德在《科学》杂志上提出了"影响因子"的设想，为了将这一设想商业化，10 年后，加菲尔德与他的合作者做了一个极端的比较，最后发现，根据他们的计算方法，诺贝尔奖得主的影响因子是普通科学家的平均 30 倍（Sher & Garfield，1966：137），言下之意，影响因子高的研究成果一定就是好的研究成果。这一倒果为因的"科学"发现震惊了科学界，也引起了普通公众的广泛关注，此后，影响因子被普遍引入科学评价之中，将原本自由平等的科学共同体变成了一个等级森严的权力体系。进而，当这种科学被越来越多地运用于公共事务时，就助长了整个世界的等级化。

到今天，没有人会认为诺贝尔奖得主可以拿高于普通科学家 30 倍的工资是不合理的，也没有人会认为科技最发达的国家可以在国际资源的分配中享受最多的利益是不合理的，而这种理性之知已经造成了整个世界的分配悖论，造成了普遍的分配不公，进而激发了严重的国际对抗。

张康之（2014b：25）教授认为，"近代以来，知识总是意味着理性。现在看来，与知识相关的理性更多地属于工具理性。认识到了这一点，我们也就明白了为什么在全球化、后工业化带来的这样一个变动的社会中，会让人对知识的力量产生怀疑了。"知识受到质疑甚至陷入信任危机意味着知识本身也需要进行变革，具体来说，它需要从理性之知变为德性之知，只有成为德性之知，它才能成为合作社会的支持因素。关于德性之知，我们可以从克里斯蒂亚诺（Christiano，2008）描述的下述情境中得到启发：我在公园里走，看到两个互不相干的人，其中一个有一块非常大的蛋糕，另一个有一块非常小的蛋糕。这一事实对情境中的所有人都不成为一个问题，就像马路上不同的人相遇，谁都对谁没有任何责任。但如果这两个人现在请我为他们分配第三块蛋糕呢？我应当怎么做？这一情境实际上是对斯密所说的"中立的旁观者"的再现，它要求我们从第三人的视角来看待彼此的交往。在这样做的时候，我既拥有关于交往活动本身的充分的知识，又不具备一种理性的立场，因而就更容易依据道德作出判断，而当我真的这样做了时，就实践了一种德性的知识。显然，"中立的旁观者"不仅要求我们制定分配方案，更要求我们论证这种方案在道德上的正当性，而要做到这一点，我就不可能仅仅凭借我的判断来做出决定，而必须与实际的交往双方进行充分的对话，让我们共同理解我们所处的道德情境。在达成了这一理解之后，每一位行动者就都获得了"中立的旁观者"的视角，他们不再把自己看成自在自为的主体，而是把彼此看成共同面对着事关共同福祉的任务情境的行动者，进而，他们也就不再需要任何强制性的结构来规范他们的自利性行动，而可以通过相互间的合作来建构起一种道德化的秩序了。可见，合作社会并不排斥知识，但它不再需要近代启蒙运动赋予我们的理性之知，而需要一种德性之知。如果共在共生的人们都能获得这种德性之知，那么，他们就可以通过建构性的行动来为我们创造出一个合作的社会。

总之，20 世纪后期以来，随着"新社会运动""社团革命"等现象的此起彼伏，人类社会进入了一个结构重组的过程。《合作的社会及其治理》敏锐地捕捉到了这一现实，并从这些现象中发现了人类社会朝向合作社会演进的深刻历史内涵。通过对朝向合作社会所需完成的三大转变的阐述与论证，张康之教授在清除了近代认识传统与思维定式给我们设置的障碍的同时，也使合作社会的形象跃然纸上。无疑，所有这些阐述与论证都可能是错误的，正如所有描绘理想社会图景的伟大著作都被证明存在许多错误一样。但张教授对合作社会的执着追求无疑会激励一大批有志于改善人类现实处境的学者继续沿着这一方向坚定前行，而张教授在本书中所做出的扎实而深刻的理论分析也无疑为他们的探索提供了一份值得借鉴的蓝本。

参考文献

〔美〕波斯特（2012）：《宪法的领域：民主、共同体与管理》，北京大学出版社。

〔英〕哈灵顿（1981）：《大洋国》，商务印书馆。

〔印〕森（2012）：《正义的理念》，中国人民大学出版社。

〔德〕滕尼斯（1999）：《共同体与社会：纯粹社会学的基本概念》，商务印书馆。

〔美〕杨（2013）：《包容与民主》，江苏人民出版社。

张康之（2014a）：《合作的社会及其治理》，上海人民出版社。

——（2014b）：《论社会治理中的知识》，《学海》第 5 期。

Christiano, T. (1996), *The Rule of the Many: Fundamental Issues in Democratic Theory*, Boulder: Westview Press.

—— (2008), "Immigration, Political Community, and Cosmopolitanism", 45 *San Diego Law Review*.

Mansbridge, J. J. (1981), "Living with Conflict: Representation in the Theory of Adversary Democracy", 91 *Ethics*.

Markovits, D. (2015), "Snowballing Inequality: Meritocracy and the Crisis of Capitalism", *SPRING 2015 LAW/PHIL 673A SPEAKER SERIES: Justice & Corporate Social Responsibility*, February 10.

Sher, I. H. & Garfield, E. (1966), "New Tools for Improving and Evaluating the Effectiveness of Research", in Yovits, M. C. etc., eds., *Research Program Effectiveness: Proceedings of the Conference Sponsored by the Office of Naval Research, Washington, D. C., July 27 – 29, 1965*, New York: Gordon and Breach.

（责任编辑：朱晓红）

从讲授到对话

——第三版《非营利组织管理概论》的诞生

王　名[*]

全国公共管理硕士（MPA）系列教材《非营利组织管理概论》的第三版，即将于 2015 年 8 月由中国人民大学出版社出版。该书是在 2014 年全国公共管理专业学位研究生教育指导委员会组织编写的《全国 MPA 核心课程教学指导纲要》一书正式出版后，根据其中由我执笔的《〈非营利组织管理〉教学指导纲要》，结合我和王超教授合作在清华大学 2014 年春季两次采用对话式教学的经验，以及 2014 年全国 MPA 核心课程"非营利组织管理"两期师资研讨会上的教学实践，经系统整理和多次统稿完成。本书由我和王超教授共同编写，在总结继承前两版教材的基础上，在内容、结构、方法、体例和形式上进行了重大调整与创新。

一　从无到有，从修订到创新

《非营利组织管理概论》第一版写于十三年前，当时我在清华大学为公共管理硕士开设非营利组织管理课程。当时国内没有教材，没有案例，在理论和方法上也都很欠缺，因此我翻译介绍国外大量相关资料，并结合我们大规模开展的国内调研撰写案例，同时邀请来自一线的实践者和管理者

---

　　* 王名，清华大学公共管理学院 NGO 研究所所长，教授，博士生导师，清华大学公益慈善研究院院长。

分享经验，取得了意想不到的讲课效果。出版社了解到这个情况后，邀请我参加全国公共管理硕士（MPA）系列教材编写组并执笔本书。当时我仅有一轮教学经验，国内非营利组织的实践发展、管理体制和政策体系也都处在起步阶段，我带领助教，认真完成了书稿并提交出版社。其后的数年，该书取得了很大的成功，不仅成为全国公共管理专业硕士的首选教材，许多高校也在相关的本科乃至专科教学中采用该书，出版社一再重印，并多次要求我修订。于是在2009年，我们总结多年课堂教学和实践研究的经验，在基本遵从原书结构的基础上做了一次较大幅度的修订，于2010年3月再版。2010年版本增补了很多案例和反映实践发展的数据资料，但结构和形式未做大的调整，原因之一也是当时应出版社的要求打算写适于本科的另一本教材，想把更多的新意体现在新书中。那一年我的学术休假有近一半时间花在了这件终于无果的劳作上，我还邀请北大、人大、北师大、北航等多个高校的老师组成了编写组，有的老师甚至提交了初稿，后因种种原因编写搁浅，至今想来仍深感心愧。但这个无果的经验促使我反思2010年版本教材存在的问题，下决心做一次大的修订。

　　2011年底，国务院学位办下发"全国公共管理硕士专业学位研究生指导性培养方案"，将"非营利组织管理"列为十二门核心课之一。2013年，全国MPA培养院校院长工作会议确定由全国公共管理硕士专业学位教育指导委员会牵头，组织编写《全国MPA核心课程教学指导纲要》，我应邀担任《非营利组织管理教学指导纲要》的执笔者和2014年全国MPA核心课程"非营利组织管理"两期师资研讨会的首席教授。在编写教学指导纲要的同时，我接到了出版社再次修订本书的邀请，和海燕编辑商量后，我将这两件事情合二为一，全力以赴完成教学指导纲要的编写，然后以纲要为基础全面修订《非营利组织管理概论》第三版。

　　2013年仲夏，我带着几位博士后利用整个暑假集中编写三万多字的指导纲要。完稿后的纲要尽管还有不少问题，但在内容、体例和结构上一改原貌，一方面大大缩减了内容，除实践案例及专题讲座外，原书十二章内容压缩为七章；另一方面变教材体例为纲要体例，同时增加四章专题性的案例与讲座，便于教师们在教学中灵活安排。2014年春季，我在清华大学开设的"非营利组织管理"课程使用该教学指导纲要，并创新性地采用对话式教学方式，取得了意想不到的效果。后来教指委先后举办了两期"非营利组织管理"核心课程师资研讨会，我应邀担任首席教授，在使用指导纲要的同时，也尝试推广对话式教学法，得到与会教师的一致好评。

指导纲要的编写和教学实践创新，为第三版教材的全面调整做了很好的铺垫。我们多次统稿，终于使这本用了十三年的教材彻底换了新颜。如此全面调整的用意在于：一是跟上时代，努力反映这十多年来非营利组织特别是中国非营利组织发展的新情况、新问题、新思考；二是紧贴实践，尽量靠近、走进、再现非营利组织实践一线的现实和声音；三是探索创新，在因循指导纲要的同时，将课堂对话形成的开放场域和课堂效果以文字形式再现出来；四是留有余地，为老师们创造性地使用指导纲要提供了可以自由发挥的更大空间。真心期待这样一种新体裁的教材能够带来更多的探索和创新。

二 对话、催化、互动

《非营利组织管理概论》第三版的最大创新，是在因循指导纲要的同时，将课堂对话形成的开放场域和课堂效果以文字形式再现出来，形成了一种对话体裁的教材，该书的作者因此就成了我和王超两位对话者。

王超早年放弃在加拿大一流大学的教职来到贫困封闭的农村做扶贫项目，令我这个研究 NGO 的学人感慨且景仰。多年后，在我决定开展 NGO 口述史研究时，他是我首选的对象。后来同访哈佛，同行印第安纳普利斯，多次合作。2014 年，我邀请时任世界自然基金会（WWF）中国首席运营官的王超博士来清华大学任教，和我一起主讲 MPA 核心课"非营利组织管理"。有着丰富管理经验的他对催化式学习情有独钟，他曾多次在国际组织的高级培训中担任催化师，我们也共同在与 MIT 合作的"创新型领导力行动学习项目"中采用催化式教学。我们商定采取对话式、催化式、互动式的创新学习方法开设这门课，并将通过对话形成的开放场域和课堂效果整理成文，共同编写这本教材。我们先后在两个不同的 MPA 班用同样的方法开设这门课，后来又在全国 MPA 核心课程"非营利组织管理"的师资研讨会上将 2 学分的课程压缩为三天做了体验式教学，取得了意想不到的成功。本书中对话环节的内容，全部取自我们多次的对话式教学，经录音整理和反复修改成文。

之所以采用对话式教学，乃基于我这样一个经历切肤之痛的理念，即：管理之真知来自实践，而实践经验必要通过与实践者的对话才能表达出来。我在这门课十多年的教学中深感困惑的一点是：缺乏实践支撑。尽管我为《非营利组织管理》一课开发了大量实践案例，也不断邀请实践者来讲座、客串，但总如隔靴搔痒，难有根本改善。特别是在本教材的前两次修订后益发感到这是一个致命缺点。撰写教学指导纲要时我尽力在体例和结构上做出最大限度的调整，依然没能解决这个问题。参加催化式学习之后，我顿悟到此前所有的努力或许都近乎徒劳，除非我放下架子，直面实践者之经验。在口述史的研究中我也发现并确信：实践经验要通过与实践者的对话才能表达出来。于是我下决心调整自己在课程中的定位，邀请一位实践者到课堂上来，用其活生生的经验作为案例，我则更多来充当引谈人或催化者，以对话的方式全面改版这门课。尽管到目前为止这种创新方法还有许多值得改进的地方，也令执教的老师们特别担心如何找到合适的实践者，但实践证明，这种方式能从根本上解决我多年来深以为惑的困局。我也真心期待有此困惑的老师们，不妨尝试采用类似方法，或许能找到比我更好的解决之策。

这种创新教学实践过程中，有三点心得值得分享。其一，一个好的合作者必是能引以为友的知己，相互尊重的同时，要相互体谅、相互包容、相互坦诚，引以为友才能合作精进；其二，对话式教学是两个人共同完成的作品，必要超越你我，一齐用心，协力共治，才能通过对话创造出最佳的课堂效果；其三，对话式教学在本质上是一种开放的催化学习过程，对话者之间、对话者和学生们之间通过催化能够形成一种相互学习、相互激励的开放场域，让各种有用的信息、观点、创意等产生互动，进而升华为奇妙的开放场域，使每一个当事人都能从中学有所得，学有所悟。

我们的对话式教学刚刚起步，多有瑕疵，期待能与更多同行通过对话开放课堂，通过对话催化学习，通过对话促成互动，通过对话达成理论与实践的结合，共同推进和完善这个富有创意的探索。

（责任编辑：朱晓红）

农村可持续发展要寓于
农村社区重建之中

仝志辉[*]

　　农村可持续发展是立足于城乡二元结构不会在短期内彻底改变，城乡居民的收入增长速度和收入水平的差距将长期存在，农村发展将长期滞后于城市发展水平的情况提出来的。这种宏观形势估计之下，为乡村发展整合资源的空间并不会很大，乡村转移剩余劳动力的速度不会很快，农村地区实现城市化和工业化的程度不会很深，这样，以村庄社区为单位的发展就是乡村发展的主要形式。

　　也就是说，作为缓解乃至最终解决"三农"问题的一个大思路，它排斥任何简单地只从农业、农村和农民中的任何一个方面出发来理解农村的未来发展模式，进行政策设计。它强调的是在村庄（社区）仍然是农民的基本生活空间，农户生产的组织方式和外部环境很大程度上受到这一生活空间影响的情况下，强调以社区发展水平作为农村发展的衡量指标，以增强社区的集体行动能力和发展能力为主要发展手段，以社区的和谐和善治为发展目标的发展道路。如果我们把社区置换成村庄，我们可以说，农村可持续发展是村庄本位的。

　　农村可持续发展维护农民在村庄的生活方式，力求创造一种更合理的

　　* 仝志辉，中国人民大学农业与农村发展学院副教授，中国人民大学国家发展与战略研究院研究员。

村庄生活方式，并把村庄的整体发展作为自己的目标。我们所说的新农村就是一个个更具有内在发展能力、人际关系更加和谐的自主发展的村庄。

一　为什么重视农村社区重建

农村可持续发展之所以重视社区重建的一个基本理念是：虽然农村是小农经济，但是直接同农户打交道交易成本太高，农村可持续发展的展开也必须注意这一事实，因此思路应该是扶持和重建社区，使社区成为支撑农户收入不下降、福利有增长的一个现实中介。当然扶植社区不是一味地就去支持村两委，而是要在改造村两委的基础上支持一切形式的农民合作组织。这种合作的内容包括经济合作、文化合作和生活合作。

社区重建的目标既是使得国家对农村的公共品投入有一个现实的接收的载体，更是为了建设一种农民长期在农村生活的生活方式或者说生活模式。没有了村庄，农民有没有办法成为农民。而如果有了和谐互助的村庄，农民即使不从事农业，他就仍然可以是幸福的农民。

二　农村社区重建的核心是组织重建

社区重建首先是社区中的组织重建。组织重建不是要重新建立一套组织，而是依托现有组织，改造现有组织，催生新的组织，以形成农村社区建设的新的组织支撑。

历史上的乡村建设前辈们就非常重视社区组织的建设。以梁漱溟在邹平的实验为例，当时根据自然地势、社会习惯以及户口数，除县城外，将全县划分为 14 个乡、336 个村，乡有乡学，村有村学，替代了原来的区、乡镇公所。在梁漱溟的设想中，乡学村学是一个教育机关，还是一种团体组织形式。村学的组成由三部分人构成：村里的领袖组成学董会（常务学董报县政府聘为村理事，学董会再从村民中推举一人为学长），村民是学众，是乡村建设工作者。在实际运作过程中，乡农学校兼具有教育和行政机关的职能。其实，梁的实验是通过乡学村学重建农村的社区。

今天重视社区组织建设的原因是非常具体的，已不是梁先生所言的抽象的中国社会"散漫无组织"的问题。现有村庄社区中的组织结构依从了我党在农村建立政权之初的组织设计的原理,虽然有今天的村民自治政策,但这一原理并无根本性的改变。具体地说,今天中国农村的社区组织建设和我党从苏区开始的组织建设工作一脉相承,尤其是人民公社时期的组织建设构成了今天社区组织结构的基础。这一组织结构的特点是:党组织在各类社区内组织中的主导地位和对社区建设的领导;以村集体土地所有制为基础的集体经济组织的存在;社区组织和国家政权组织的密切联系。这些组织建设的成果在今天所谓分户经营、村民自治和农业税取消等大的变化之上仍然存在,并且是今日农村长治久安和持续发展的一个重要基础。

这些特点结合在一起,有三个显著的作用:一是在传统社区的组织文化资源丧失的情况下,共同维持了社区存续的文化基础和凝聚力,这就是村庄的集体主义;二是提供了社区存续和凝聚的基本物质资源,就是基于集体土地所有制和国家扶持之下的村庄集体经济的发展;三是培养和锻炼了对村外国家有认知和理解、能与国家合作、对村民有组织能力和威望的精英。

但是,当前村庄的组织发展面临着一些重大的挑战,导致村庄组织建设的危机:市场的侵蚀;集体主义文化的丧失,传统文化的衰落;中西部地区集体经济的衰落;精英的外流;等等。农民组织建设的薄弱使得组织化程度很低的小农经济无法实现和市场的对接,无法规避市场风险;农民组织建设的薄弱使得农村社区没有办法有效实现社区整合,社区动员内在资源实现内源发展的能力大大降低;农民组织建设的薄弱使得农民的文化出现"离村倾向"和"无根倾向",村庄生活方式的意义受到怀疑。所以,农村社区重建的核心是组织重建。

三 农村社区组织重建的主要内容

今天我们说农村可持续发展的中心是让农民组织起来,不是说抛弃过去的组织建设成果。相反必须以这样的组织建设工作为基础,也就是要依托现有的组织。但是必须要靠外来力量的介入改造这些组织,发育新的组织,最终形成一个可以承担社区重建任务的组织基础。具体地讲,包括以下方面的内容：

（一）将村党支部改造成一个由广泛的村庄精英组成的（也就是包含各类村庄先进分子的，其先进性以能否对社区发展有益为标准），承担议事和决策职能的组织。这意味着将村民自治框架内的村民代表会议和党支部联系在一起。在改造初期可以选择两种生长路径：一是在村民代表会议制度发育成熟的地区发展村民代表入党，将村民代表会议作为村党支部的预备队；二是直接发展村庄先进分子入党，组成党支部，再以党员为主体建立村民代表会议制度。保留村庄党支部和上级党委之间的领导和被领导关系，但是更加突出其村庄特性和与普通村民的联系。村民委员会由全体村民按照一户一票或一人一票的原则直接选举产生。作为村党支部决策的执行机构。发展多元化的村庄合作经济组织，在发展的基础上成立村庄合作经济的统一体。

（二）发展村庄之间、乡域范围、县域范围的上述组织间的合作，合作的原则是平等、自主，乡镇政府可以促成这种合作，但在这种合作中不进行任何方式的介入；使得农村内部的资源流通和经济交换通过这种组织合作充分发展。

重建党组织的好处在于：党组织的组织方式是先进性组织，不是按照一人一票的民主原则产生的组织，其有可能成为农村精英真正的联合体。目前的村民代表会议有可能和党组织的重建产生良性互动。因为农村精英既不可能是按照地域产生的，更不可能是选票能够选举出来的。如果村民代表会议的组织原则有充分弹性，其可能成为农村准党支部。村民代表会议和村党支部的关系，类似于原来的贫农协会和党支部的关系。

以上几个方面的工作基于各地村庄组织发育的情况不同，侧重点不同，因而选择的突破口不同。但是，其基本精神是一致的：发展农户之间的经济合作，扩大村务大事决策中的村民参与，发挥村庄精英的作用和发展他们相互之间的制衡。

四　把握组织建设的精髓

要做好以上几个方面的组织建设工作，关键是理解以下的组织建设的精髓：

（一）农村组织重建不是单纯地组织重建，其目标应该是社区重建。如何在社区外部环境已经发生重大变化的情况下重建具有内部资源调动能力和外部适应性的社区是组织建设努力的方向。

（二）农村社区重建中，党组织仍然将作为沟通国家与村庄的一个重要组织形式，在村民自治建设还面临极大困难的情况下，党组织发挥对社区各项工作的组织和领导仍有现实意义。但是，问题在于：一是在农业税取消情况下，党组织已不需要为乡镇政府和上级政府此方面的工作助力，其职能应该是迅速转换为一个彻底的农村社区建设的发动机。二是当前的农村党组织的代表性不够，应该结合村民代表会议建设来加强村党支部的党员发展和组织建设。外来的农村可持续发展努力在党组织的转型实现之后，党支部就有可能成为承接这种努力的有效载体。

（三）应该将村民委员会组织的建设的重点落实到社区公共事务管理上，而不是一味建设民主程序。农村合作经济组织的建设的组织可以是包括部分村民的，但是其发展方向应该是社区导向的，像原来的村办工业一样。

（四）基于农村社区重建的多种内涵，农村组织发展就应该是多元化的。更有效地沟通国家与农民、村外与村内的联系是农村各类组织建设的一个方向，或者说，农村的社区重建具有开放性。

（五）社区重建的过程是各种农村组织之间进行竞争的过程，最终的社区组织体系稳定在什么架构上，是实践发展到一定阶段的结果，在不同区域之间也并不相同。

（六）基于对抗国家或者要国家放权的所谓对农民的权利保障不是社区重建的目标，而是要立足于社区内的农民生存和发展权利保障。社区建设中的权利保障指的是集体性权利，而不是村民的个体权利。

五 离开社区文化重建，农村社区重建无法成功

社区重建的另一个核心工作是文化重建。没有社区文化的重建，社区建设就没有灵魂，前面说的组织建设也就不可能最终成功。

社区文化重建的基础性内容是社区人际关系的重建。宗族为基础的社区人际关系的解体使得农户之间越来越原子化，市场的冲击和消费主义文化的泛滥使得社区信任迅速瓦解，村民之间的关系也远来越理性化和功利化。社区人际关系重建的目标是建立以社区集体主义为基础内涵，通过社区公共空间建构而逐步形成的互助、友爱、休戚与共的社区人际关系。

　　社区人际关系重建的途径是社区公共空间的重建。指社区集体生活的重新组织、社区公共建筑和活动场所的恢复、社区公共舆论的发育、社区历史和文化的发掘、社区文艺活动的开展等。如社区文艺活动、编撰村史、村庄道德风尚评比、村民文化学习、集体外出参观游览、农业技术竞赛、庭院经济评比、富户和穷户结对互助、村庄五保制度、民间工艺品和传统文艺传承和培训，成立老年协会、妇女协会、广播站，办宣传栏、图书馆等。这些公共空间重建的活动有来自农民的内在需要，一旦下力气组织，就必有成效，关键是根据具体村情进行组织。

（责任编辑：马剑银）

稿　约

1. 《中国非营利评论》是有关中国非营利事业和社会组织研究的专业学术出版物，暂定每年出版两卷。《中国非营利评论》秉持学术宗旨，采用专家匿名审稿制度，评审标准仅以学术价值为依据，鼓励创新。

2. 《中国非营利评论》设"论文""案例""研究参考""书评""随笔"等栏目，刊登多种体裁的学术作品。

3. 根据国内外权威学术刊物的惯例，《中国非营利评论》要求来稿必须符合学术规范，在理论上有所创新，或在资料的收集和分析上有所贡献；书评以评论为主，其中所涉及的著作内容简介不超过全文篇幅的1/4，所选著作以近年出版的本领域重要著作为佳。

4. 来稿切勿一稿数投。因经费和人力有限，恕不退稿，投稿一个月内作者会收到评审意见。

5. 来稿须为作者本人的研究成果。作者应保证对其作品具有著作权并不侵犯其他个人或组织的著作权。译作者应保证译本未侵犯原作者或出版者的任何可能的权利，并在可能的损害产生时自行承担损害赔偿责任。

6. 《中国非营利评论》热诚欢迎国内外学者将已经出版的论著赠予本刊编辑部，备"书评"栏目之用，营造健康、前沿的学术研讨氛围。

7. 中国非营利评论英文刊将委托 Brill 出版集团在全球出版发行，中文版刊载的论文和部分案例及书评，经与作者协商后由编辑部组织翻译交英文刊采用。

8. 作者投稿时，电子稿件请发至：nporeviewc@ gmail. com。

9.《中国非营利评论》鼓励学术创新、探讨和争鸣，所刊文章不代表本刊编辑部立场，未经授权，不得转载、翻译。

10.《中国非营利评论》集刊以及英文刊所刊载文章的版权属于《中国非营利评论》编辑部所有；本刊已被中国期刊网、中文科技期刊网、万方数据库、龙源期刊网等收录，为适应我国信息化建设的需要，实现刊物编辑和出版工作的网络化，扩大本刊与作者知识信息交流渠道，在本刊公开发表的作品，视同为作者同意通过本刊将其作品上传至上述网站。作者如不同意作品被收录，请在来稿时向本刊声明。但在本刊所发文章的观点均属作者个人观点，不代表本刊立场。本声明最终解释权归《中国非营利评论》编辑部所有。

由于经费所限，本刊不向作者支付稿酬，文章一经刊出，编辑部向作者寄赠当期刊物 2 本。

N

来 稿 体 例

1. 各栏目内容和字数要求：

"论文"栏目发表中国非营利和社会组织领域的原创性研究，字数以8000～20000字为宜。

"案例"栏目刊登对非营利和社会组织实际运行的描述与分析性案例报告，字数以5000～15000字为宜。案例须包括以下内容：事实介绍，理论框架，运用理论框架对事实的分析。有关事实内容，要求准确具体。

"研究参考"栏目刊登国内外关于非营利相关主题的研究现状和前沿介绍、文献综述、学术信息等，字数在3000～15000之间。

"书评"栏目评介重要的非营利研究著作，以3000～10000字为宜。

"随笔"栏目刊发非营利研究的随感、会议评述、纪行及心得，不超过4000字。

2. 稿件第一页应包括如下信息：（1）文章标题；（2）作者姓名、单位、通信地址、邮编、电话与电子邮箱。

3. 稿件第二页应提供以下信息：（1）文章中、英文标题；（2）不超过400字的中文摘要；（3）2～5个中文关键词。书评、随笔无须提供中文摘要和关键词。

4. 稿件正文内各级标题按"一、""（一）""1.""（1）"的层次设置，其中"1."以下（不包括"1."）层次标题不单占行，与正文连排。

5. 各类表、图等，均分别用阿拉伯数字连续编号，后加冒号并注明图、表名称；图编号及名称置于图下端，表编号及名称置于表上端。

6. 本刊刊用的文稿，采用国际社会科学界通用的"页内注＋参考文献"方式。

基本要求：说明性注释采用当页脚注形式。注释序号用①，②，③……标识，每页单独排序。文献引用采用页内注，基本格式为（**作者，年份：页码**），外国人名在页内注中只出现姓（容易混淆者除外），主编、编著、编译等字眼，译文作者国别等字眼都无须在页内注里出现，但这些都必须在参考文献中注明。

文末列明相应参考文献，参考文献中外文分列（英、法、德等西语，可并列，日语、俄语等应分列）。中文参考文献按照作者姓氏汉语拼音音序排列，外文参考文献按照作者姓氏首字母排序。基本格式为：

作者（书出版年份）：《书名》（版次），译者，卷数，出版地：出版社。
作者（文章发表年份）：《文章名》，《所刊载书刊名》，期数，刊载页码。
author（**year**），*book name*，**edn.**，**trans.**，**Vol.**，**place**：**press name.**
author（**year**），"**article name**"，**Vol.**（**No.**）*journal name*，**pages.**

图书在版编目（CIP）数据

中国非营利评论. 第 16 卷，2015．No. 2/王名主编. —北京：
社会科学文献出版社，2015.7

ISBN 978 - 7 - 5097 - 7776 - 3

Ⅰ. ①中… Ⅱ. ①王… Ⅲ. ①社会团体 - 中国 - 文集
Ⅳ. ①C232 - 53

中国版本图书馆 CIP 数据核字（2015）第 159124 号

中国非营利评论（第十六卷）

主　　办／清华大学公益慈善研究院
主　　编／王　名

出 版 人／谢寿光
项目统筹／刘骁军　芮素平
责任编辑／赵瑞红　关晶焱

出　　版／社会科学文献出版社·社会政法分社（010）59367156
　　　　　地址：北京市北三环中路甲 29 号院华龙大厦　邮编：100029
　　　　　网址：www. ssap. com. cn
发　　行／市场营销中心（010）59367081　59367090
　　　　　读者服务中心（010）59367028
印　　装／北京季蜂印刷有限公司

规　　格／开 本：787mm × 1092mm　1/16
　　　　　印 张：15.75　字 数：248 千字
版　　次／2015 年 7 月第 1 版　2015 年 7 月第 1 次印刷
书　　号／ISBN 978 - 7 - 5097 - 7776 - 3
定　　价／45.00 元